# 42 Künstlerinnen und Künstler

die du unbedingt kennenlernen solltest

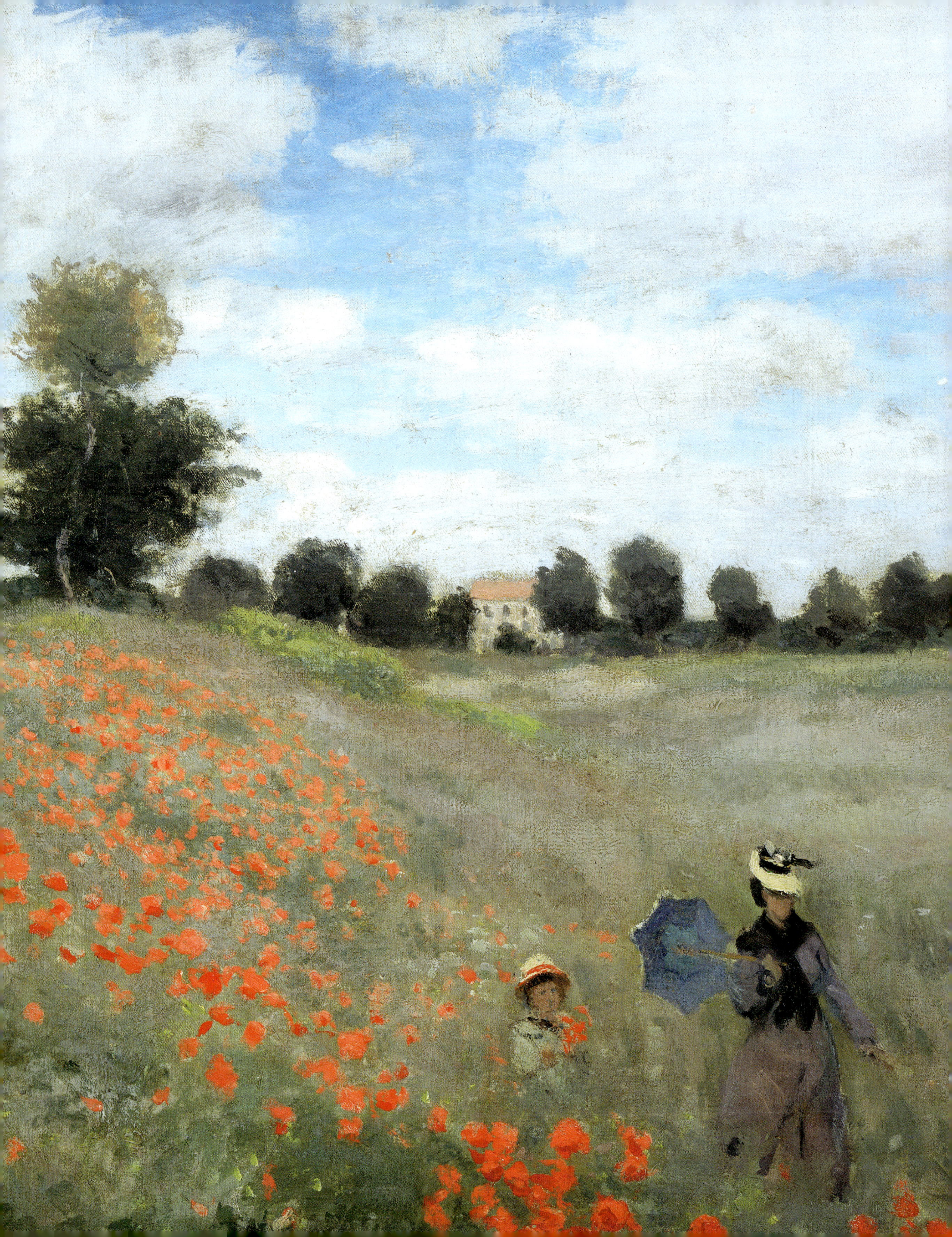

# 42 Künstlerinnen und Künstler

## die du unbedingt kennenlernen solltest

Ein Streifzug durch die Kunst
von der Renaissance bis heute

**Prestel**

München · London · New York

# Inhalt

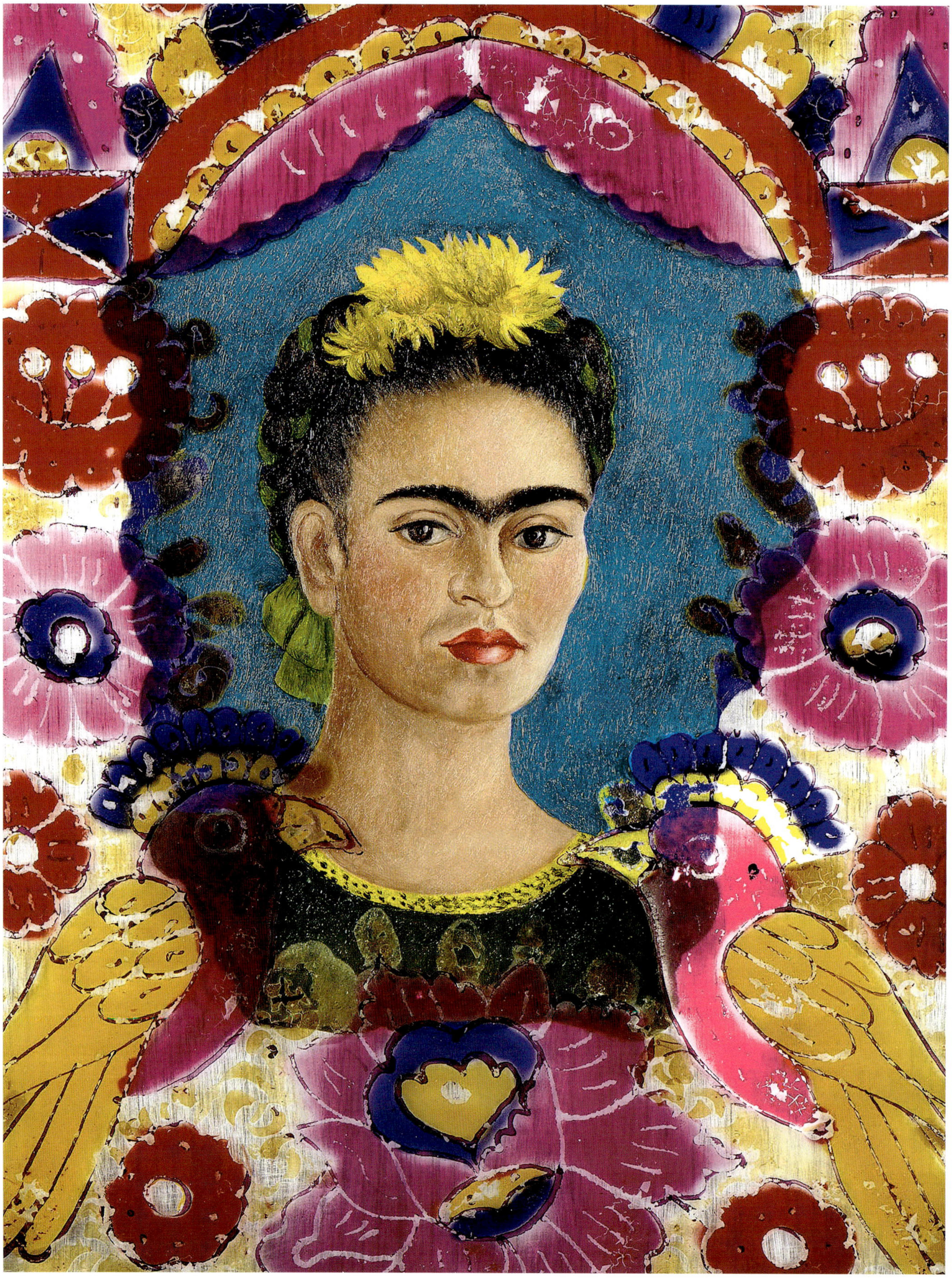

# Die 42 großartigen Künstlerinnen und Künstler in diesem Buch solltest du unbedingt kennenlernen!

Sie haben die Kunstgeschichte von der Renaissance bis in die heutige Zeit geprägt und mit ihrer Kunst die Welt bunter und spannender gemacht.

So unterschiedlich die Zeiten waren, in denen diese Künstlerinnen und Künstler lebten, so unterschiedlich war auch ihre Kunst. Der Niederländer Hieronymus Bosch zum Beispiel erschuf vor mehr als 500 Jahren rätselhafte Fantasiebilder voller seltsamer Kreaturen. Etwa zur gleichen Zeit malte der Italiener Leonardo da Vinci nicht nur mit der Mona Lisa das vielleicht bekannteste Gemälde der Welt, sondern erfand unter anderem auch Flugmaschinen und untersuchte den Lauf des Wassers.

Die in Frankfurt geborene Naturforscherin und Künstlerin Maria Sibylla Merian erkundete vor über 300 Jahren schon die entlegensten Länder. Dort untersuchte sie Insekten und Pflanzen und hielt sie in fantastischen detailgetreuen Bildern fest. Der Franzose Henri Rousseau hingegen holte sich im Botanischen Garten die Inspiration für seine exotischen Dschungelbilder. Er war von Beruf Zöllner und malte nur in seiner Freizeit.

Die mexikanische Künstlerin Frida Kahlo malte gegen ihre Schmerzen an, der Amerikaner Jacob Lawrence zeigte das harte Leben der Schwarzen Landarbeiter. Die Traumbilder der britisch-mexikanischen Künstlerin und Schriftstellerin Leonora Carrington geben uns Rätsel auf, die Japanerin Yayoi Kusama überzieht die Welt mit bunten Punkten und die amerikanische Künstlerin und Fotografin Cindy Sherman hält uns in unterschiedlichsten Verkleidungen einen Spiegel vor ...

In dicsem Buch erfährst du, wann und wo all diese faszinierenden Persönlichkeiten gelebt haben, was sie bewegte und welche vielfältigen Ideen sie mit ihrer Kunst verfolgten. Natürlich lernst du auch einige ihrer bekanntesten und schönsten Kunstwerke kennen. Eine Zeitleiste gibt dir einen Überblick über die wichtigsten Ereignisse zu ihren Lebzeiten. Und du kannst auch etwas über die unterschiedlichen Epochen und Stile der Kunst erfahren.

Die größten Künstlerinnen und Künstler der Welt und etliche der bedeutendsten Kunstwerke aller Zeiten bieten in diesem Buch die perfekte Einführung für alle, die sich für Kunst interessieren und neugierig auf eine Begegnung mit ganz besonderen Menschen sind.

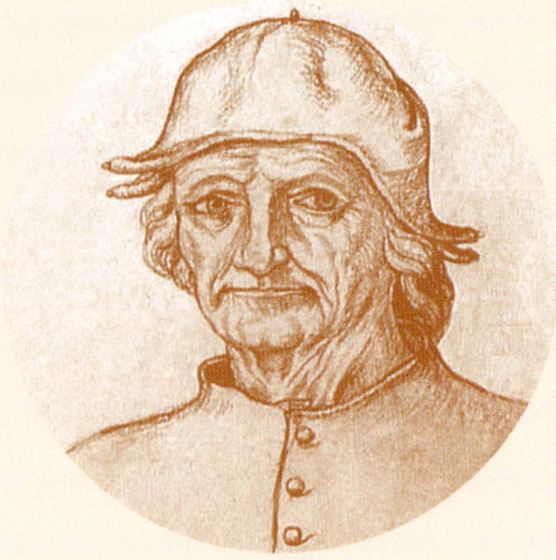

**Hieronymus Bosch**

**Geboren:** um 1450 als Jeronimus van Aken in 's-Hertogenbosch, Niederlande
**Gestorben:** Im August 1516 (begraben am 9. August) in seinem Geburtsort
**Lebte in:** Bosch hat immer in seiner Heimatstadt gelebt
**Epoche:** Altniederländische Malerei, Renaissance

# Hieronymus Bosch

## Hieronymus Bosch ist bestimmt einer der fantasievollsten Maler aller Zeiten. In seinen Bildern findet man so viele merkwürdige Figuren wie in keinem anderen Werk.

Woher Hieronymus seine absonderlichen Ideen hatte, weiß man nicht. Leider weiß man überhaupt nur sehr wenig über diesen Maler, denn es haben sich kaum Aufzeichnungen über ihn erhalten. Sein Großvater und sein Vater, Jan und Antonius van Aken, waren auch schon Maler. Warum sich Hieronymus nach seinem Heimatort 's-Hertogenbosch benannt hat, ist auch unbekannt. Man weiß aber, dass er ein erfolgreicher Maler und ein angesehener Bürger in seiner Stadt war, der in seiner Werkstatt viele Schüler ausbildete.

In seinen Gemälden verwendete Bosch viele Sinnbilder, die häufig schwer zu entschlüsseln sind. Ihre Bedeutung ist nur bei manchen dieser Symbole bekannt. So steht beispielsweise der Bär für den Zorn und die Kröte für Verdorbenheit. Die Eule, bekannt als Symbol der Weisheit, hat bei Bosch wohl eher eine negative Bedeutung und kann für das Böse oder für Unbarmherzigkeit stehen – das hängt davon ab, in welchem Zusammenhang sie zu sehen ist.

Immer wieder hat Hieronymus die Schwächen der Menschen in seinen Bildern zum Thema gemacht. Das Bild *Der Gaukler* zeigt einen Zauberer, der seinem Publikum verblüffende Tricks vorführt. In seinem Korb hat er eine Eule und es scheint als würde er dem neugierigen Zuschauer gerade eine Kröte aus dem Mund zaubern. Alle schauen ganz gebannt zu, was zwischen dem Gaukler und seinem Opfer passiert und merken dabei gar nicht, dass der Mann ganz links gerade dabei ist, den Geldbeutel des Mannes vor ihm zu klauen.

1440 · 1445 · 1450 · 1455 · 1460 · 1465 · 1470 · 1475 · 1480 · 1485

1450 Hieronymus Bosch

**1445** Johannes Gutenberg erfindet den Buchdruck mit beweglichen Lettern

**1453** Konstantinopel wird von den Osmanen erobert. Das Ende des byzantinischen Reiches

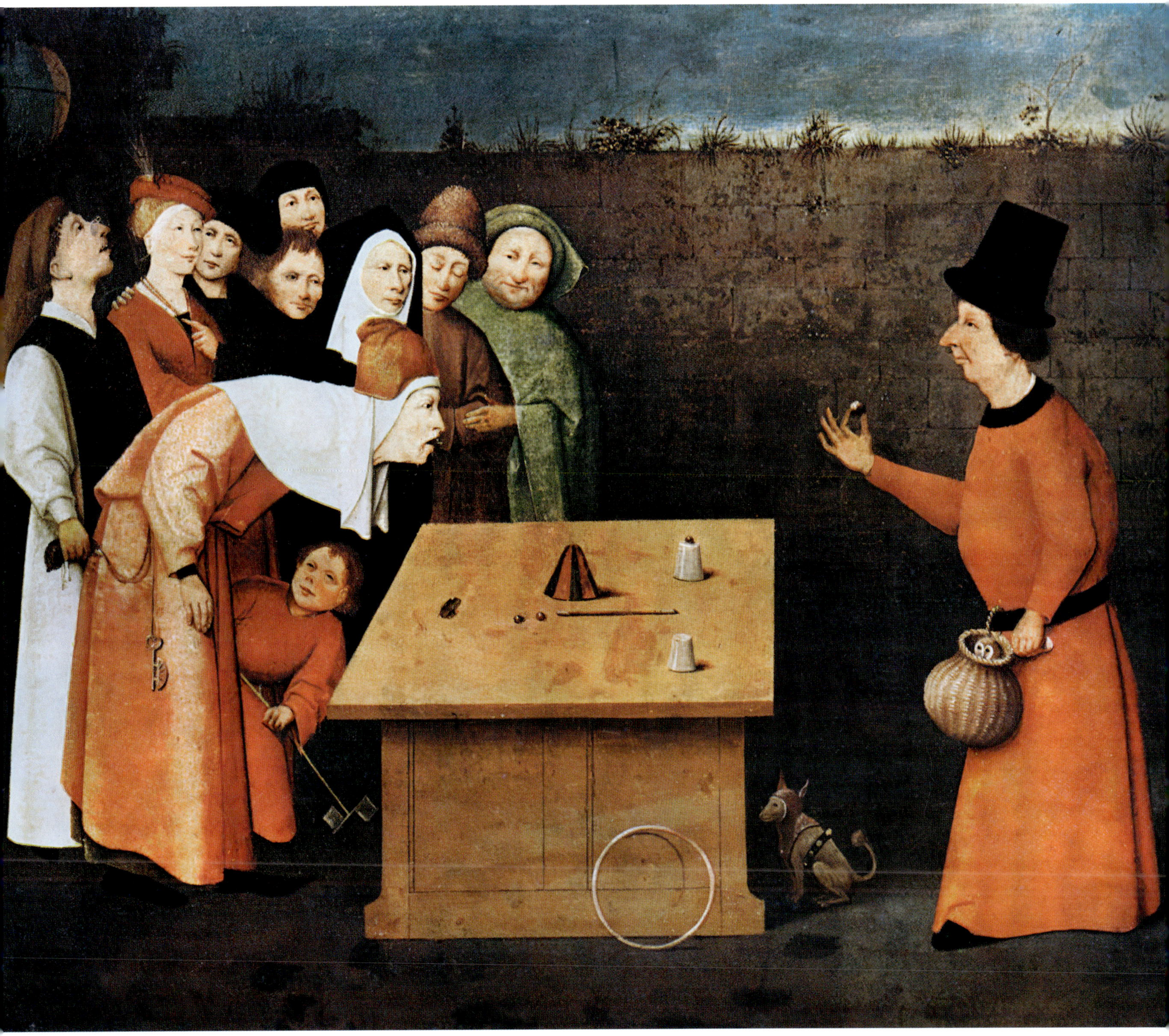

**Der Gaukler, um 1480. Musée Municipal, Saint-Germain-en-Laye.**

Wenn man das Bild nach links dreht, kann man auf dem Tisch ein Gesicht erkennen – die beiden kleinen Becher sind die Augen, der größere Becher die Nase, ein Stöckchen der Mund.

1490 · 1495 · 1500 · 1505 · 1510 · 1515 · 1520 · 1525 · 1530 · 1535

1516

**1492** Christoph Kolumbus landet in Amerika

**1506** Baubeginn des Petersdoms in Rom

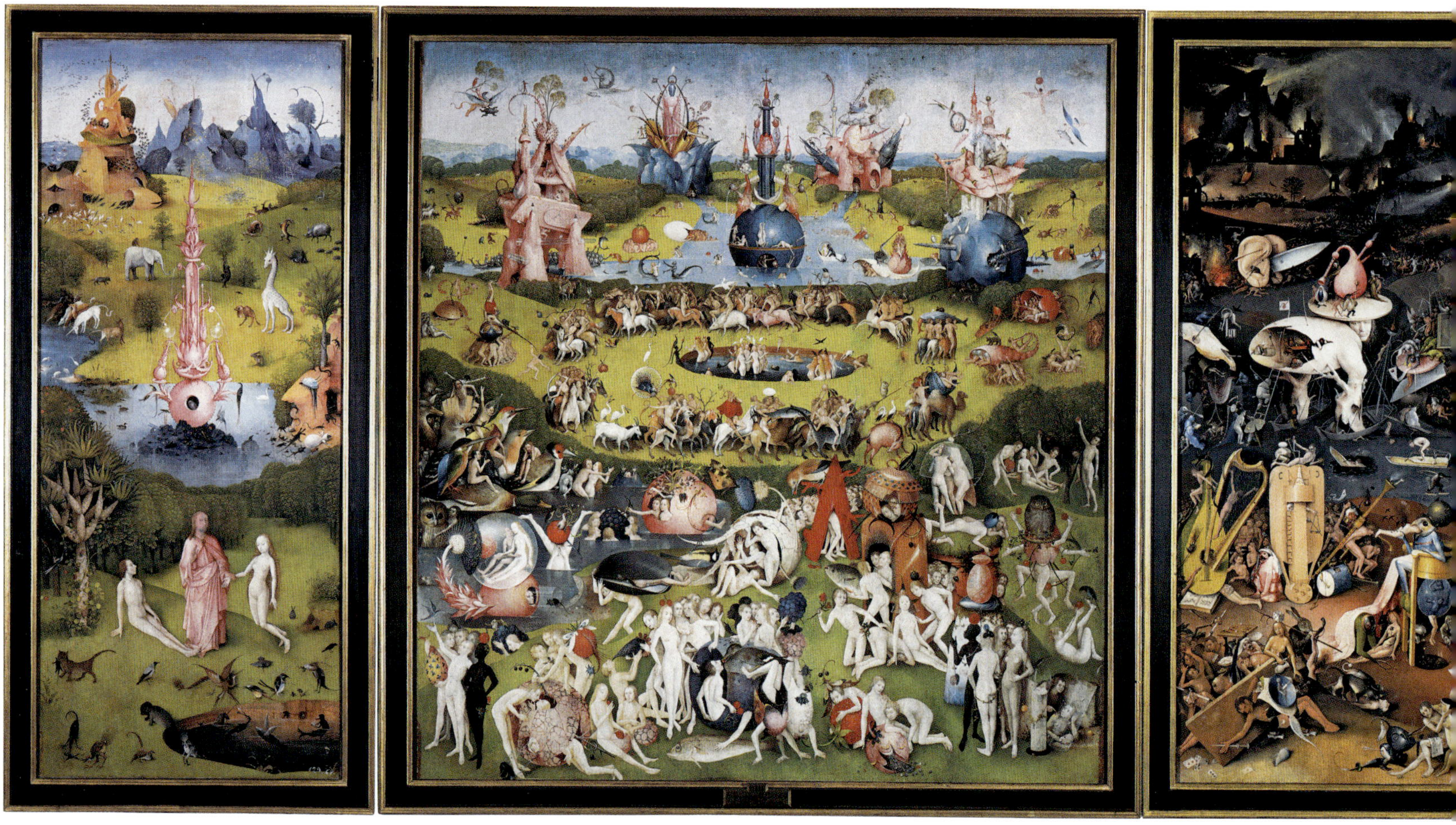

**Der Garten der Lüste, um 1510. Prado, Madrid.**

Auf dem linken Altarflügel sieht man das Paradies mit Adam und Eva und auf dem rechten Altarflügel die Hölle. Hier brennen Häuser und Vulkane brechen aus und die Menschen schreien und haben Angst vor dem, was ihnen in der Hölle alles passieren wird. Im großen Mittelteil sieht man viele Menschen, die in einer wunderbaren Landschaft alle möglichen seltsamen Dinge tun. Sie reiten auf Schweinen, tragen riesige Früchte umher, verstecken sich in großen Eierschalen und Blütenkelchen oder spielen mit riesenhaften Fischen und Vögeln.

Boschs Meisterwerk war ein großes Altarbild, der sogenannte *Garten der Lüst*e auf dem sich viele Menschen und unzählige fantasievolle Figuren tummeln: Vögel mit Froschköpfen, riesenhafte Erdbeeren, eine Art Baummensch mit einem Körper, der wie ein Ei aussieht, Vögel, die größer als Menschen sind, zweibeinige Hunde mit Riesenohren, Glasröhren und seltsame Gebilde, die wie Häuser aus einer fremden Galaxie aussehen.

Was das alles zu bedeuten hat, kann man heute gar nicht mehr sagen. Und auch zu der Zeit, als Bosch diesen Altar malte, gaben seine Gemälde wohl den meisten Menschen Rätsel auf. Solche Bilder hatte man vorher noch nie gesehen. Und genau deswegen wollten viele ein solches Bild von Hieronymus Bosch haben. Herrscher schickten ihre Boten, um Bilder von Bosch zu kaufen. Der spanische König kaufte sogar insgesamt 33 Bilder bei Bosch.

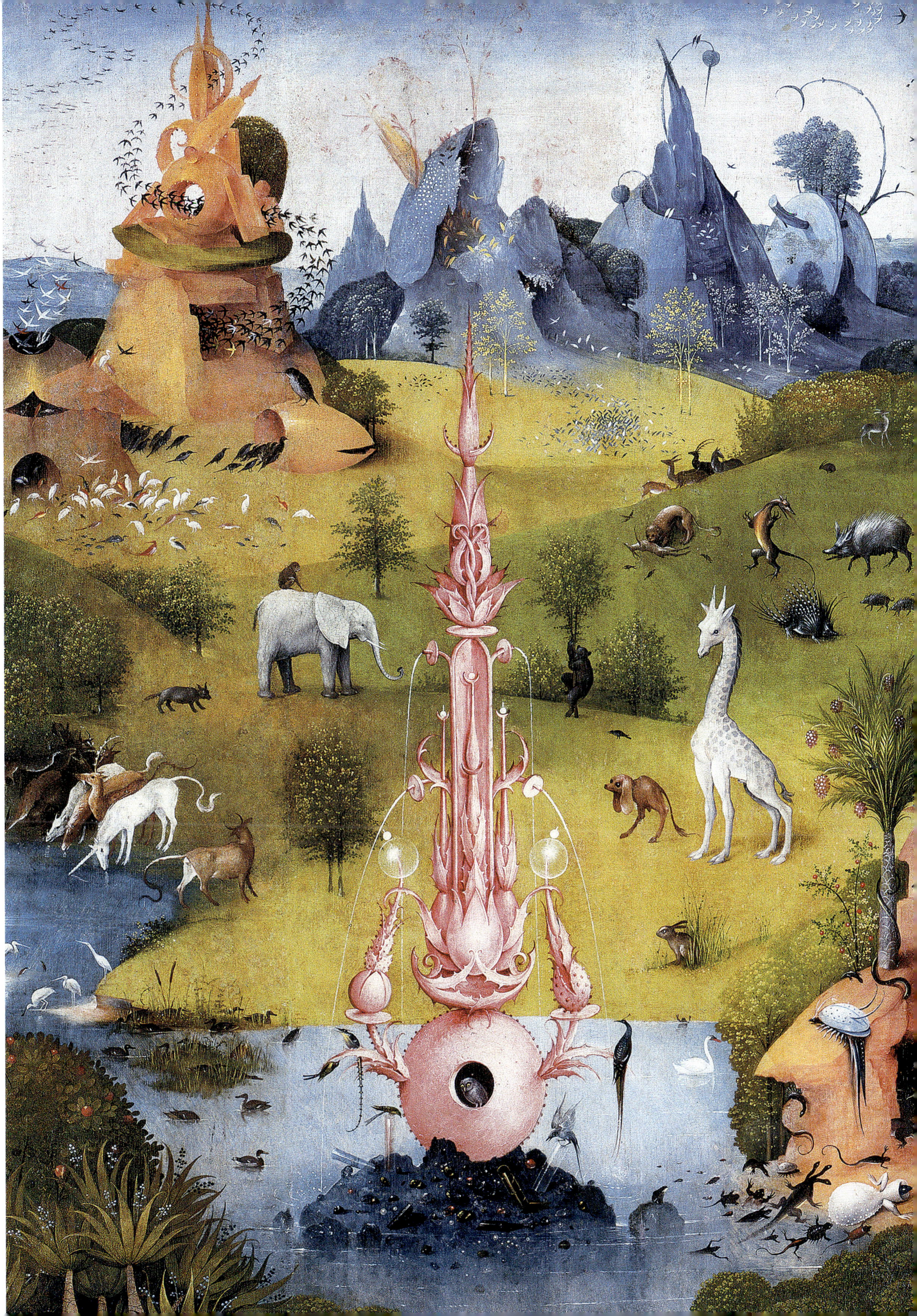

**Leonardo da Vinci**

**Geboren:** 15. April 1452 im Dorf Anchiano bei Vinci, Italien
**Gestorben:** 2. Mai 1519 in Cloux, Frankreich
**Lebte in:** Florenz, Mailand, Rom, Cloux
**Epoche:** Italienische Renaissance

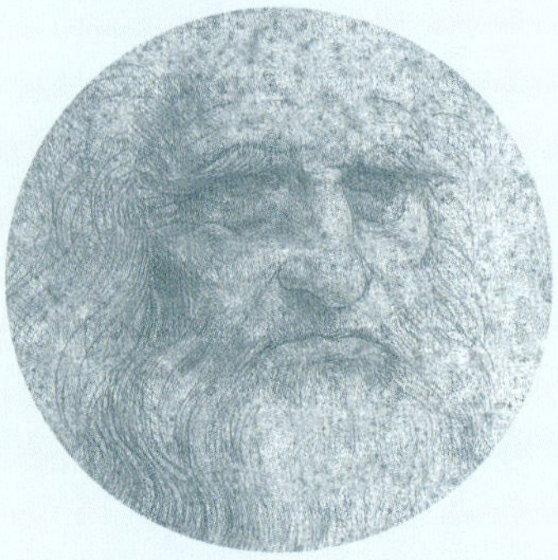

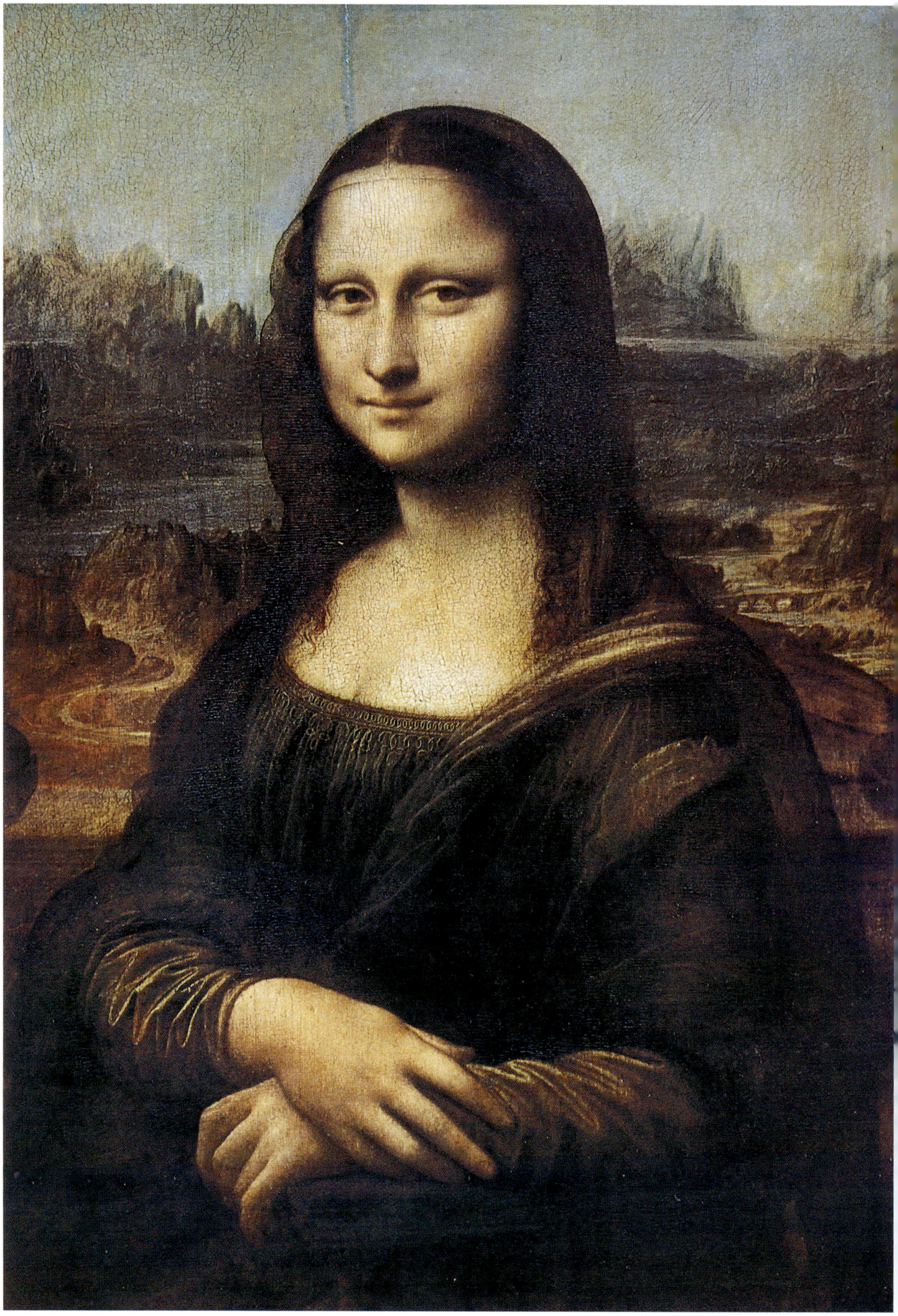

1440 · 1445 · 1450 · 1455 · 1460 · 1465 · 1470 · 1475 · 1480 · 1485

**1452** Leonardo da Vinci

**1473** Ölmalerei wird in Italien üblich

# Leonardo da Vinci

## Leonardo da Vinci war ein Universalgenie – Maler, Bildhauer, Architekt, Ingenieur und Wissenschaftler in einer Person.

Schön und stark soll Leonardo gewesen sein und ein glänzender und kluger Gesprächspartner. Sein Wissensdurst war unstillbar. Damit passte er gut in seine Zeit, die Renaissance. Die Menschen entdeckten damals die Natur und begannen sie zu erforschen. Als Vorbild diente ihnen die Antike, also die alten Griechen und Römer.

Mathematik und Geometrie, Physik, Ingenieurskunst, Anatomie, Geologie, Botanik und Geografie, Musik, Bildhauerei, Malerei – überall kannte Leonardo sich aus. Für den Herzog von Mailand erfand er Waffen und Maschinen. Gründlich erforschte er die Bewegung des Wassers. Auch die Idee des Fliegens beschäftigte ihn.

In Zeichnungen und Skizzen stellte Leonardo seine Entdeckungen und Erfindungen anschaulich dar. Doch nicht nur als Wissenschaftler, sondern auch als Maler suchte er nach neuen Erkenntnissen. Die Malerei war für ihn die größte unter den Wissenschaften.

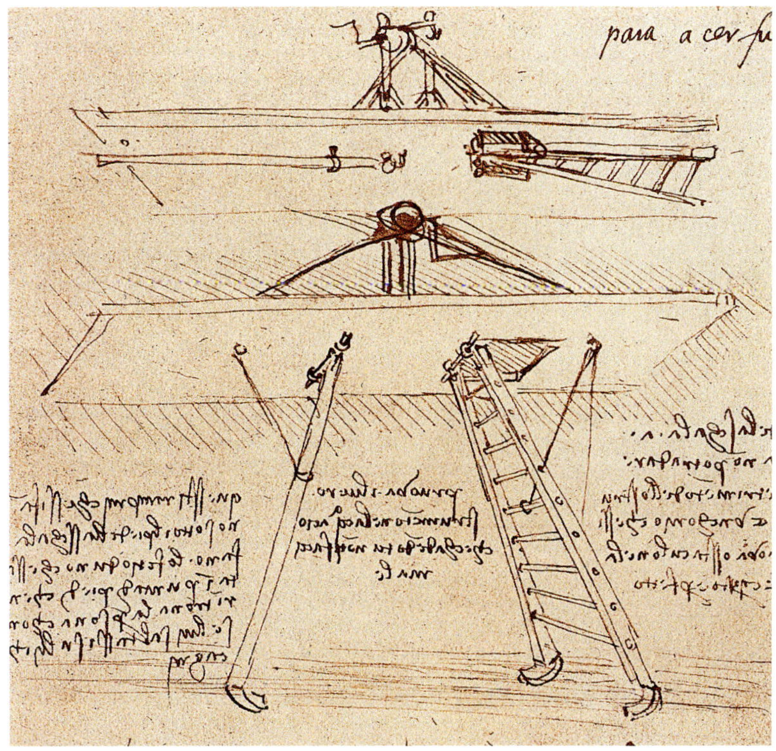

**Flugzeug mit Leitern zum Landen. Ms. D. Institut de France, Paris.**

In Notizbüchern schrieb Leonardo alles nieder, was er herausgefunden hatte – und zwar in Spiegelschrift. Für einen Linkshänder wie ihn ging das schneller.

**‹ Mona Lisa, 1503 –1506. Musée du Louvre, Paris.**

Die Mona Lisa ist wohl das berühmteste Bild der Welt. Heute ist sie nur noch hinter Panzerglas zu bewundern. Wahrscheinlich war die Dame die Frau eines Florentiner Kaufmanns, Francesco del Giocondo. Daher wird die Mona Lisa auch ›La Gioconda‹ genannt. Leonardo malte ihr die zarteste und schimmerndste Haut und ein unergründliches Lächeln. Von welcher Seite du dich ihr auch näherst, immer schaut sie dich an. Die Landschaft im Hintergrund löst sich in einem sanften Dunstschleier auf. Das Bild gehörte dem französischen König Franz I., in dessen Schloss in Cloux Leonardo in seinen letzten Lebensjahren wohnte.

490 · 1495 · 1500 · 1505 · 1510 · 1515 · 1520 · 1525 · 1530 · 1535

1519

**1492** Christoph Kolumbus landet in Amerika

**1515** Franz I. wird König von Frankreich und erobert Mailand

**um 1518** Erfindung der ersten Brille für Kurzsichtige

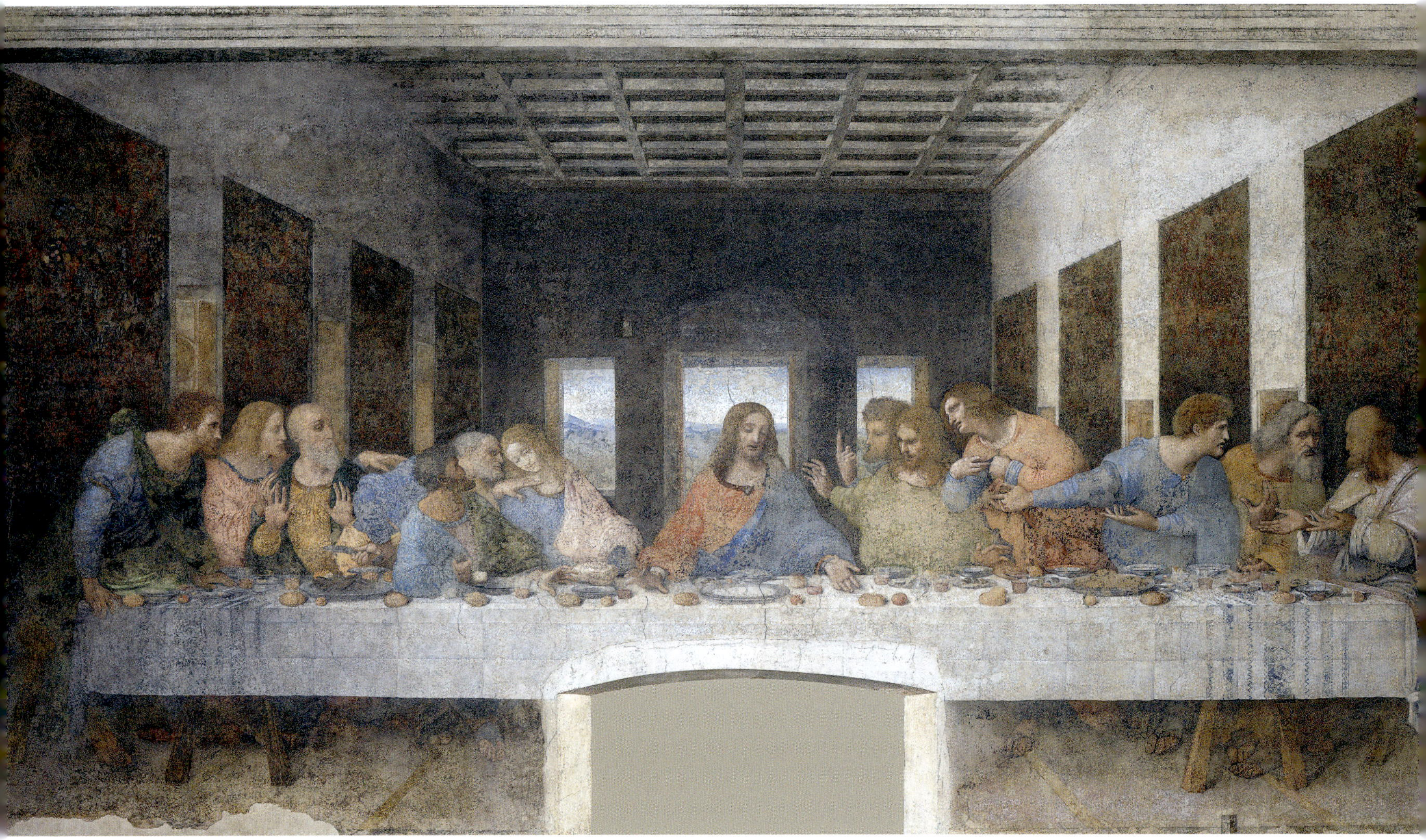

**Das letzte Abendmahl, 1495–1497. Kloster Santa Maria delle Grazie, Mailand.**

Am Vorabend seiner Gefangennahme teilt Christus mit seinen zwölf Jüngern Brot und Wein beim Abendmahl. Leonardo zeigt den Augenblick, in dem er ihnen ankündigt, dass einer aus ihrer Mitte ihn verraten wird. Die heftigen Bewegungen drücken das Erschrecken der Jünger aus. Nur Christus ist ruhig. Auch Judas, der Verräter, ist gut an seiner Körperhaltung zu erkennen. Kannst du ihn finden? Er hält einen Geldbeutel in der Hand.

Leonardo war schon zu Lebzeiten sehr berühmt. Klöster und Kirchen gaben Bilder aus der biblischen Geschichte bei ihm in Auftrag. Fürsten, der französische König und der Papst rissen sich um ihn. Leonardo hatte immer große Pläne, aber zum Leidwesen einiger Auftraggeber führte er sie nicht alle aus.

*Das letzte Abendmahl* malte Leonardo auf die Wand im Speisesaal des Dominikanerklosters Santa Maria delle Grazie in Mailand. Dabei verwendete er jedoch eine selbst erfundene Technik und das Gemälde begann bald abzublättern. Das Bild wurde fleckig. Bis heute musste es schon mehrfach restauriert werden. Trotzdem ist die Gesamtkomposition noch gut sichtbar.

**Vitruvianischer Mensch, um 1490. Galleria dell'Accademia, Venedig.**

Leonardo untersuchte Leichen, um den Aufbau von Skelett und Muskeln sowie die Lage der Organe zu ergründen. Er war der Überzeugung, dass ein Maler die Anatomie des Körpers kennen müsse, um Menschen malen zu können.

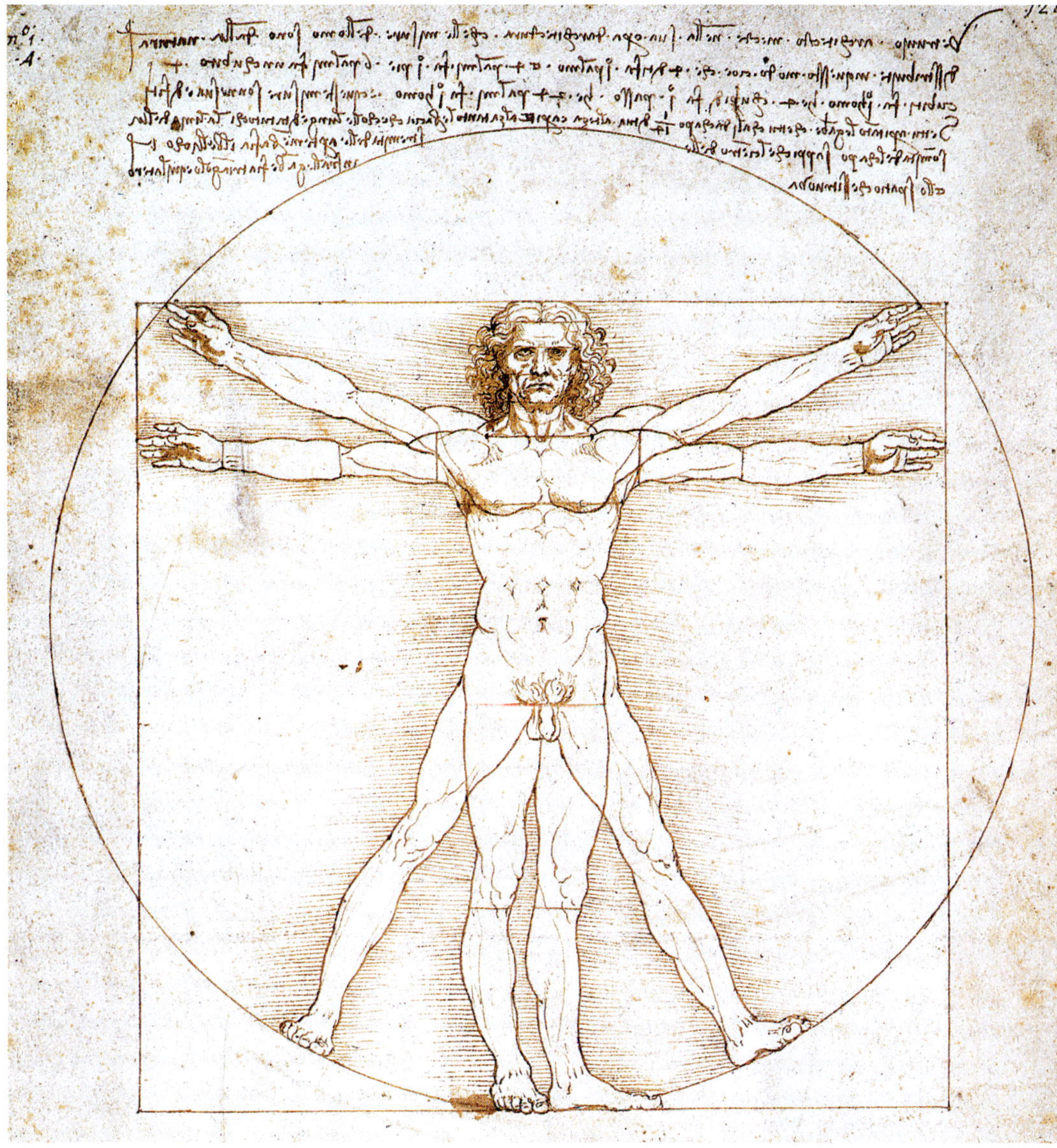

**Katzen- und Drachenstudien. Königliche Sammlung Schloss Windsor.**

Drachen scheinen Leonardo fasziniert zu haben. Schon als Junge hatte er andere Kinder mit einem künstlichen Drachen erschreckt und noch als alter Mann zähmte er eine Eidechse, klebte ihr Flügel, Hörner und Bart an und erschreckte seine Freunde damit.

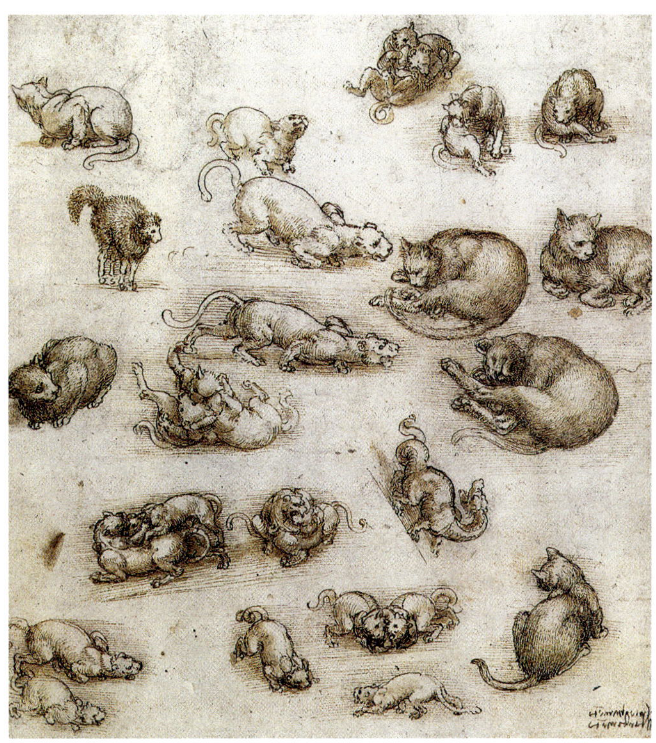

## Tipp

Das Museo Leonardiano in Vinci informiert über Leonardos wissenschaftliche Forschungen und zeigt Modelle seiner Flugmaschinen und Apparate.

Und in Anchiano kannst du Leonardos Geburtshaus besichtigen.

# Albrecht Dürer

Albrecht Dürer war der wichtigste deutsche Künstler in der Zeit der Renaissance. Er war Maler, Zeichner und hat Holzschnitte und Kupferstiche geschaffen.

Dürer wurde vor mehr als 550 Jahren in Nürnberg geboren. Nach einer Goldschmiedelehre lernte er Malerei, Holzschnitt und Kupferstich. Es war die Zeit der Renaissance, in der die Menschen die Antike wiederentdeckten und sich für Natur und Wissenschaften interessierten. Die Künstler entwickelten damals ein ganz neues Selbstbewusstsein: Sie fühlten sich als Schöpfer, nicht mehr nur als Handwerker, als die sie bis dahin galten. In Dürers Selbstbildnissen kommt dieser neue Stolz des Künstlers zum Ausdruck. Auch signierte er als einer der ersten Künstler seine Werke mit seinem charakteristisch gestalteten Namenskürzel »AD«, dieses Logo wurde zu seinem unverwechselbaren Markenzeichen.

Dürer hatte Kontakte mit wichtigen Persönlichkeiten seiner Zeit und war eng mit dem Philosophen Willibald Pirckheimer befreundet. Er reiste nach Venedig, einem Zentrum der Renaissancekunst, und brachte diese neue Kunst und Weltanschauung nach Nürnberg. Hochrangige Auftraggeber bestellten gemalte Porträts oder große Altarbilder mit religiösen Geschichten bei ihm. Als Multitalent schuf er großartige Werke in unterschiedlichsten Kunsttechniken. Zu seinen bekanntesten Werken gehören seine wirklichkeitsgetreuen Porträts, die Landschaftsaquarelle, die er auf einer frühen Reise in Südtirol schuf, und andere lebensnahe

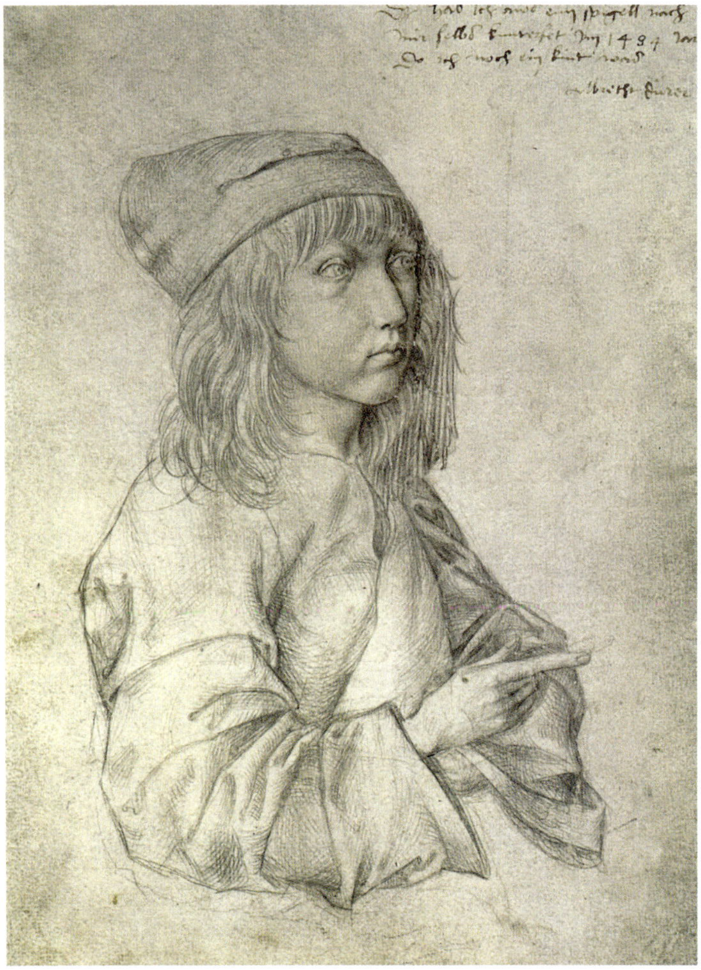

**Selbstbildnis als Dreizehnjähriger, 1484. Albertina, Wien.**

Sein ältestes erhaltenes Selbstbildnis hat Albrecht Dürer mit dreizehn Jahren gezeichnet. Damals begann er in der Werkstatt seines Vaters eine Goldschmiedelehre und lernte dort die Silberstifttechnik, in der er sich hier selbst zeichnete.

1455 · 1460 · 1465 · 1470 · 1475 · 1480 · 1485 · 1490 · 1495 · 150

**1471** Albrecht Dürer

**1466** Erste deutsche Bibel in Straßburg gedruckt

**1483** Geburt Martin Luthers

**1486** Maximilian I. wird König des Heiligen Römischen Reiches

**1492** Christoph Kolumbus landet in Amerika

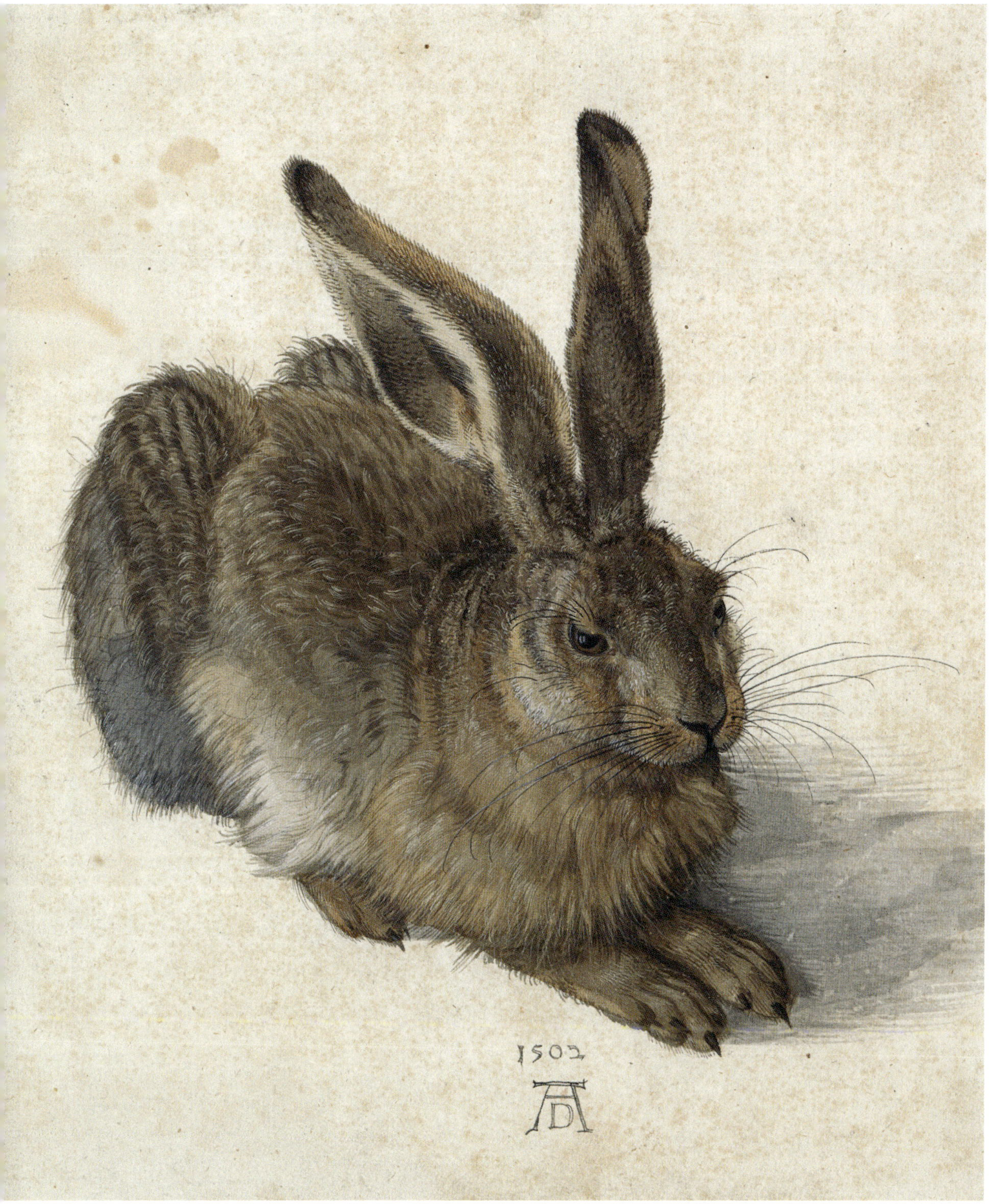


## Albrecht Dürer

**Geboren:** 21. Mai 1471 in Nürnberg, Deutschland
**Gestorben:** 6. April 1528 in Nürnberg
**Lebte in:** Nürnberg
**Epoche:** Deutsche Renaissance

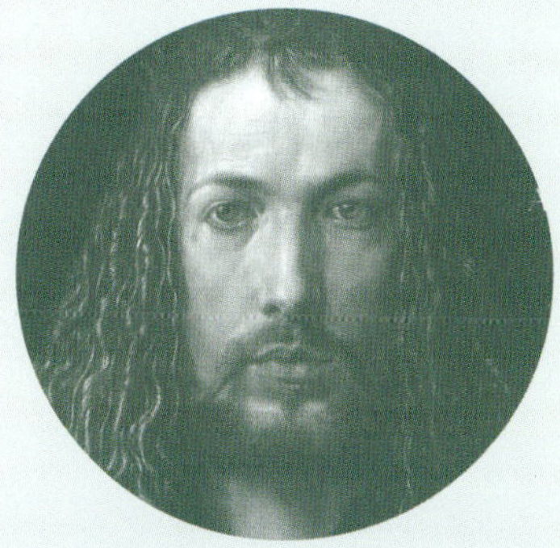

**Der Feldhase, 1502. Albertina, Wien.**

Der hockende Hase in diesem Aquarell scheint ganz still zu sitzen. Dass er so lebendig wirkt, liegt daran, dass Dürer viele Einzelheiten des Tieres und vor allem das Fell mit unzähligen hauchdünnen Pinselstrichen ganz naturgetreu wiedergegeben hat.

Zeichnungen nach der Natur: Tiere, Menschen, Handstudien wie die berühmten *Betenden Hände* und vieles mehr. Aber er war auch ein Pionier der Druckgrafik, in seinen Holzschnitten und Kupferstichen - meistens mit religiösen Themen - erreichte er größte Meisterschaft. Bei Druckgrafiken konnte er viele Kopien seiner Kunstwerke herstellen und sie in der ganzen Welt verkaufen.

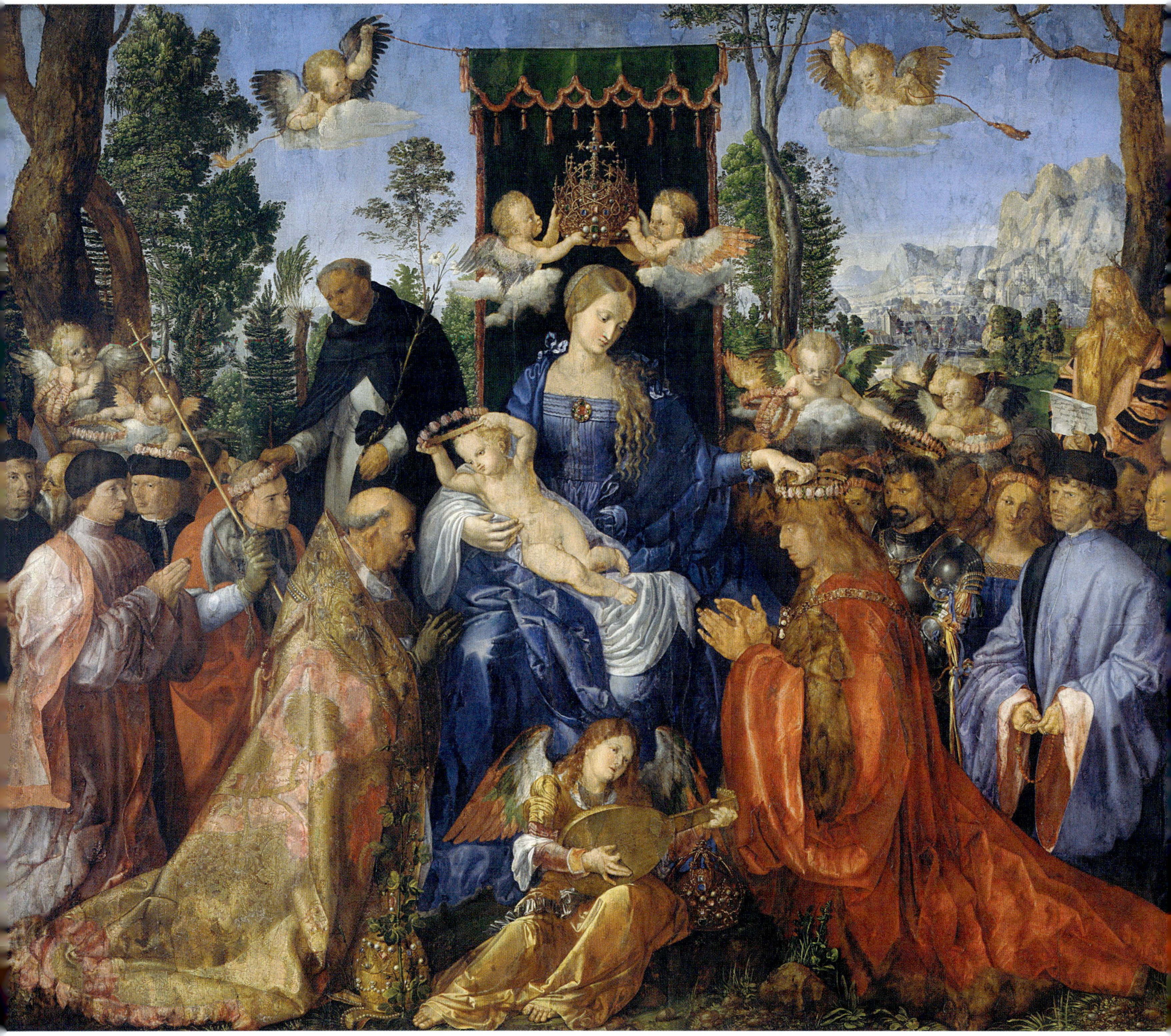

**Das Rosenkranzfest, 1506. Nationalgalerie Prag.**

Die deutschen Kaufleute in Venedig gaben dieses Altarbild für die Kirche San Bartolomeo bei Dürer in Auftrag, als er sich 1505/06 in Venedig aufhielt. Es zeigt einen Papst und den deutschen König Maximilian I., die von Maria und dem Jesuskind mit Rosenkränzen gekrönt werden. Engel verteilen weitere Rosenkränze an die Menschen hinter ihnen. Rechts hinten am Baum steht der Künstler selbst mit einem Zettel in der Hand, auf dem steht, dass er das Bild in nur fünf Monaten gemalt habe.

**› Selbstbildnis im Pelzrock, 1500. Alte Pinakothek, München.**

Das ist ein sehr ungewöhnliches Bild. Dürer sieht hier aus wie Christus. Wahrscheinlich wollte er damit zeigen, dass er kein gewöhnlicher Handwerker war, sondern Kunst erschafft, ein bisschen so wie Gott die Welt erschaffen hat. Ganz schön selbstbewusst!

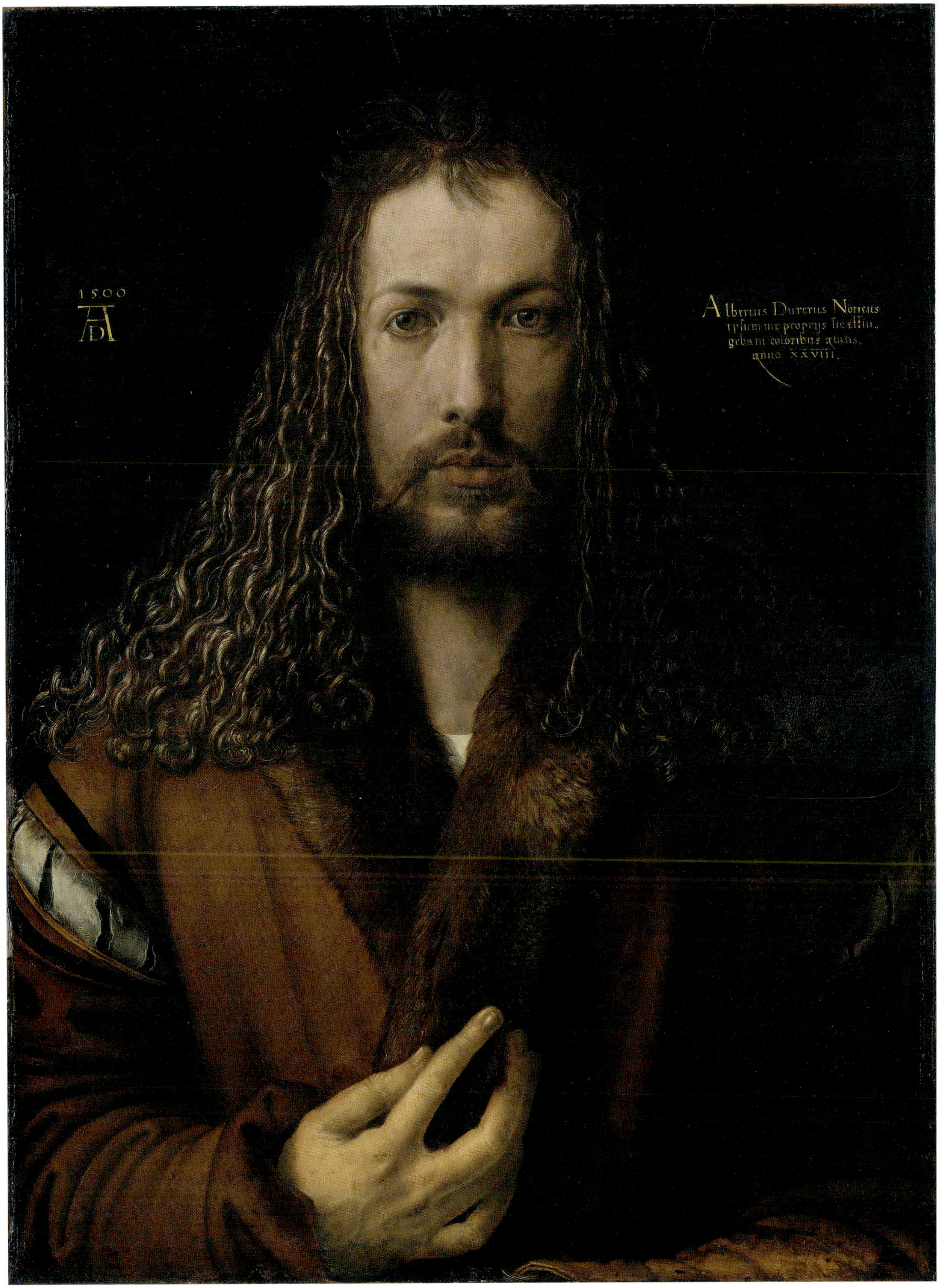
1500
Albertus Durerus Noricus

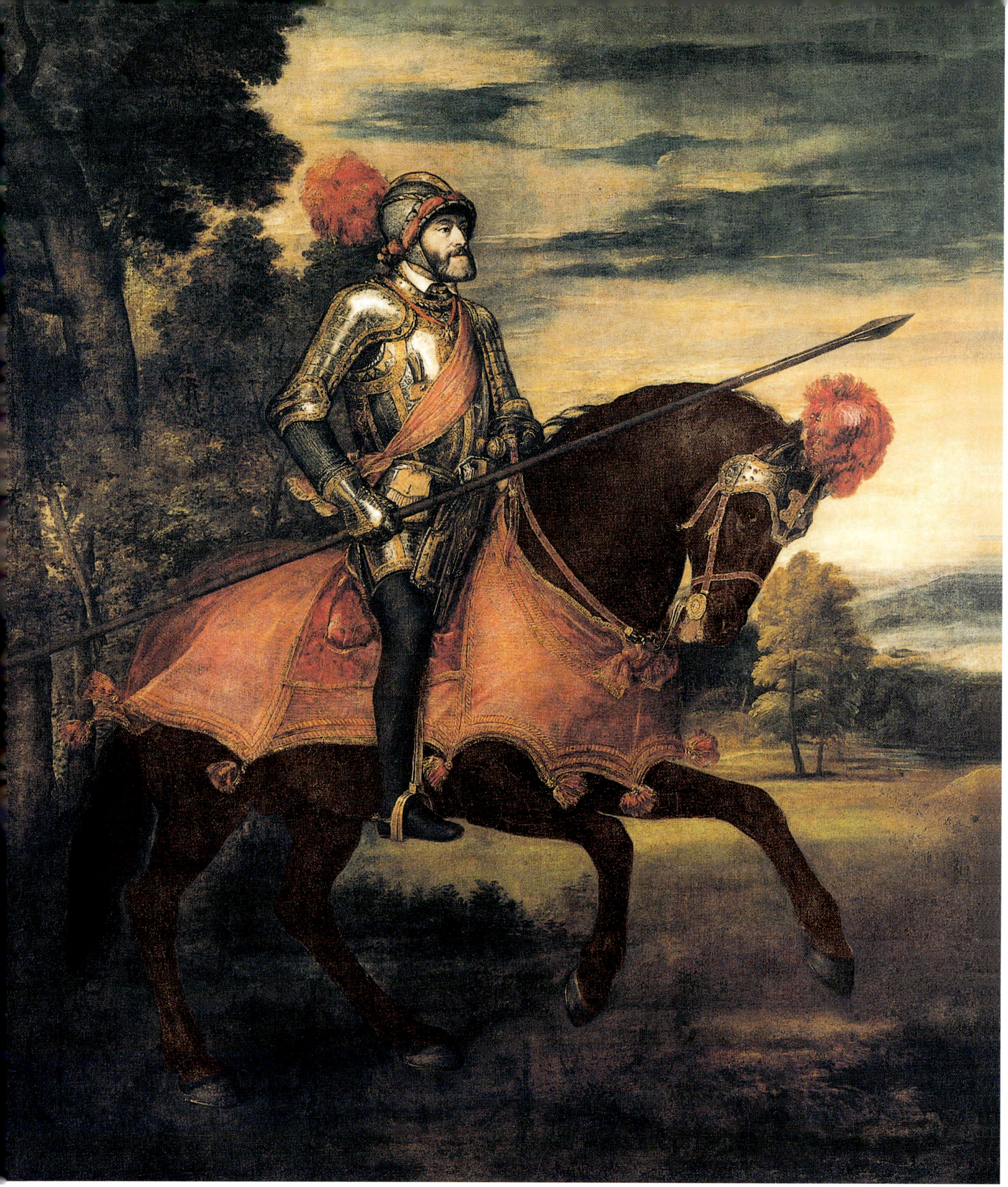

1490 • • • • 1495 • • • • 1500 • • • • 1505 • • • • 1510 • • • • 1515 • • • • 1520 • • • • 1525 • • • • 1530 • • • • 1535

**1490**

**1508–1512** Michelangelo malt die Decke der Sixtinischen Kapelle

**1517** Martin Luther veröffentlicht seine 95 Thesen

**1519–1522** Magellan unternimmt die erste Weltumseglung

# Tizian

## Wie alt Tizian tatsächlich geworden ist, weiß man nicht genau. Auf jeden Fall ist er so alt geworden, dass man hier nicht annähernd alles beschreiben kann, was er gemalt hat.

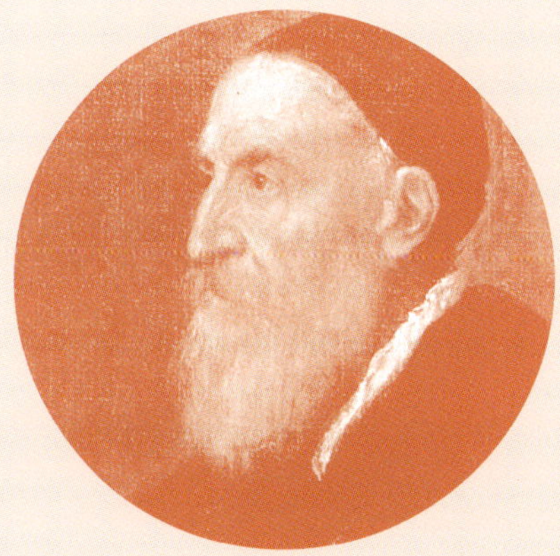

**Tizian**

**Geboren:** um 1490 (vielleicht auch früher) als Tiziano Vecellio in Pieve di Cadore, Italien
**Gestorben:** 27. August 1576 in Venedig, Italien
**Lebte in:** Venedig
**Epoche:** Italienische Renaissance

Berühmt wurde Tizian mit seinen wunderschönen Altarbildern, die er in leuchtenden Farben malte. Ihm war es aber nicht nur wichtig, schöne Farben zu verwenden, sondern sie mussten auch zum Bildaufbau passen. In vielen von Tizians Bildern finden sich Linien oder Dreiecke, die er durch Farben oder die Aufstellung von Personen formt. Siehst du die Linie aus Armen und Schultern im Bild auf Seite 22, die vom Kopf links oben bis zum Fuß rechts unten geht?

Aber Tizian schuf nicht nur Altarbilder, sondern wurde auch zu einem der bedeutendsten Porträtmaler seiner Zeit. Viele wichtige Menschen ließen sich von ihm malen. Sie alle waren von Tizians Porträtkunst begeistert, denn er malte sie so, wie sie waren, ließ sie aber noch interessanter und würdevoller aussehen. Das gelang ihm, weil die Modelle nicht einfach steif posierten. Tizian ließ sie immer eine besondere Geste oder eine ungewöhnliche Haltung einnehmen, wodurch seine Porträts lebendiger wirkten als die seiner Kolleg*innen.

Tizian hat in seinem langen Leben hunderte Meisterwerke geschaffen, als Gemälde, als Zeichnungen oder als Druckgrafik. Dabei malte er biblische Szenen genauso gerne wie Geschichten aus der griechischen und römischen Mythologie. In seinem späteren Leben malte er nicht mehr mit starken, bunten Farben. Seine Bilder wurden dunkler, weniger farbenfroh und dennoch ausdrucksstärker als seine früheren Werke. Malte er anfangs seine Bilder noch ganz genau und ordentlich, wirken diese Bilder eher wie große Skizzen. Besonders gut kann man das an der *Dornenkrönung* auf Seite 22 sehen.

**‹ Kaiser Karl V. nach der Schlacht bei Mühlberg, 1548. Prado, Madrid.**

1533 erhob Kaiser Karl V. Tizian in den Adelsstand und holte ihn 1547 zum Reichstag nach Augsburg, wo er den Kaiser malen sollte. Als Tizian dabei einmal der Pinsel auf den Boden fiel, bückte sich der Kaiser und hob ihn auf. Das war eine große Ehre für den Maler, denn normalerweise würde ein Kaiser so etwas nicht tun.

1540 • 1545 • 1550 • 1555 • 1560 • 1565 • 1570 • 1575 • 1580 • 1585

Tizian — 1576

**1543** Kopernikus entdeckt, dass die Erde sich um die Sonne dreht

**1559-1581** Die Uffizien, das berühmte Museum in Florenz, werden erbaut

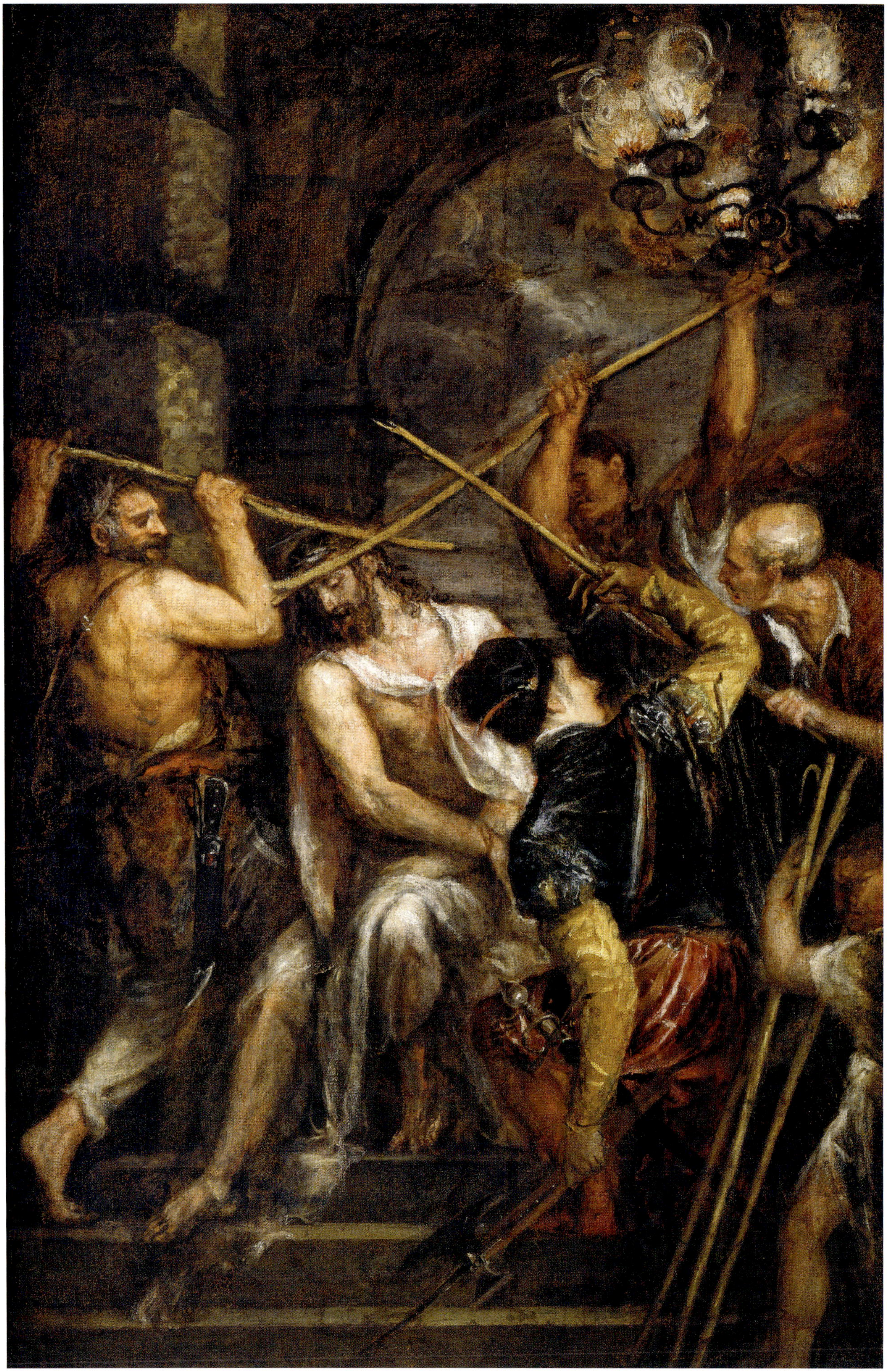

**Dornenkrönung, um 1570. Alte Pinakothek, München.**

Tizian malte das Bild nicht nur mit dem Pinsel, sondern verwendete auch Spachtel, mit denen er die Farbe dick auftrug und malte sogar direkt mit den Fingern auf der Leinwand. Damit wollte er die Wirkung des Bildes verstärken.

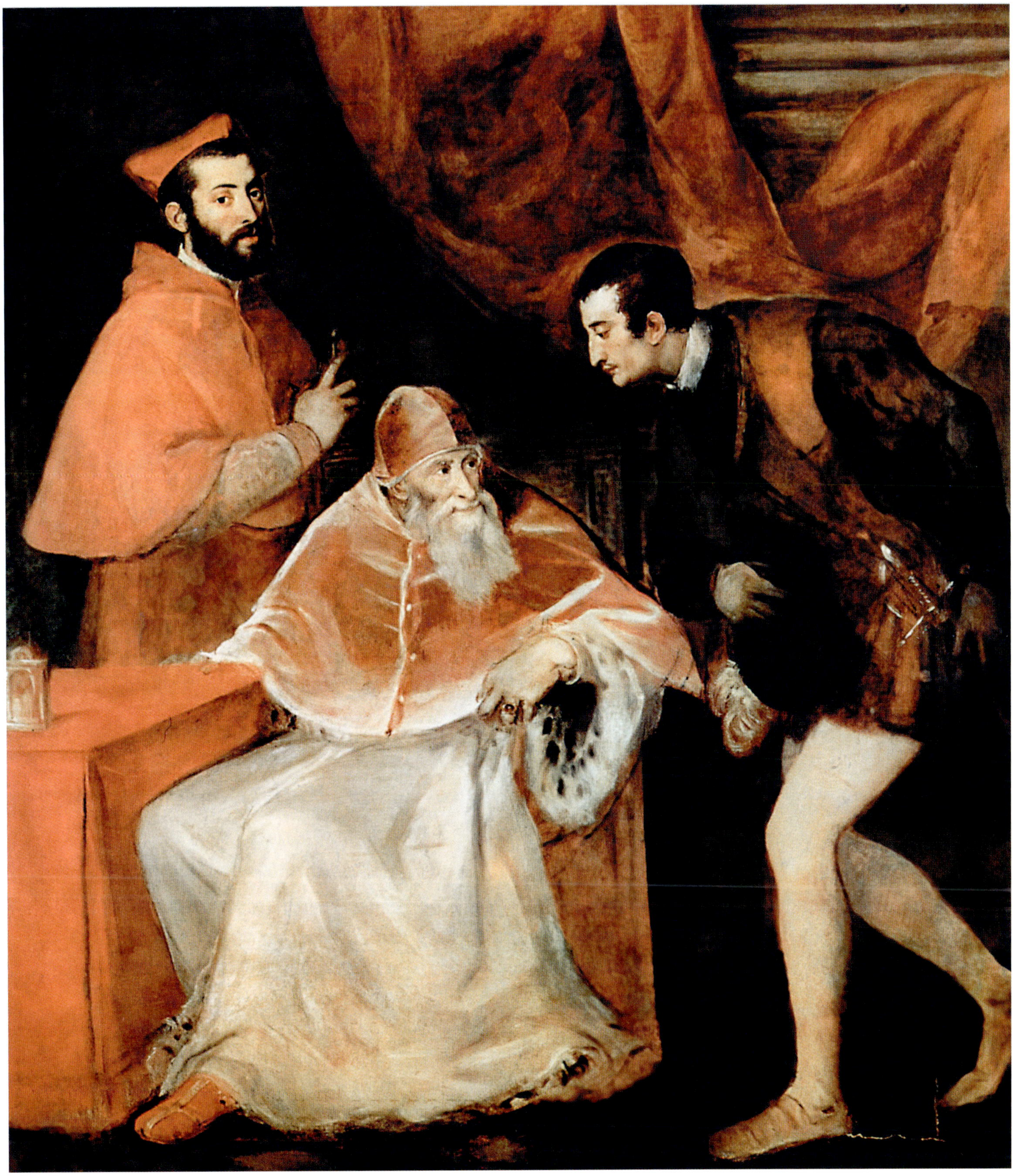

**Papst Paul III. und seine Nepoten, um 1568. Museo di Capodimonte, Neapel.**

1568 malte Tizian Papst Paul III. mit seinen »Nepoten«. Das Wort sollte verschleiern, dass es seine eigenen Enkel waren: es kann sowohl Neffen als auch Enkel bedeuten. Das Bild hat Tizian allerdings nie fertig gemalt – deswegen fehlt dem Papst auch die rechte Hand!

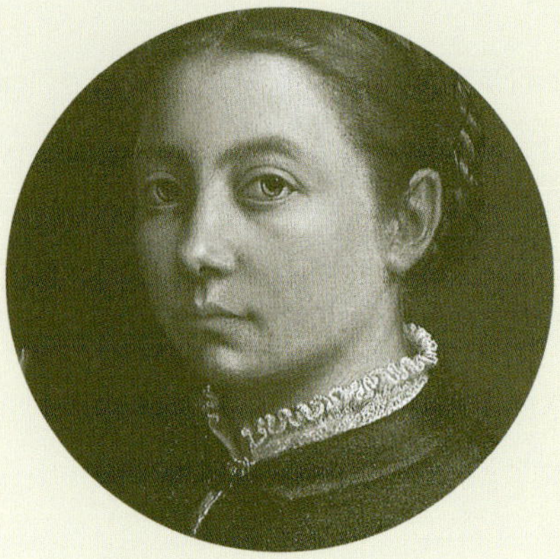

**Sofonisba Anguissola**

**Geboren:**
1532 in Cremona, Italien
**Gestorben:**
1625 in Palermo, Italien
**Lebte in:** Cremona, Madrid, Palermo, Genua, Palermo
**Epoche:** Italienische Renaissance

# Sofonisba Anguissola

Sofonisba Anguissola zauberte das Wesen eines Menschen in erfrischender Lebendigkeit auf die Leinwand. Das war damals neu.

Am Anfang standen ihre vielen Selbstporträts. Sie zeigten ihr großes Talent. Um Sofonisba bekannt zu machen, verschickte ihr Vater die Bilder an die wichtigsten Fürstenhöfe jener Zeit. So kam es, dass das junge Mädchen aus niederem Adel an den Hof des Königs Philipp II. von Spanien, gerufen wurde: Sie sollte der erst 14-jährigen Königin Isabella Malunterricht erteilen – und wurde zugleich ihre Lieblingshofdame.

Mehrfach porträtierte Sofonisba die Königsfamilie. Wer eine Königin malte, musste sie würdevoll zeigen. Dafür gab es Regeln. Sofonisba gelang es, dem Abbild trotzdem immer etwas Persönliches zu geben.

Humorvoll und warmherzig blickte sie auf die Menschen. Entsprechend wählte sie ihre Motive: So zeichnete sie einen weinenden Jungen, der gerade von einem Krebs gezwickt wurde. Seine große Schwester tröstet ihn lächelnd. Solche Szenen aus dem Alltagsleben darzustellen, war ebenfalls neu.

Sofonisba lebte zur Zeit der Renaissance. Damals probierten die Menschen erstmals, naturgetreu zu malen. Und man begann, den einzelnen Menschen in seiner Unverwechselbarkeit wichtig zu nehmen. Mädchen sollten jetzt gefördert werden. Auch das war neu! Sofonisba hatte also Glück, in diese Zeit hineingeboren zu sein.

1525 · 1530 · 1535 · 1540 · 1545 · 1550 · 1555 · 1560 · 1565 · 1570

**1521** Spanien erobert das Aztekenreich in Mittelamerika

**1532**

**1535** Cremona fällt mit der übrigen Lombardei an die Spanier

**1543** Kopernikus entdeckt, dass die Erde sich um die Sonne dreht

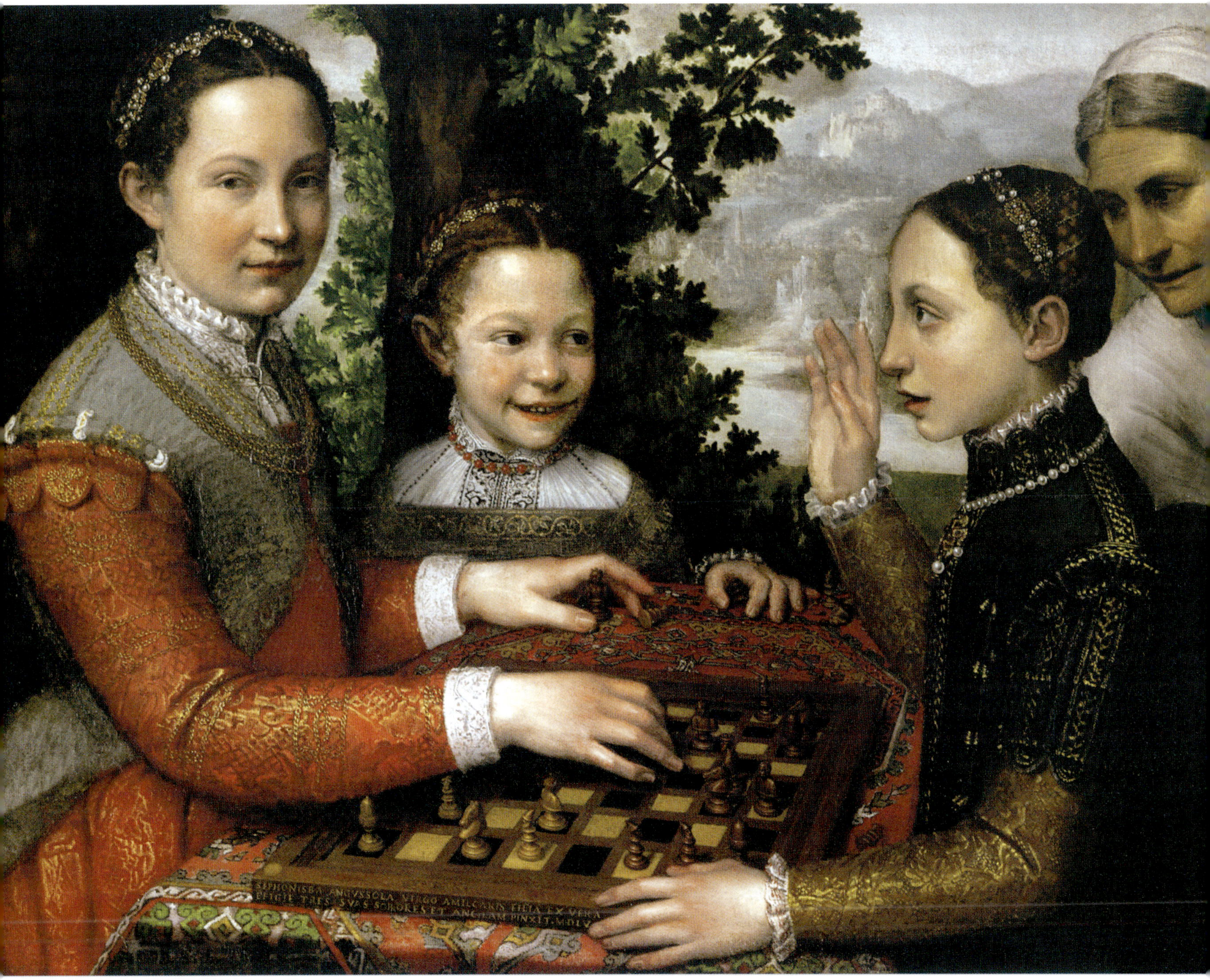

**Drei Schwestern beim Schachspiel, 1555. Muzeum Narodowe, Poznán.**

Sofonisba hat hier drei ihrer fünf Schwestern beim Schachspiel gemalt - links Lucia, rechts Minerva und in der Mitte Europa. Eine Dienerin schaut ihnen zu.

## Wissenswert

**Ein Mann namens Giorgio Vasari schrieb ein Buch über die bedeutendsten Künstler seiner Zeit. Darin aufgenommen zu werden, war eine große Ehre. Voller Begeisterung berichtete er über Sofonisba: »... in der Tat (scheinen die von ihr gemalten Menschen) zu leben und nur der Rede zu ermangeln ...«**

1575 · 1580 · 1585 · 1590 · 1595 · 1600 · 1605 · 1610 · 1615 · 1620

**Sofonisba Anguissola** **1625**

**1527-1598** König Philipp II. von Spanien

# Rembrandt

## Rembrandt gehört heute zu den bekanntesten Malern der Welt und seine Bilder zu den teuersten.

Das 17. Jahrhundert nennt man in Holland das Goldene Zeitalter. Durch die Handelsverbindungen nach Indien wurde das Land reich. Das war auch eine große Zeit für die Künstler*innen, denn die Menschen hatten viel Geld, um sich Gemälde zu kaufen oder sich von berühmten Maler*innen porträtieren zu lassen - wie zum Beispiel von Rembrandt. Die dramatische Hell-Dunkel-Malerei war sein Markenzeichen und er konnte alles malen, seien es Historienbilder, Landschaften, Stillleben oder eben auch Porträts.

**Rembrandt**

**Geboren:** 15. Juli 1606 in Leiden, Niederlande, als Rembrandt Hermanszoon van Rijn
**Gestorben:** 4. Oktober 1669 in Amsterdam, Niederlande
**Epoche:** Niederländischer Barock

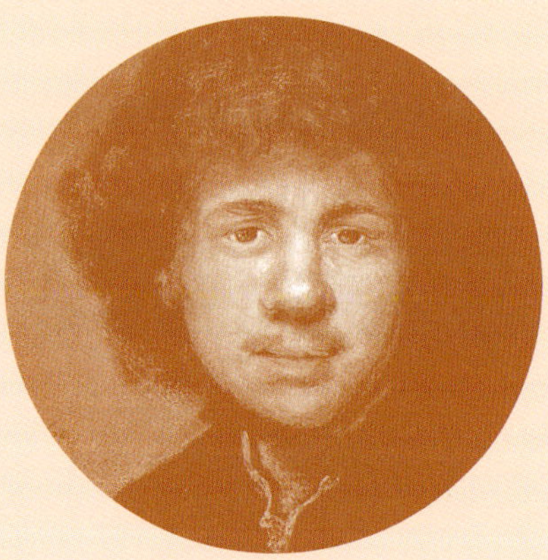

Es kamen aber nicht nur einzelne Personen, sondern auch ganze Gruppen von Männern, um sich malen zu lassen. Normalerweise stellten die Maler die Männer nebeneinander auf oder setzten sie an einen großen Tisch. Rembrandt hatte allerdings eine andere Idee: Er ließ die Männer so tun, als würden sie gleich zu einem wichtigen Ereignis marschieren. Das Gemälde heißt eigentlich *Die Kompanie des Frans Banning Cocq*. Weil es aber wegen der Farben und des Firnis, die Rembrandt benutzt hatte, über die Jahrhunderte immer dunkler wurde, nennt man es heute *Die Nachtwache*. Es ist eines der berühmtesten Gemälde der Welt.

Trotz seines großen Erfolges hatte Rembrandt ein sehr dramatisches Leben. Von seinen fünf Kindern sind vier ganz früh gestorben. Als dann 1642 auch noch seine Frau Saskia starb, war er sehr traurig und wollte nicht mehr so viel malen. Am Ende seines Lebens hatte er kein Geld mehr und starb verarmt. Dass Rembrandt trotzdem zu einem der bekanntesten Maler der Welt wurde, liegt auch an den vielen Selbstporträts, die er gemalt hat. Wenn man sich alle ansieht, kann man gut verfolgen, wie sich er selbst und seine Malweise mit der Zeit verändert haben.

1580 · 1585 · 1590 · 1595 · 1600 · 1605 · 1610 · 1615 · 1620 · 1625

Galileo Galilei (1564 - 1642) begründet die Naturwissenschaften

**1606**

**1603** Königin Elisabeth I. stirbt (geb. 1533). Das Ende der Tudor-Dynastie

**1616** William Shakespeare stirbt (geb. 1564)

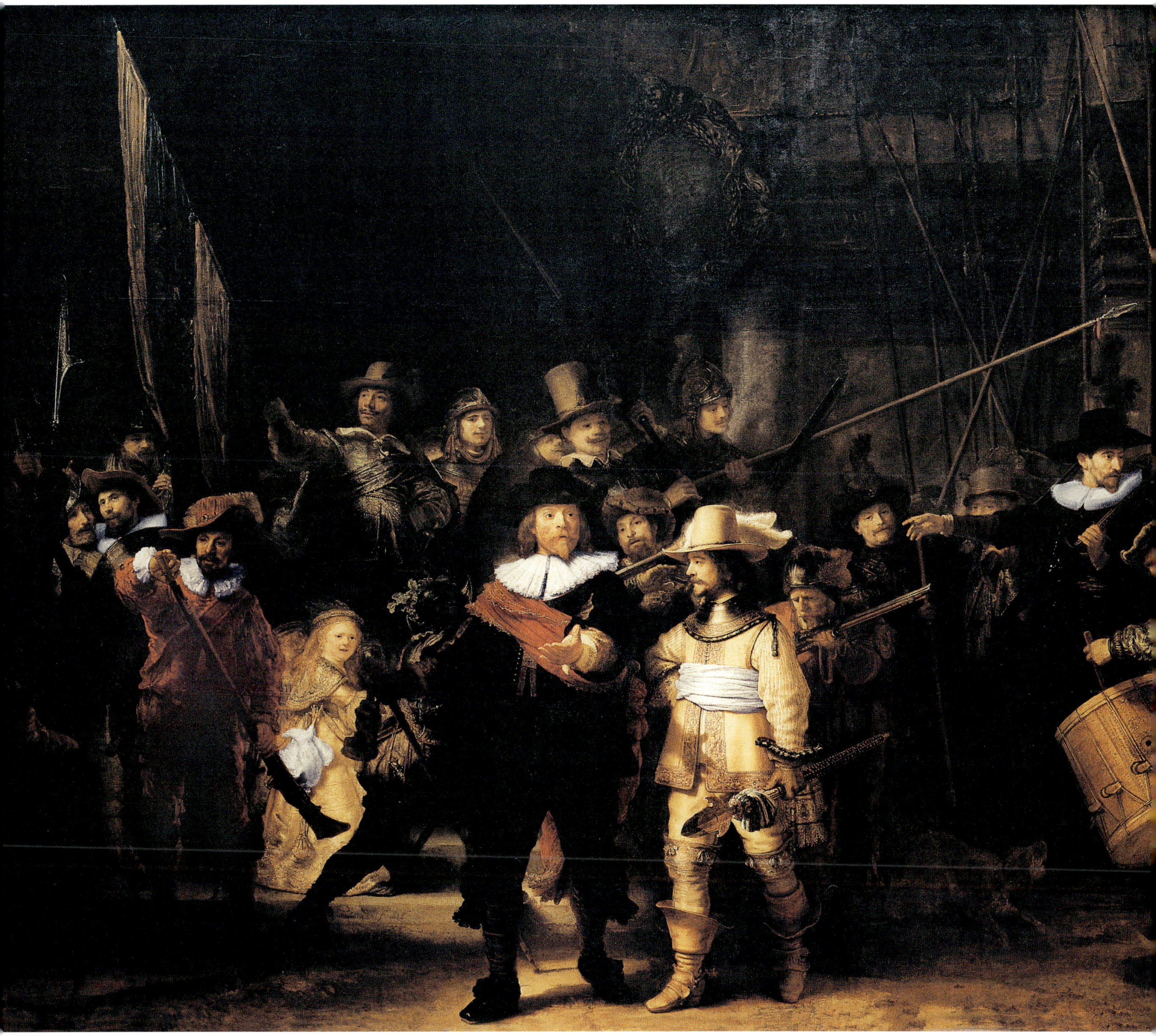

**Die Kompanie des Frans Banning Cocq (Die Nachtwache), 1642. Rijksmuseum, Amsterdam.**

Das Bild zeigt Mitglieder der Amsterdamer Schützengilde. Im Vordergrund siehst du den Hauptmann und seinen Leutnant. Um sie herum stehen die Schützen mit ihren Gewehren. Siehst du die Tafel, die im Hintergrund hängt? Darauf stehen die Namen der einzelnen Kompaniemitglieder.

## Jan Vermeer

**Geboren:**
31. Oktober 1632
in Delft, Niederlande
**Gestorben:**
15. Dezember 1675
in Delft
**Lebte in:** Delft
**Epoche**: Nieder-
ländischer Barock
**Nebenberuf:** Gastwirt
und Kunsthändler

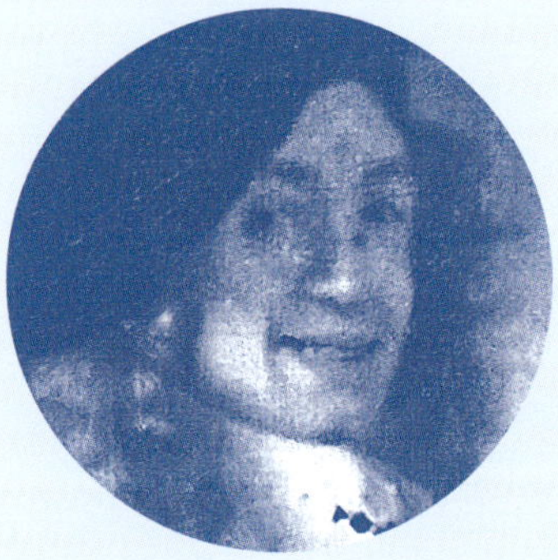

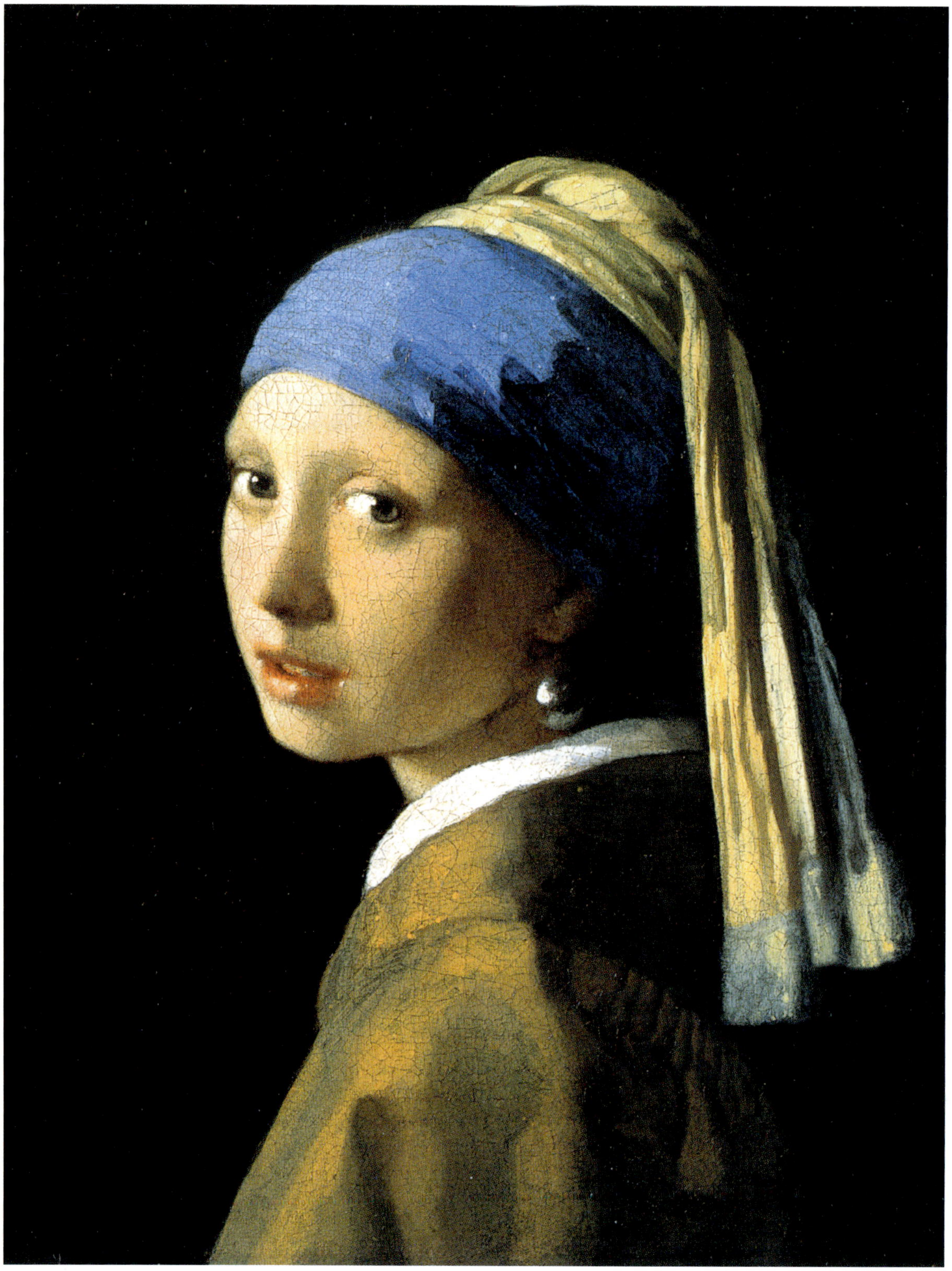

**Das Mädchen mit dem Perlenohrring, um 1665. Mauritshuis, Den Haag.**

Das Mädchen schaut uns an und scheint uns etwas sagen zu wollen. Was mag das sein? Niemand weiß, wer sie ist. Vielleicht eine Tochter Vermeers? *Das Mädchen mit dem Perlenohrring* beschäftigte die Fantasie vieler Menschen. Ein Roman darüber wurde zum Bestseller und 2003 sogar verfilmt. In dieser erfundenen Geschichte wird erzählt, das Mädchen sei eine Hausmagd der Familie Vermeer gewesen.

1615 · 1620 · 1625 · 1630 · 1635 · 1640 · 1645 · 1650 · 1655 · 1660

**1620** Ankunft der ersten Siedler aus Europa in Nordamerika

**1632** Jan Vermeer

**1618 – 1648** Dreißigjähriger Krieg

# Jan Vermeer

## Jan Vermeer malte am liebsten zu Hause. Dort hatte er sein Atelier und dort fand er Ideen für seine Arbeit.

Die Bilder des holländischen Malers zeigen oft das häusliche Leben seiner Zeit. Solche Gemälde nennt man Genrebilder. Sie waren im 17. Jahrhundert in den Niederlanden Mode. Vermeer wählte Farben, die besonders kostbar wirken.

Niemand malte so ein intensives und tiefes Blau, so ein strahlendes Rot und so ein leuchtendes Gelb wie er. Sein Blau ist als Vermeerblau berühmt. Damals rührten die Künstlerinnen und Künstler ihre Farben noch nach eigenen Rezepten selbst aus Pigmenten an. Die Farben Vermeers schimmern von innen heraus. Das liegt auch an seiner besonderen Maltechnik: Er setzt mehrere dünne Farbschichten übereinander. Die unteren Farbschichten leuchten durch die oberen hindurch.

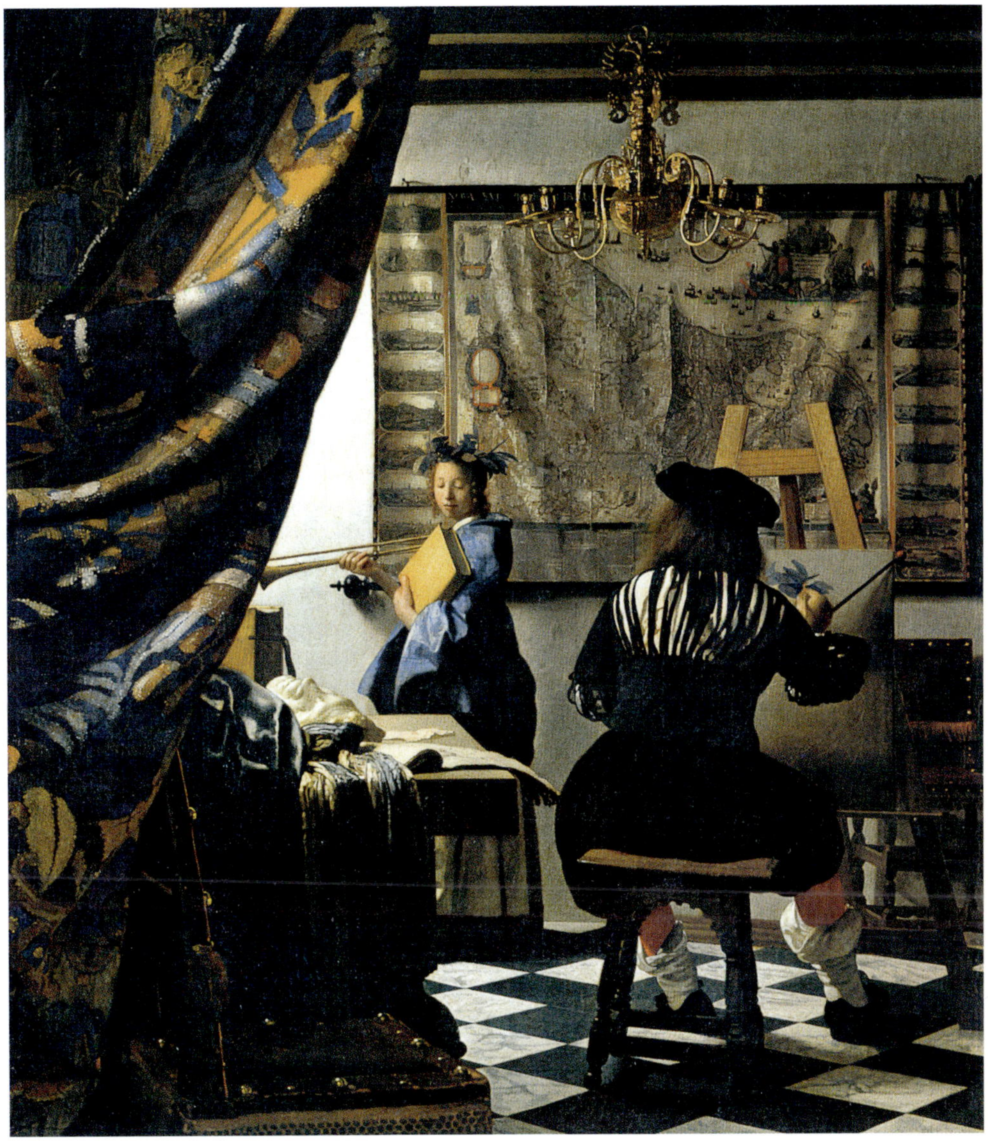

**Die Malkunst, um 1666-1668. Kunsthistorisches Museum, Wien.**

Dieses Bild zeigt einen Blick in die Malwerkstatt des Künstlers. Er malt gerade den Lorbeerkranz seines Modells. Vermeer überlässt nichts dem Zufall. Jeder Gegenstand ist sorgfältig ausgesucht. Anordnung und Farbwahl sind genau durchdacht.

1665 • • • • 1670 • • • • 1675 • • • • 1680 • • • • 1685 • • • • 1690 • • • • 1695 • • • • 1700 • • • • 1705 • • • • 1710 • • •

**1675**

**um 1675** Paris wird zum kulturellen Mittelpunkt Europas

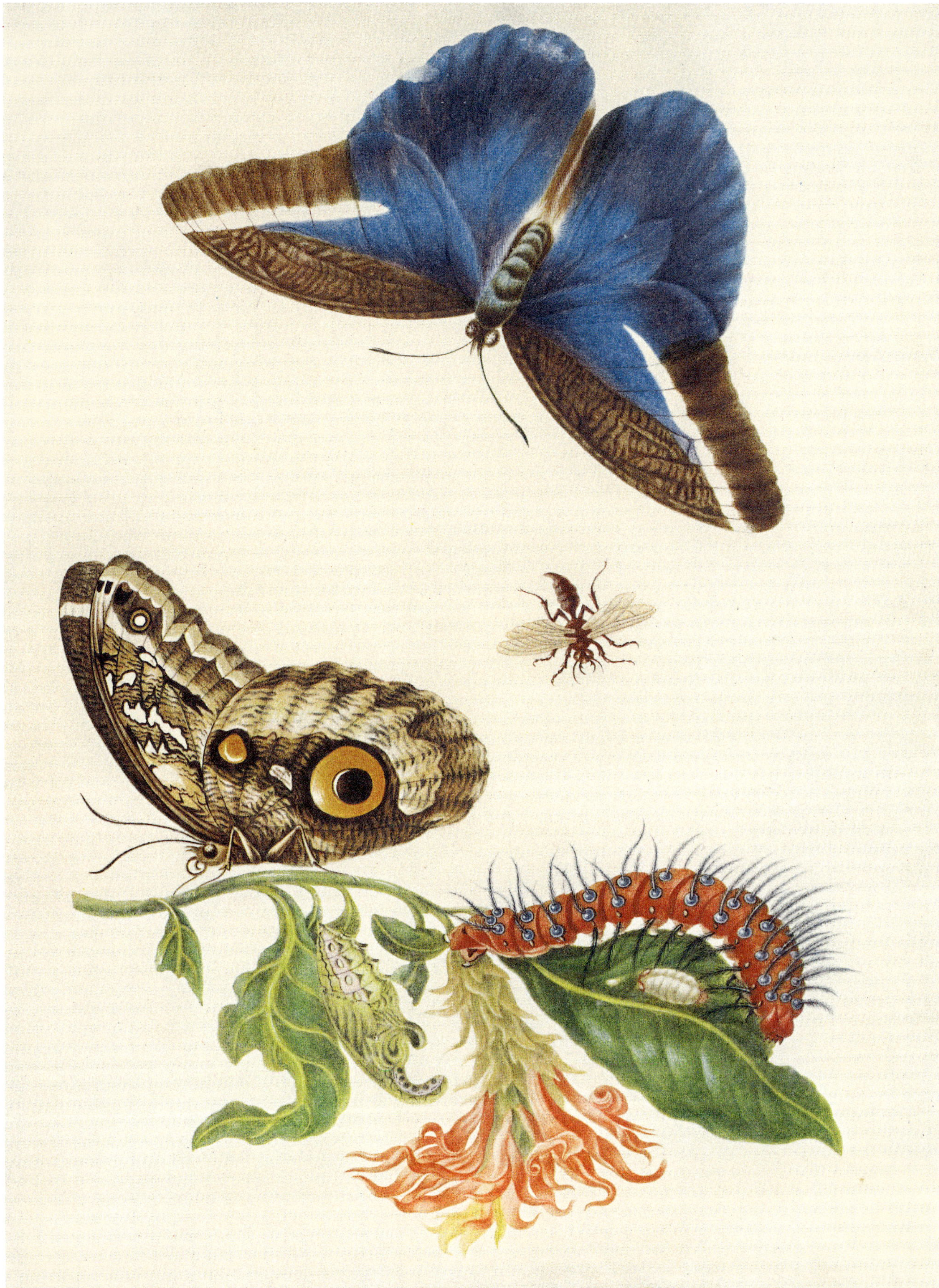



**1618-1648** Dreißigjähriger Krieg

**1647** **Maria Sibylla Merian**

**1593-1650** Matthäus Merian d. Ä., berühmter Kupferstecher, Maria Sibyllas Vater

**um 1650** Höhepunkt der niederländischen Stillleben- und Blumenmalerei

**1667** die Niederlande erobern Surinam

**1658** Krönung Kaiser Leopolds I. in Frankfurt am Main

# Maria Sibylla Merian

## Maria Sibylla Merian war fasziniert von der Verwandlung der Schmetterlinge vom Ei bis zum prachtvollen Falter. Um sie zu zeichnen, reiste sie bis ins tropische Surinam.

Sie war großartig. Sie hatte den Mut - vor über 300 Jahren als Frau! - Dinge zu tun, die selbst heute noch verwegen wären. Oder würdest du so eben mal den Atlantik überqueren, das unbekannte südamerikanische Land Surinam zum Ziel, um dort im Dschungel Schmetterlinge zu präparieren und zu zeichnen? Maria Sibylla Merian tat es!

Im Alter von elf Jahren beherrschte sie den Kupferstich perfekt. Mit 13 lernte sie in einer Seidenspinnerzucht die Metamorphose (Verwandlung) der Schmetterlinge kennen. Das war für sie ein »göttliches Wunder«!

Dieses Wunder ließ Maria Sibylla nicht mehr los. Sie durchstreifte die Wiesen rund um ihre Heimatstadt Frankfurt und sammelte Raupen. Zu Hause füllten sich die Gläser und Schachteln.

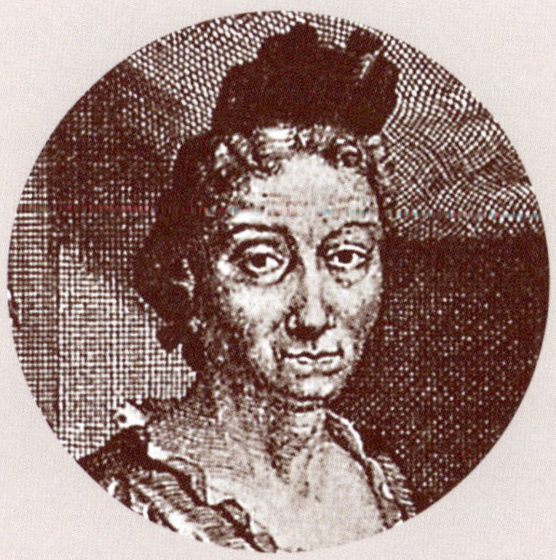

**Maria Sibylla Merian**

**Geboren:** 2. April 1647 in Frankfurt am Main, Deutschland
**Gestorben:** 13. Januar 1717 in Amsterdam, Niederlande
**Lebte in:** Frankfurt, Nürnberg, Schloss Waltha, Surinam, Amsterdam
**Epoche:** Barock

Welch eine Freude, wenn wieder ein Schmetterling schlüpfte! »Teufelsgetier!« war die Meinung der Kirche über Insekten. Die Nachbarn begannen schon zu tuscheln. »Sie ist eine Hexe!« Das war ein gefährlicher Verdacht zu Zeiten von Hexenverfolgungen! Doch Maria Sibylla ließ sich nicht beirren. Sie beobachtete und zeichnete ein »göttliches Wunder« nach dem anderen.

Eines Tages bekam Maria Sibylla Präparate der schönsten tropischen Schmetterlinge Surinams zu sehen - ein Anblick, der ihre Sehnsucht nach einer Forschungsreise dorthin geradezu herausfordern musste! Sie war die Erste, die solch ein Vorhaben je durchführte.

**‹ St. Petersburger Aquarelle, Großer Atlas (Falter und Puppe), Wilde Wespe, Raupe eines Augenspinners, 1700-1702. Russische Akademie der Wissenschaften, St. Petersburg.**

Maria Sibylla entdeckte, dass sich jeder Schmetterling auf eine bestimmte Pflanzenart als Nahrungsquelle spezialisiert: Auf dieser Pflanze legt er seine Eier ab, an ihr fressen sich die Raupen dick und rund, bevor sie sich dort verpuppen und am Schluss als Schmetterling schlüpfen. Daher stellte Maria Sibylla immer die Futterpflanze mit dem dazugehörigen Tier in allen Entwicklungsstadien dar.

1685 · 1690 · 1695 · 1700 · 1705 · 1710 · 1715 · 1720 · 1725 · 1730

1717

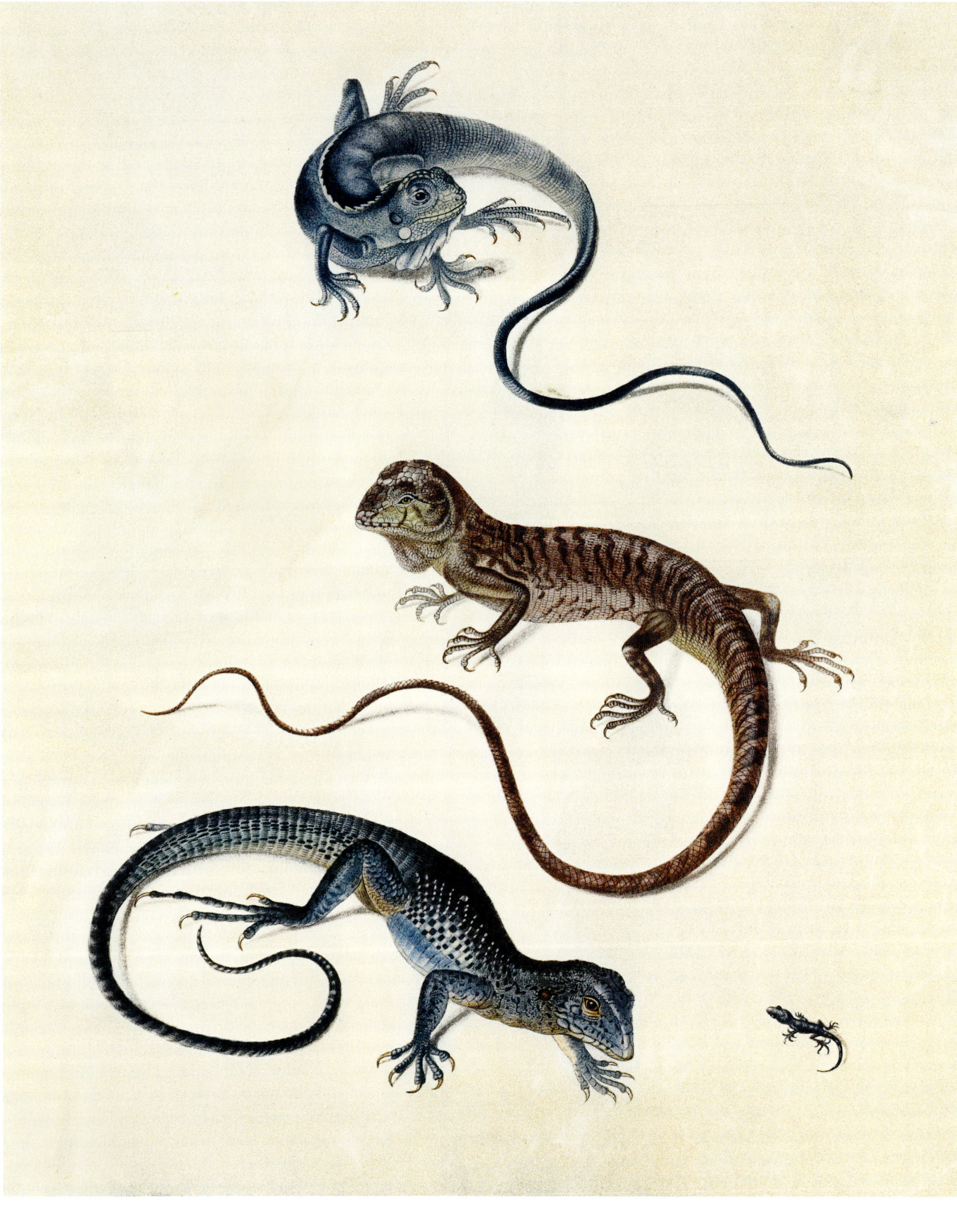

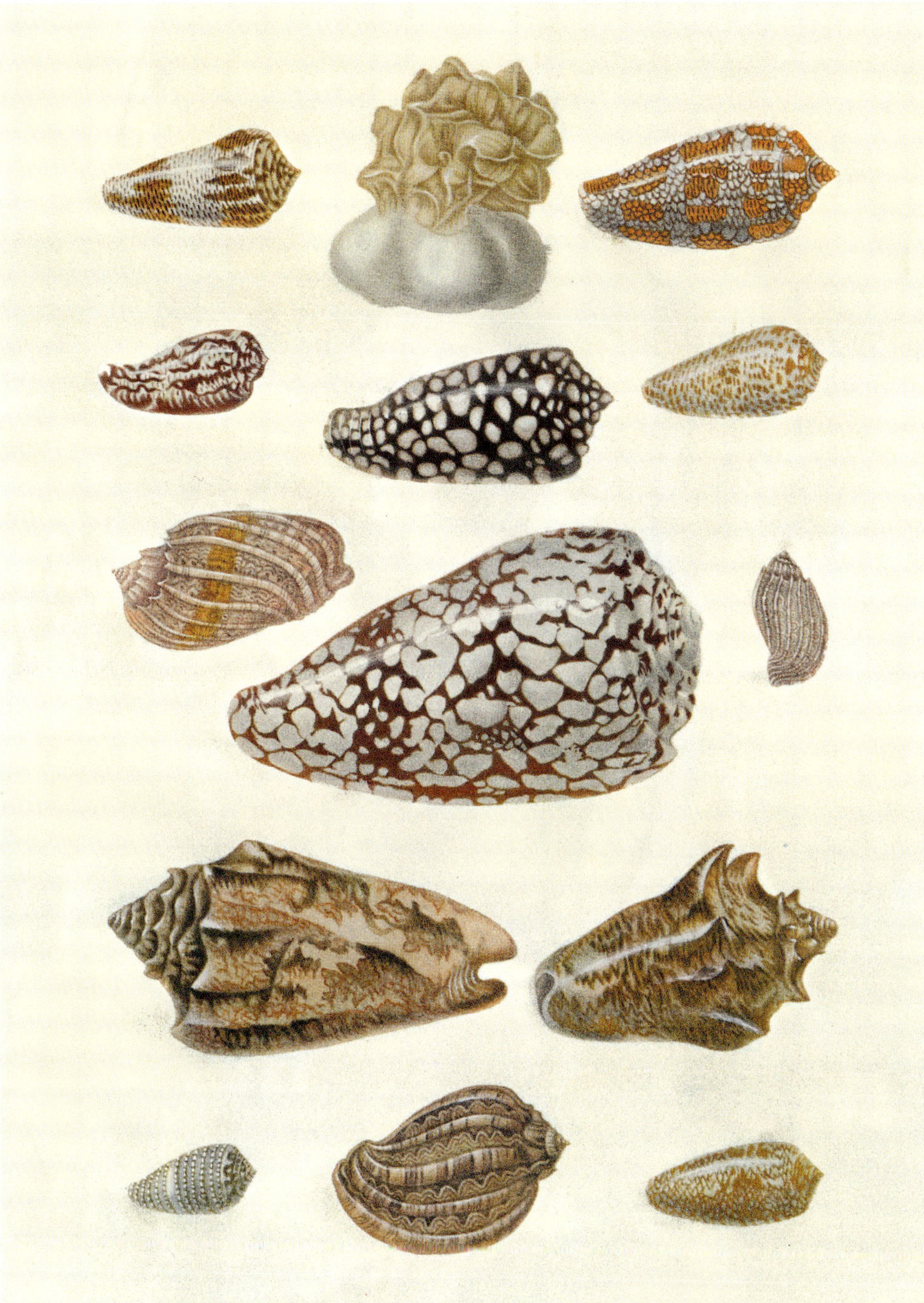

Gemeinsam mit ihrer jüngeren Tochter stach sie in See. Die beiden Frauen verbrachten zwei Jahre in Surinam. Indigene Einwohner*innen halfen ihnen, sich den Weg durch den Dschungel zu bahnen, wo sie Tiere und Pflanzen beobachteten und zeichneten. Eine schwere Malariaerkrankung Maria Sibyllas zwang die Frauen schließlich zur Rückkehr nach Amsterdam.

Doch im Gepäck hatten sie eine reiche Ausbeute an Tierpräparaten und Zeichnungen. Im Amsterdamer Stadthaus wurden sie gezeigt. Viele Besucher*innen bestaunten die Ausstellung. Danach entstand Maria Sibyllas prachtvollstes Werk: das Buch *Metamorphosis Insectorium Surinamensium* mit vielen Kupferstichen bestückt sowie mit umfangreichen Beschreibungen und wissenschaftlichen Erkenntnissen.

**St. Petersburger Aquarelle, Vorderkiemerschnecken: Kegel-, Hafen- und Faltenschnecke, 1704/05. Russische Akademie der Wissenschaften, St. Petersburg.**

Aus den fernen Landstrichen der Kolonien wurden fremdartige Tiere wie diese Schnecken hier heimgebracht. Das regte die Künstler*innen in jener Zeit zum Malen von Stillleben an.

**‹ St. Petersburger Aquarelle, Kielschwanzechse, Taubleguan, Surinam-Ameive, Gecko, 1699–1701. Russische Akademie der Wissenschaften, St. Petersburg.**

Maria Sibylla interessierte sich in Surinam nicht nur für Schmetterlinge. Wie fein sie die Zeichnungen anfertigte und dann mit Aquarellfarben ausmalte! Die Zeichnungen dienten als Vorlage für die Kupferstiche, die sich dann vervielfältigen ließen.

## Tipp

Einige der von Maria Sibylla in Surinam präparierten Schmetterlinge haben die Jahrhunderte überdauert und sind noch erhalten. Sie gehören zur »Gerningschen Sammlung«, die das Landesmuseum Wiesbaden aufbewahrt.

# Thomas Gainsborough

»Ich mache Porträts, um meinen Lebensunterhalt zu verdienen, Landschaften, weil ich sie liebe, und Musik, weil ich sie nicht vermeiden kann.«

Dieses Zitat stammt vom englischen Maler Thomas Gainsborough, der in seiner Freizeit gerne Cello spielte. Da er in einer Zeit lebte, in der es für Künstler*innen nicht üblich war, nach draußen zu gehen und die Landschaft zu malen, dachte er sich seine Motive oft selbst aus. Aber mit dem Malen von Landschaften ließ sich kein gutes Geld verdienen.

Also beschloss er, Porträts von wohlhabenden Menschen zu malen. Und da diese Leute in der Regel schöne Anwesen besaßen, kam er auf die Idee, Landschaften und Porträts zu kombinieren, indem er die Personen sitzend oder stehend in der Natur darstellte. Die Porträtierten posierten allerdings nie wirklich für ihn im Freien, denn Gainsborough fertigte alle seine Werke in seinem Atelier an. Die Landschaften in seinen Bildern wurden nach kleinen Modellen gemalt, die der Künstler aus Moos, Steinen und Blättern baute. Um die Figuren richtig zu positionieren, benutzte er oft Puppen, damit seine Modelle nicht so lange für ihn stehen mussten.

Das hier gezeigte Bild ist Gainsboroughs bekanntestes Porträt in einer Landschaft. Zu sehen sind Mr. und Mrs. Andrews auf ihrem Landsitz vor einer Eiche. Zu ihrer Rechten öffnet sich eine weite Landschaft. Mr. Andrews steht neben seiner Frau und hat eine Flinte und einen Jagdhund bei sich. Mrs. Andrews sitzt auf einer Bank. Eigentlich sollte sie etwas auf dem Schoß halten, aber der Maler hat diesen Teil des Bildes nie fertiggestellt. Vielleicht konnte sich Mrs. Andrews nicht entscheiden, was sie in der Hand halten wollte: einen Vogel, den Mr. Andrews geschossen hatte, oder einen Blumenstrauß? Keiner weiß es.

**Thomas Gainsborough**

**Geboren:** 14. Mai 1727 in Susburry, Suffolk, Vereinigtes Königsreich
**Gestorben:** 2. August 1788 in London, Vereinigtes Königreich
**Epochen:** Rokoko, Romantik

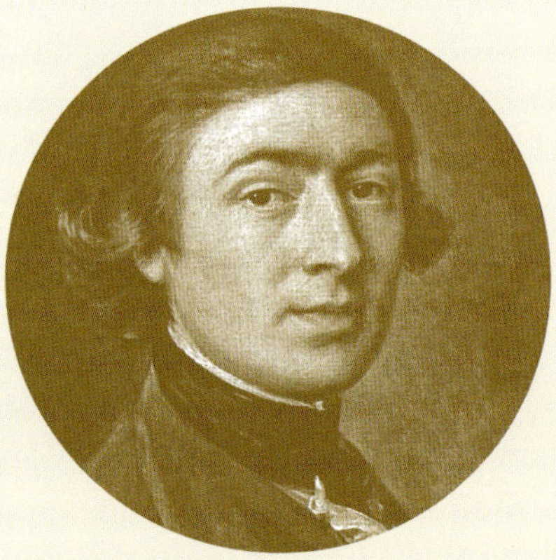

1720 1725 1730 1735 1740 1745 1750 1755 1760 1765

1727 Thomas Gainsborough

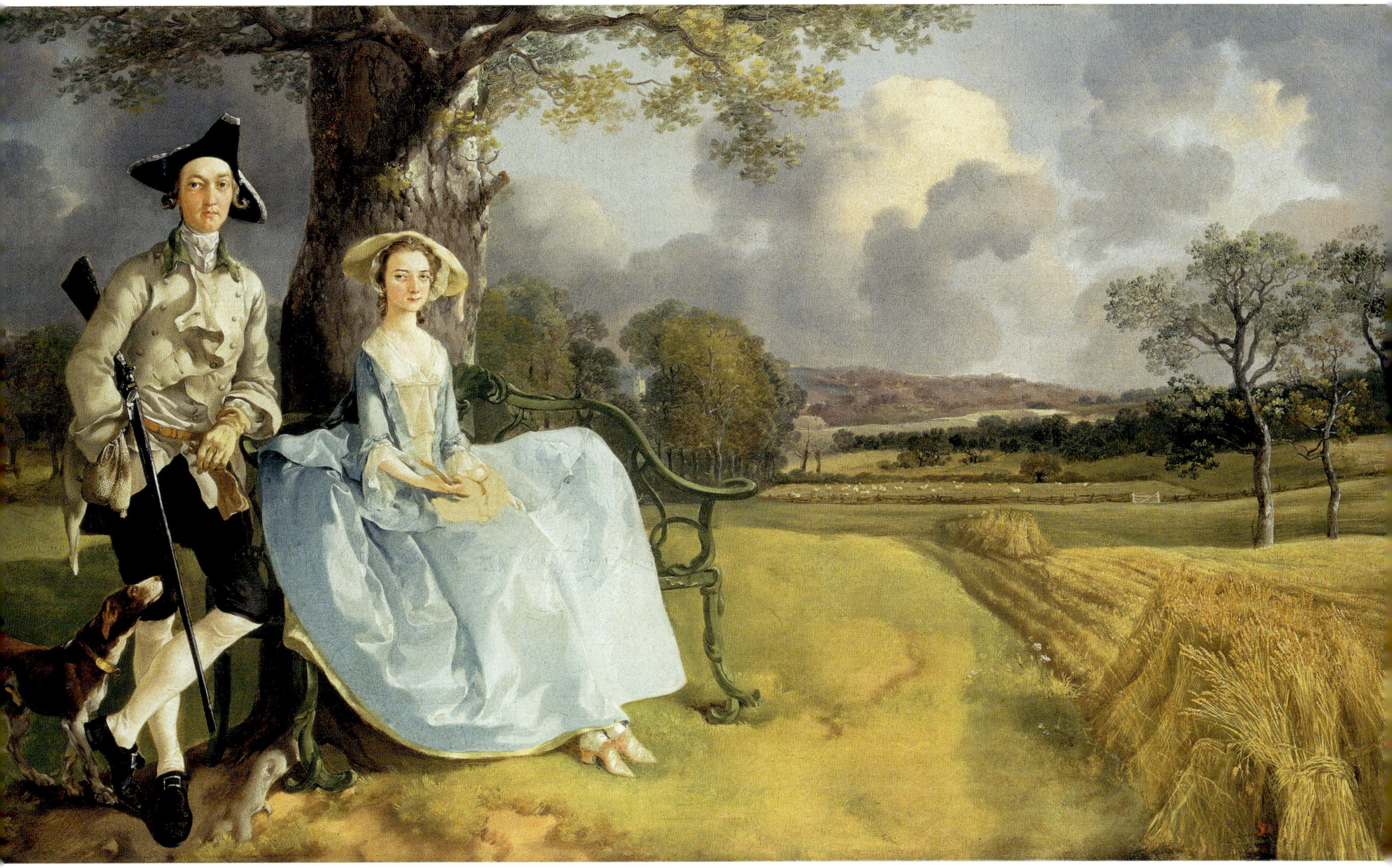

**Mr. and Mrs. Andrews, um 1750. National Gallery, London.**

Mr. Andrews lehnt sich lässig an die Bank. Sein Hund muss aufpassen, dass sein Herrchen ihm nicht auf die Pfoten tritt …

Thomas Gainsborough lebte lange Zeit auf dem Land. Aber weil er mit seinen Porträts so viel Erfolg hatte, zog er schließlich nach London. Dort wurde er zu einem der beliebtesten Porträtmaler Englands und erhielt viele Aufträge. 1768 gründete Gainsborough zusammen mit anderen Künstlern und Künstlerinnen die Royal Academy of Arts in London, die bis heute eine der wichtigsten Kunstakademien Großbritanniens ist.

Gainsborough wurde durch seine Porträts so bekannt, dass er die Aufmerksamkeit von König Georg III. erregte. Er wurde sogar der Lieblingsmaler des Königs.

1770 · 1775 · 1780 · 1785 · 1790 · 1795 · 1800 · 1805 · 1810 · 1815

**1788** **1789 - 1799** Französische Revolution

**1813** Jane Austen publiziert *Stolz und Vorurteil*

**1775 - 1783** Amerikanischer Unabhängigkeitskrieg

**768** James Cook beginnt seine erste Südseereise

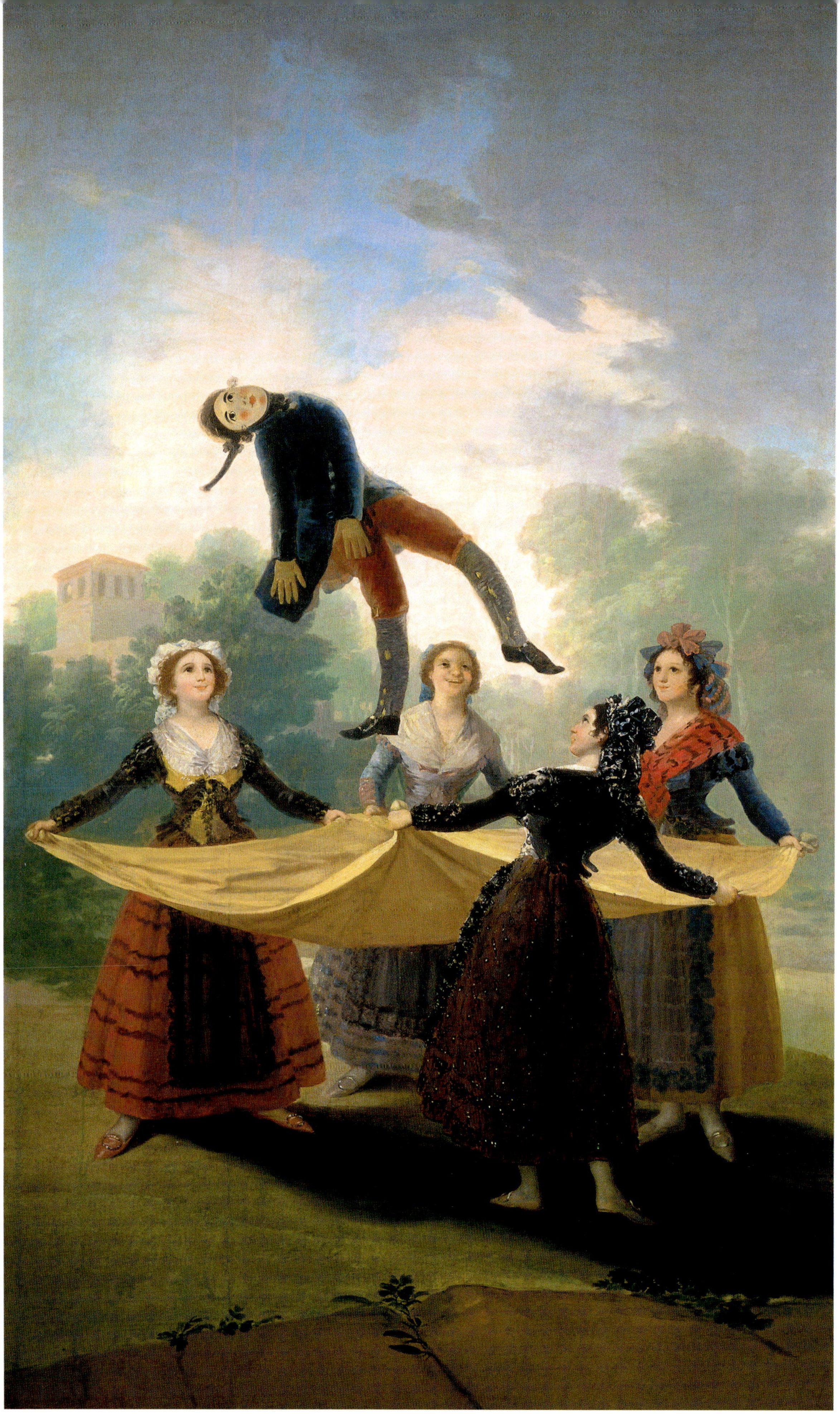

1735 1740 1745 1750 1755 1760 1765 1770 1775 1780

**1746** **Francisco de Goya**

**1755** Großes Erdbeben in Lissabon

**1776** Unabhängigkeitserklärung der Vereinigte[n] Staaten von Amerika

# Francisco de Goya

Goya war ein einfacher Mann vom Land. Durch sein Talent und sein Können konnte er sich zum Maler des spanischen Königs hocharbeiten.

Als er 1775 am spanischen Hof anfing, malte er fröhliche Bilder vom Landleben, nach deren Motiven Teppiche gestickt wurden, die als Wandschmuck dienten. Goyas Bilder fielen auf, weil sie anders waren. 1786 wurde er zum Hofmaler berufen und bald danach wurde er der erste Maler des Königs. Das war die höchste Position, die man erreichen konnte. Als Hofmaler musste er Porträts des Königspaars und der kleinen Prinzen und Prinzessinnen malen. Außerdem lernte er viele wichtige Menschen kennen, die er ebenfalls porträtierte. Es wurde Mode, sich von ihm malen zu lassen.

Aber Goya hat sich nicht immer nur mit diesen Aufträgen beschäftigt, sondern auch ganz eigene Sachen gemalt, die ihn mehr interessierten. In der Zeit als Goya lebte, waren Aberglaube und der Glaube an Magie und Hexen in Spanien noch weit verbreitet. Mit solchen Themen beschäftigte er sich immer wieder in seinen Bildern.

Spanien war damals ein schwieriges und gefährliches Land. Napoleon marschierte mit seinen Truppen in Spanien ein, und die Spanier mussten gegen diese Besatzung kämpfen. Es war ein brutaler Krieg und eine harte Zeit für die Menschen.

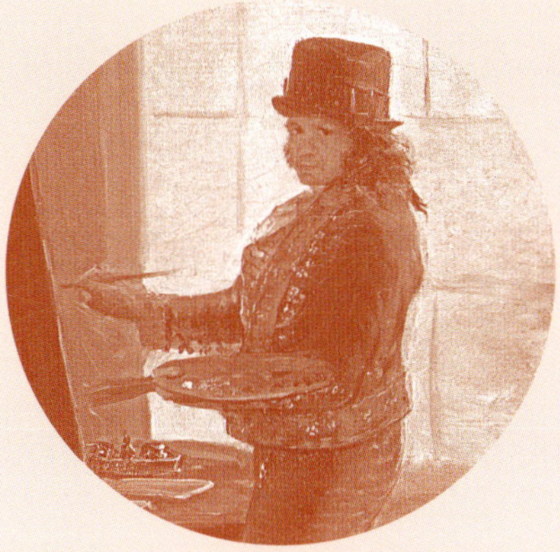

**Francisco de Goya**

**Geboren:** 30. März 1746 in Fuentetodos, Spanien
**Gestorben:** 16. April 1828 in Bordeaux, Frankreich
**Lebte in:** Er lebte meistens in Madrid, musste aber 1824 aus politischen Gründen nach Frankreich auswandern
**Epochen:** Rokoko, Romantik

**‹ El Pelele (Der Hampelmann), 1791. Prado, Madrid.**

In dem Bild *Der Hampelmann* lassen die Frauen eine männliche Strohpuppe fliegen, was damals ein beliebtes Spiel war. Das Gemälde war ein Entwurf für einen Wandteppich.

1785 • 1790 • 1795 • 1800 • 1805 • 1810 • 1815 • 1820 • 1825 • 1830

1828

**1786** Goya wird Hofmaler Karls III.

**1789 - 1799** Französische Revolution

**1792** Goya erkrankt schwer und verliert sein Gehör

**1797** Alois Senefelder erfindet die Lithographie

**1827** Beethoven stirbt (geb. 1770)

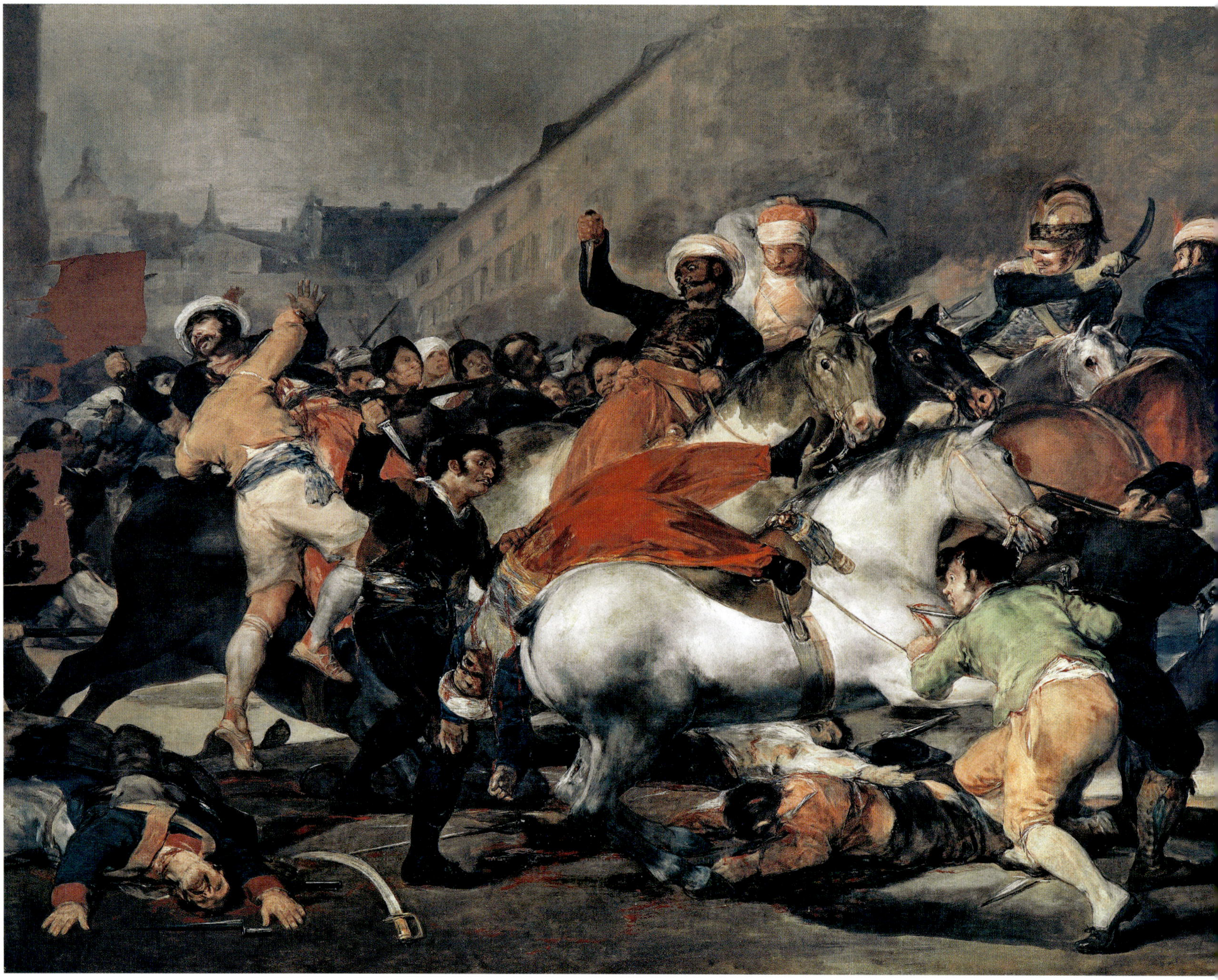

**Kampf mit den Mamelucken am 2. Mai 1808 in Madrid, 1814. Prado, Madrid.**

In Madrid kam es am 2. Mai 1808 zu einem Aufstand der Spanier gegen die französischen Besatzungstruppen. Das spanische Volk wehrte sich mit allen Mitteln, musste sich aber am Ende doch den schwerbewaffneten Truppen geschlagen geben. Den Kampf hat Goya erst 6 Jahre später gemalt.

1792 wurde Goya sehr krank und begann immer schlechter zu hören, bis er eines Tages völlig taub war. Vielleicht wurde er auch dadurch zu einem besonders guten Beobachter. Er malte und zeichnete alles, was er in dieser Zeit gesehen hatte und zeigte schonungslos die schrecklichen Seiten eines solchen Krieges. Nach dem Krieg gegen die Franzosen wurde die Lage in Spanien durch die schlechte Regierung noch schlimmer, vor allem für Menschen wie Goya, die sich die Unterdrückung durch die Kirche und die Regierung nicht gefallen lassen wollten. Mit fast 80 Jahren beschloss Goya Spanien zu verlassen und zog nach Frankreich ins Exil, wo er 1824 starb.

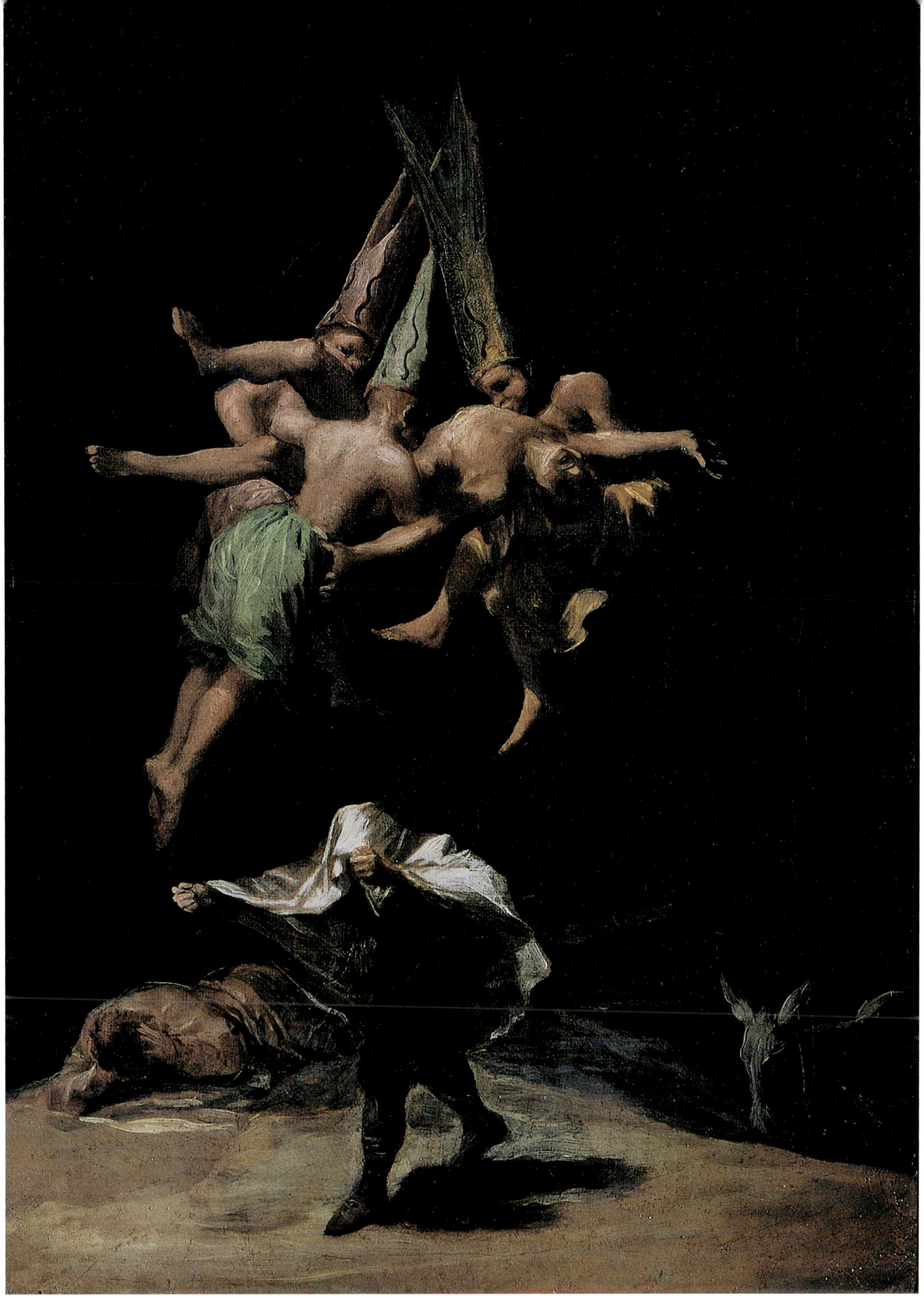

**Die fliegenden Hexen, um 1798. Prado, Madrid.**

In dem Bild *Die fliegenden Hexen* sieht man drei Hexen, die mit einem Mann in die Luft steigen und ihn mit ihren Zähnen in Stücke reißen. Er schreit so laut, dass der Mann, der am Boden liegt, sich seine Ohren zuhalten muss. Ein anderer versteckt sich unter einer Decke, damit ihn die Hexen nicht entdecken.

## Katsushika Hokusai

**Geboren:**
31. Oktober 1760
in Edo, Japan
**Gestorben:** 10. Mai
1849 in Tokio, Japan
**Lebte in:** Hokusai
lebte an vielen
verschiedenen
Orten in Japan
**Epoche:** Ukiyo-e

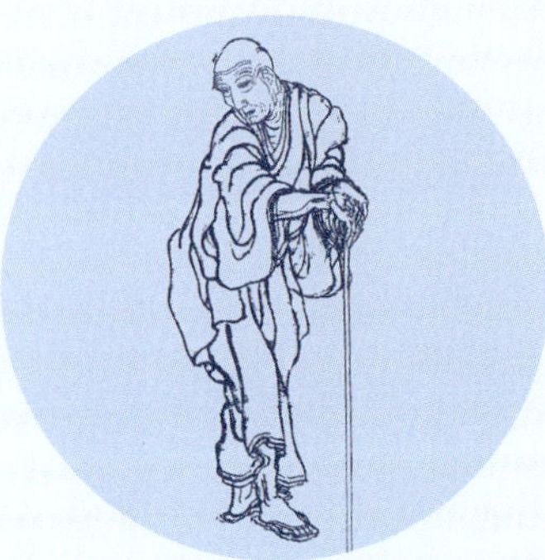

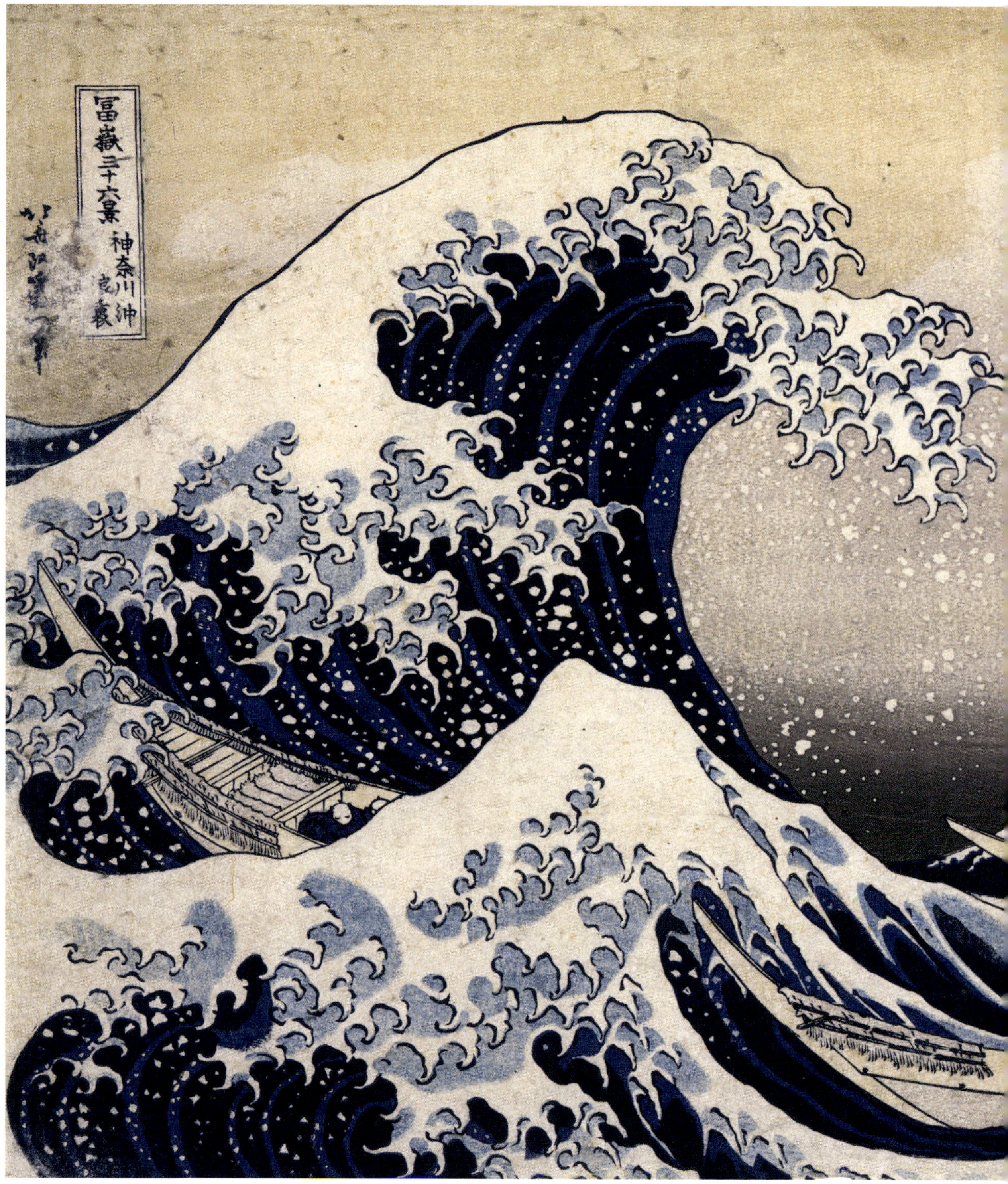


**Die große Welle vor Kanagawa, 1831.**

Es gibt Abzüge davon in verschiedenen Museen der Welt. Eines von Hokusais bekanntesten Werken ist dieses Bild aus der Serie der *36 Ansichten des Berges Fuji*. Es zeigt eine riesige Welle, die auf ein Fischerboot zukommt. Das Bild ist so lebendig und dynamisch, dass man fast das Rauschen der Wellen hören kann.

1760 · 1765 · 1770 · 1775 · 1780 · 1785 · 1790 · 1795 · 1800 · 1805

**1760** Katsushika Hokusai

**1779-1794** er macht Schauspielerporträts unter dem Namen Katsukawa Shunrō

**1798** er nimmt eigene Schüler an und nennt sich von da an Katsushika Hokusai

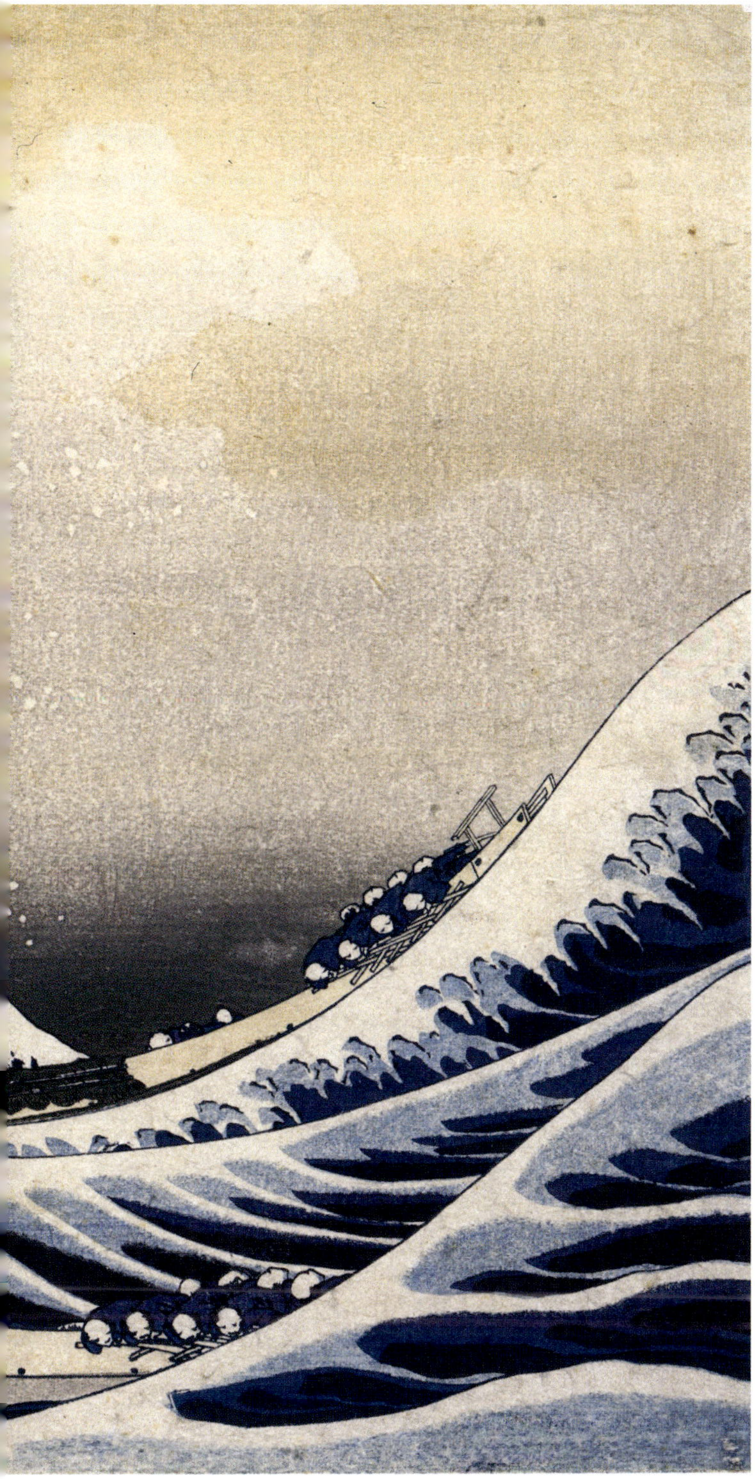

# Katsushika Hokusai

Hokusai war ein Meister des japanischen Farbholzschnitts. Sein Bild *Die große Welle vor Kanagawa* ist in aller Welt bekannt.

Hokusai hat seine meisten Kunstwerke in einer besonderen Technik geschaffen, Farbholzschnitt ist das Fachwort dafür. Hierfür schnitt er einzelne Teile seiner Bilder in verschiedene Holzstöcke und druckte sie in unterschiedlichen Farben übereinander, sodass sich daraus ein mehrfarbiges gedrucktes Bild ergab.

Mit fünfzehn Jahren begann er seine Lehre als Holzschneider und mit achtzehn fing er an, in der Kunstwerkstatt eines Farbholzdruckers zu arbeiten. Während seine Kollegen meistens Bilder von Schauspieler*innen in dieser Technik druckten, interessierte sich Hokusai bald mehr für die Natur. Berühmt wurde seine Serie der *36 Ansichten des Berges Fuji.*

Im Laufe seines langen Lebens lebte Hokusai an etwa 100 verschiedenen Orten und wechselte oft seine Lehrer und Namen, wie es damals bei japanischen Künstlern üblich war. Er schuf während seiner siebzigjährigen Karriere ein riesiges Werk – rund 3000 Farbdrucke, über 1000 Gemälde, Hunderte von Zeichnungen und Buchillustrationen. Noch heute ist sein Werk auf der ganzen Welt bekannt.

1810 · 1815 · 1820 · 1825 · 1830 · 1835 · 1840 · 1845 · 1850 · 1855

1849

**1829 – 1833** Bildserie *36 Ansichten des Berges Fuji*

**1603 – 1868** Edo-Zeit: Japan schottet sich gegen das Ausland ab

# Caspar David Friedrich

Die Zeit, in der Friedrich lebte und malte, nennt man Romantik. Die Künstler*innen schwärmten für die Natur. Nebelverhangene Landschaften, klare Mondnächte, Wälder und Ruinen waren ihre liebsten Themen.

**Caspar David Friedrich**

**Geboren:** 5. September 1774 in Greifswald, Deutschland
**Gestorben:** 7. Mai 1840 in Dresden, Deutschland
**Lebte in:** Lebte seit 1798 in Dresden
**Epoche:** Romantik

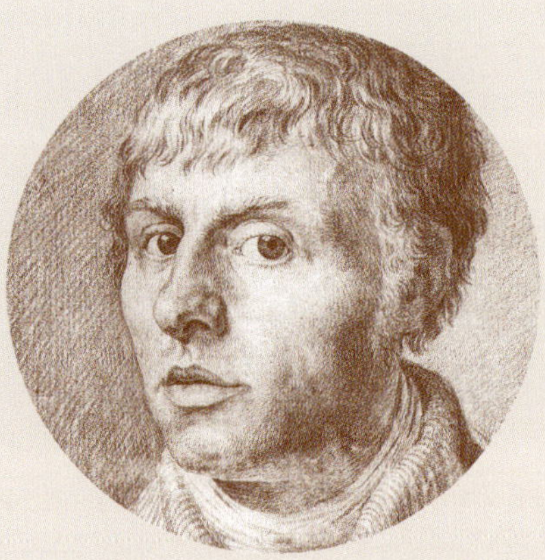

Caspar David Friedrich wollte mit Landschaftsbildern seine Gefühle ausdrücken. Manche Bilder waren ganz düster und neblig und in anderen schien wieder die Sonne und alles blühte. Häufig gibt es in seinen Bildern ein oder zwei Menschen, die man von hinten sieht. Diese sogenannten Rückenfiguren sollen dazu dienen, dass man sich in sie hineinversetzt und die Landschaft sozusagen mit ihren Augen sieht und erlebt.

Am Anfang seiner Karriere war Friedrich mit seinen norddeutschen Landschaftsgemälden sehr erfolgreich. Als es aber Mode wurde, so zu malen wie die Italiener, konnte er immer weniger Bilder verkaufen; seine Gemälde waren nicht mehr gefragt. Manche Leute, wie beispielsweise der große Dichter Johann Wolfgang von Goethe, wurden richtig zornig, wenn es um die Bilder von Friedrich ging. Goethe sagte sogar einmal, Friedrichs Bilder seien so schlecht, dass man sie an der Tischkante zerschlagen sollte.

Am Ende seines Lebens war Friedrich fast ganz vergessen. Nur wenige erinnerten sich noch an ihn. Und so starb er 1840 nach einer langen Krankheit. Ganz vergessen war er aber nicht. Heute sind seine Bilder wieder sehr beliebt und Friedrich gilt als ein sehr wichtiger Landschaftsmaler seiner Zeit.

**› Der Wanderer über dem Nebelmeer, um 1817. Kunsthalle Hamburg.**

Meistens malte Friedrich die Landschaften so, wie er sie vorfand. Aber manchmal erfand er auch eigene Landschaften, wie bei diesem Bild. Dazu machte er sich einfach Skizzen von verschiedenen Orten und setzte sie in seinem Atelier zu einer neuen Landschaft zusammen. Damals malte man die Bilder noch nicht direkt an dem Ort, der auf dem Bild dargestellt wurde, denn es gab noch keine Farbtuben, die man einfach mitnehmen konnte. Man machte Skizzen und Zeichnungen und ging in sein Atelier zurück, um das Gemälde dort mit Ölfarben zu malen.

1755 · 1760 · 1765 · 1770 · 1775 · 1780 · 1785 · 1790 · 1795 · 1800

1774

**1791** Mozarts *Zauberflöte* wird uraufgeführt

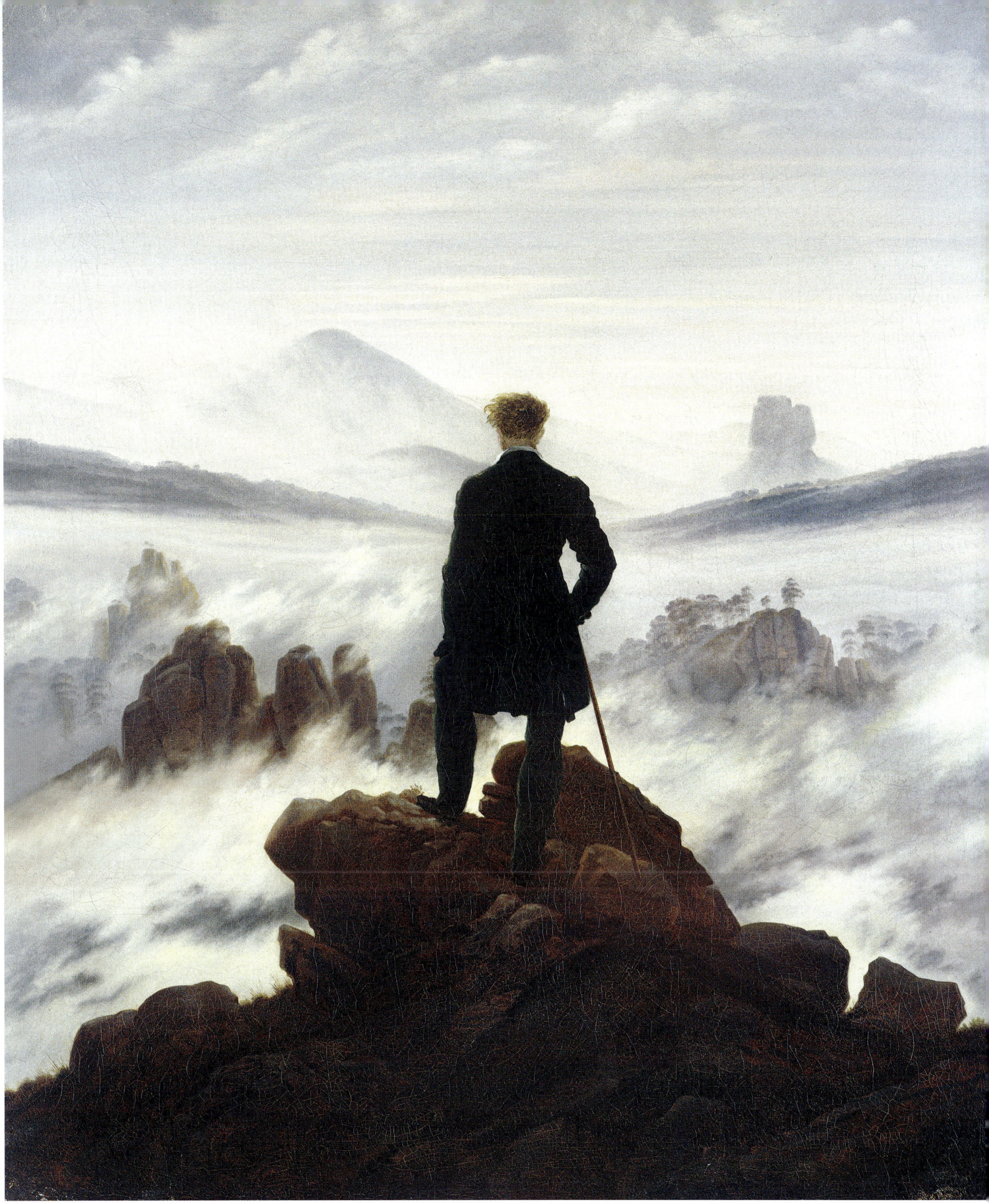

1805 • • • • 1810 • • • • 1815 • • • • 1820 • • • • 1825 • • • • 1830 • • • • 1835 • • • • 1840 • • • • 1845 • • • • 1850 • •

**Caspar David Friedrich** **1840**

**Ab 1812** Die Märchen der Gebrüder Grimm erscheinen

**1818** Mary Shelley veröffentlicht *Frankenstein*

**1826** Joseph Nicéphore Niépce nimmt die erste Fotografie auf

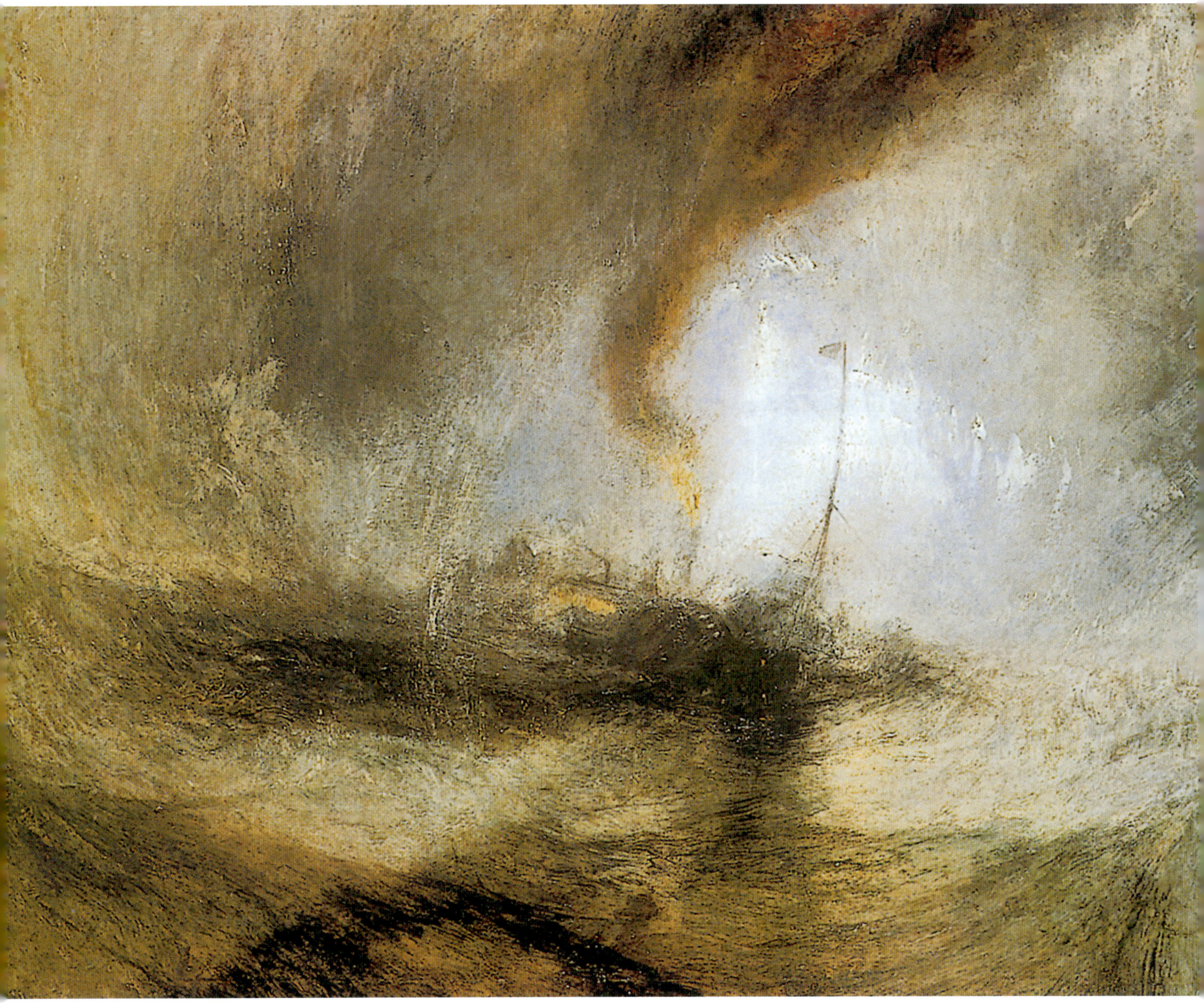

**Schneesturm vor der Hafeneinfahrt, 1842. Tate Britain, London.**

Turner wird oft als der »Vater des Impressionismus« bezeichnet. Das Bild *Schneesturm* vermittelt uns einen sehr guten Eindruck davon, wie ein Sturm auf See aussehen und sich anfühlen könnte, anstatt das zu zeigen, von dem wir wissen, dass es da ist. Dies ähnelt der Arbeit der französischen Impressionist*innen.

1770 · 1775 · 1780 · 1785 · 1790 · 1795 · 1800 · 1805 · 1810 · 1815

**1775** **J.M.W. Turner**

**1789-1799**
Französische Revolution

**1803-1815** Napoleonische Kriege
Englands gegen Frankreich

# J.M.W. Turner

## Der eigenwillige Künstler wird heute oft als »Vater des Impressionismus« bezeichnet.

Die Malerei war ursprünglich ein Lehrberuf, aber im 18. Jahrhundert wurde es immer üblicher, dass Künstler*innen ihr Handwerk in Akademien oder Kunstschulen lernten. Der Vater von J.M.W. Turner war ein verarmter Londoner Barbier, aber schon im Alter von 14 Jahren wurde sein talentierter Sohn der jüngste Schüler, der jemals in die Royal Academy in London aufgenommen wurde. Ein Jahr später, 1790, stellte er sein erstes Aquarell aus und begann, auch an Ölgemälden zu arbeiten.

Im Jahr 1796 stellte Turner an der Royal Academy ein Ölgemälde aus, das einen Wendepunkt in seiner Karriere bedeutete: *Fischer auf See* zeigt ein Boot, das im Mondlicht gegen die stürmische See kämpft. In seinen zukünftigen Gemälden entwickelte er diese Elemente weiter: die Betonung des Lichts, verschwommene Hintergründe und dramatische Bewegungen. Im Laufe der Zeit wurden seine Gemälde immer skizzenhafter, was wahrscheinlich auf seine nachlassende Sehkraft zurückzuführen war.

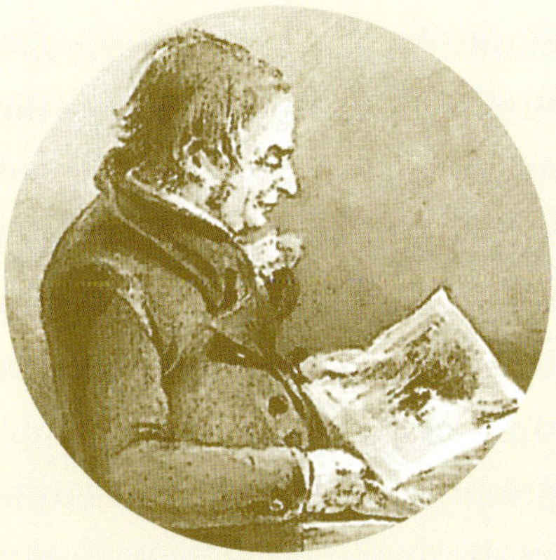

**J.M.W. Turner**

**Geboren:** 23. April 1775 in London, Vereinigtes Königreich
**Voller Name:** Joseph Mallord William Turner
**Gestorben:** 19. Dezember 1851 in Chelsea, London
**Lebte in:** London
**Epoche:** Romantik

Da seine Familie in seiner Kindheit wenig Geld gehabt hatte, machte sich Turner immer Sorgen um seine Finanzen. Er gab sehr wenig für seinen persönlichen Komfort aus und lebte im »Elend«, wie es seine Zeitgenoss*innen bezeichneten. Viele seiner Künstlerkollegen und -kolleginnen bewunderten seine Arbeit, aber sie mochten ihn nicht. Doch er war sehr stolz auf seinen wachsenden Ruf und hielt sich selbst für den besten Künstler seiner Zeit: »Ich bin der große Löwe des Tages«.

1820 · 1825 · 1830 · 1835 · 1840 · 1845 · 1850 · 1855 · 1860 · 1865

1851

**1837** Victoria wird Königin von England
**1838** die ersten Züge fahren auf der Great Western Railway
**1841** Erfindung der Farbtube

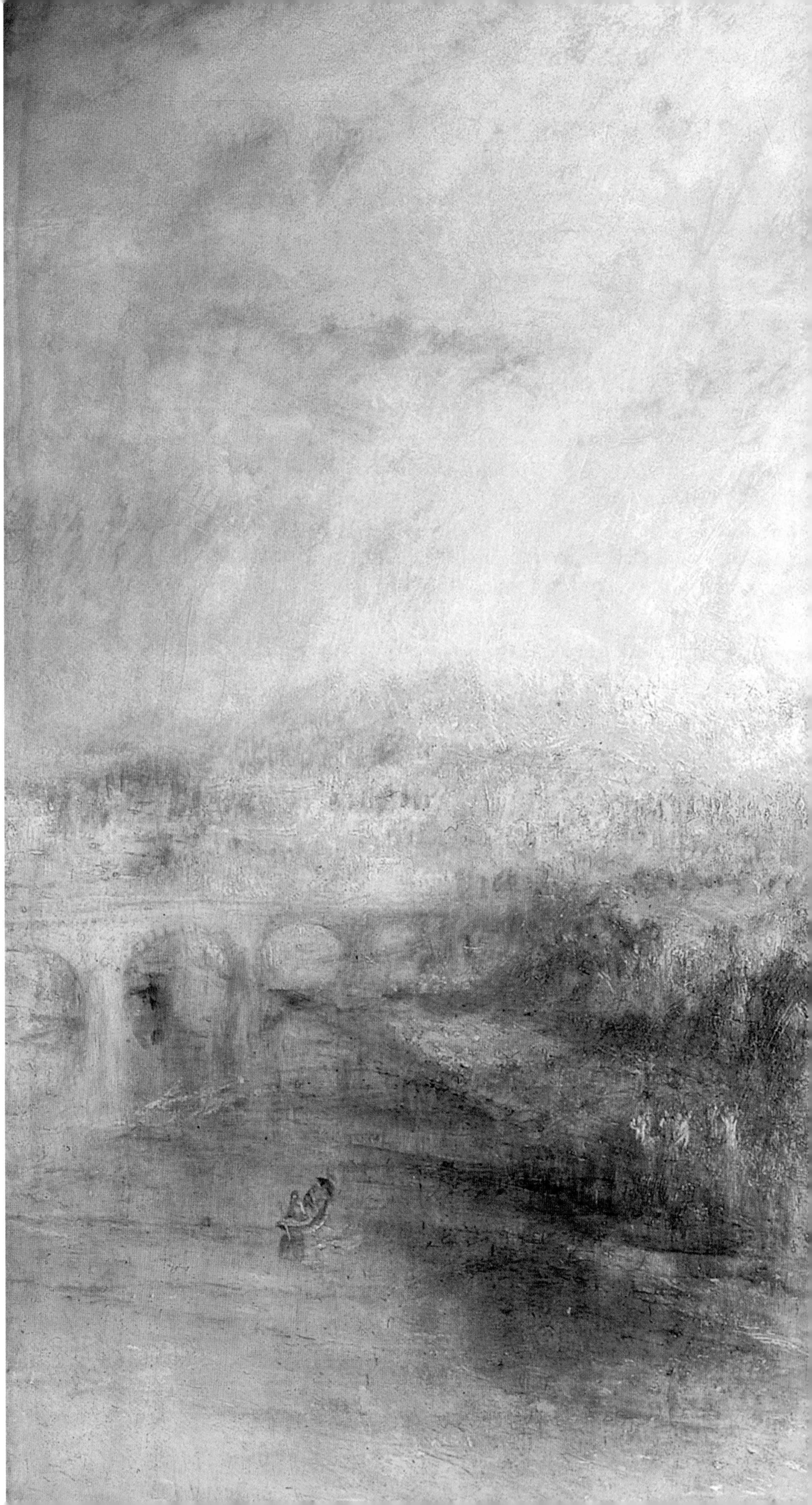

**Regen, Dampf und Geschwindigkeit – die Great Western Railway, 1844. National Gallery, London.**

Kinder beginnen Bilder oft mit einem Streifen blauen Himmels am oberen Rand des Blattes und grünem Gras unten. Turner verwendete eine Vielzahl von Farben, vor allem in seinen Himmeln und Meeren. Wie viele kannst du hier erkennen? Einige von ihnen mögen dich überraschen, denn der Himmel ist nicht nur blau, sondern hat viele unterschiedliche Farben. Achte auch auf die Bewegungen in seinen Bildern. Frühere Landschaftsmaler*innen hatten die Stille der Umgebung eingefangen, aber Turner bietet eine Show mit viel Action.

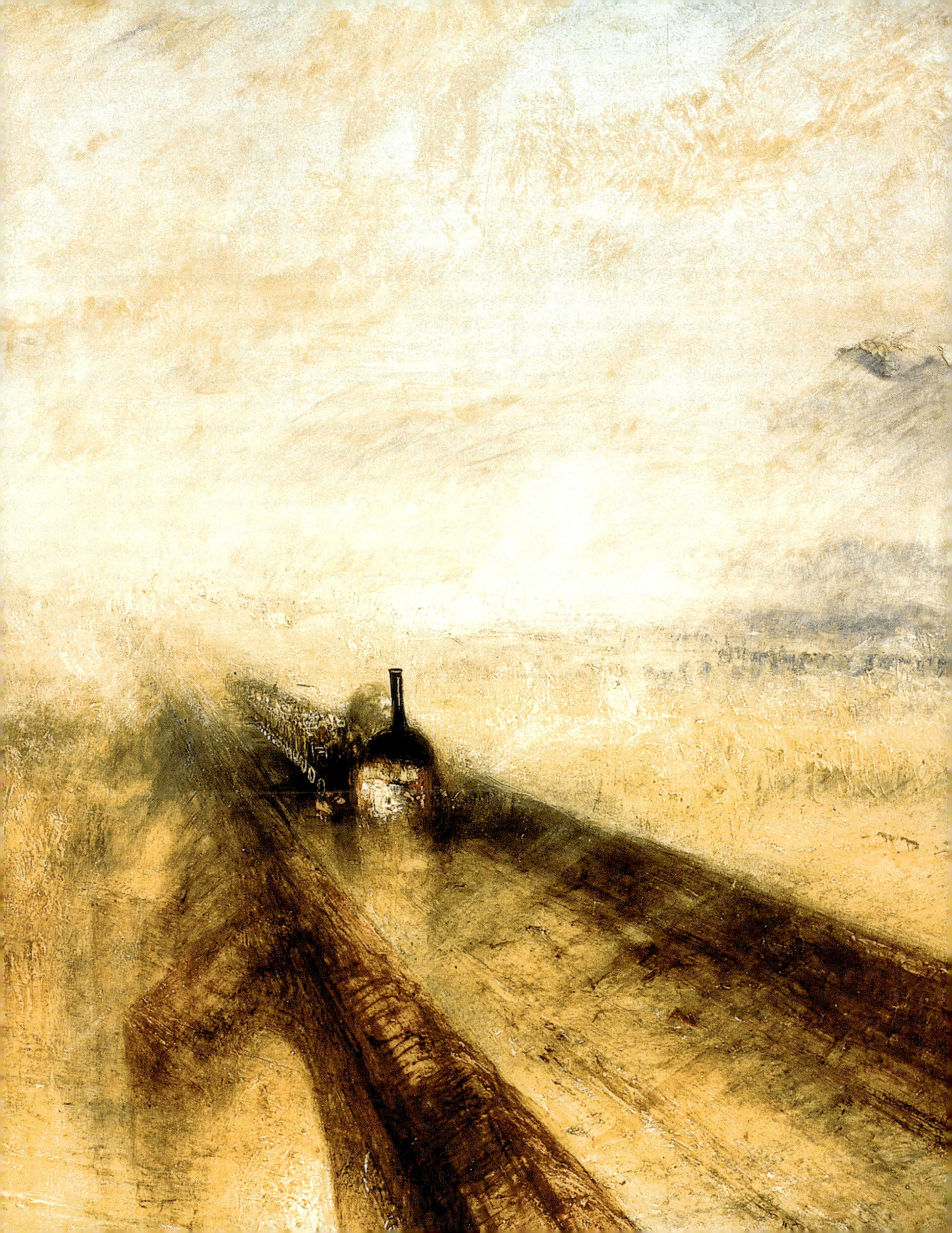

## Edgar Degas

**Geboren:** 19. Juli 1834 in Paris, Frankreich
**Gestorben:** 27. September 1917 in Paris
**Lebte in:** Paris
**Kunststil:** Impressionismus

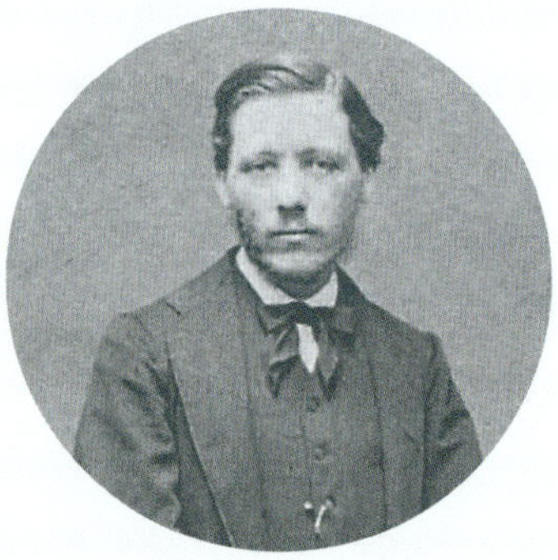

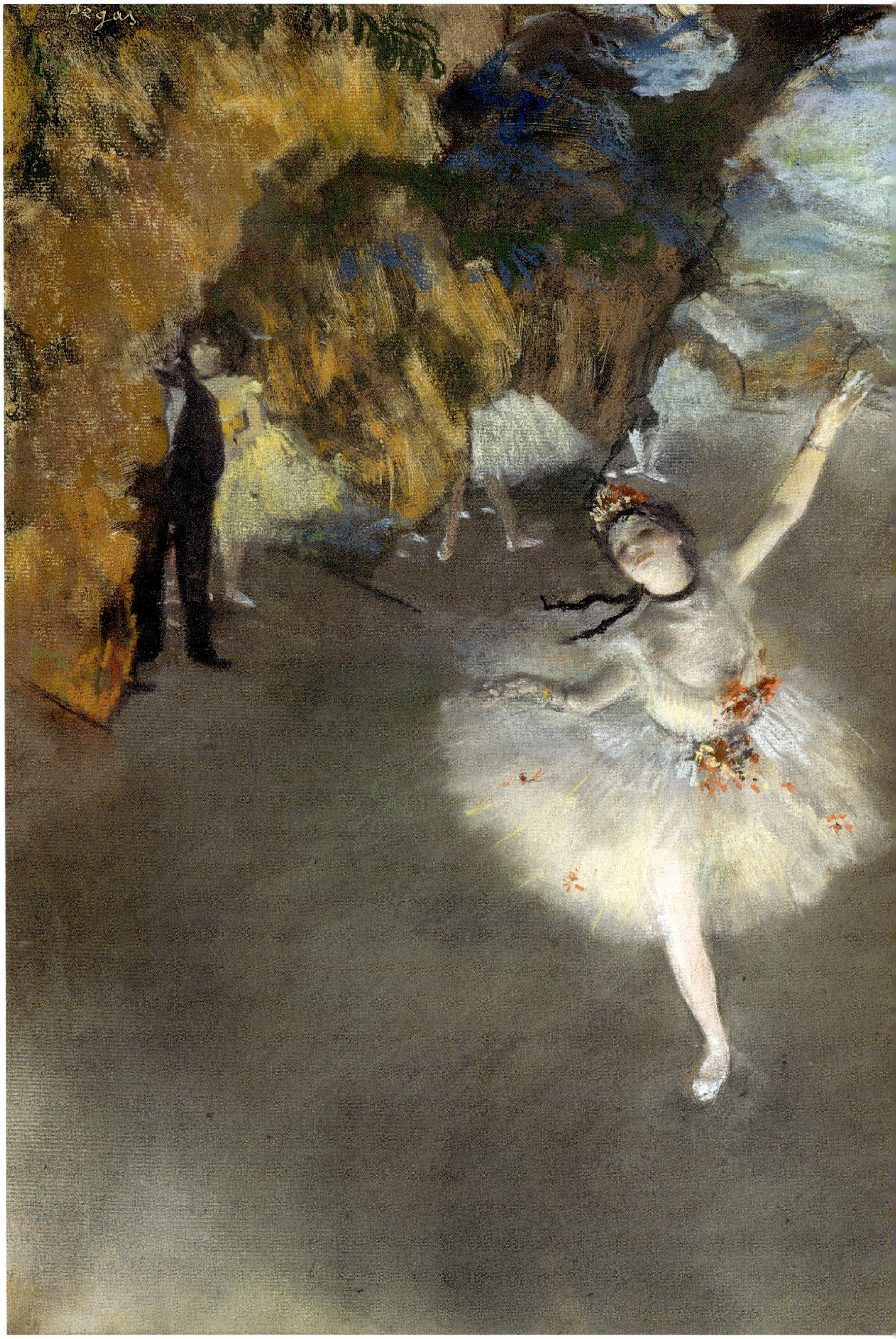

**Ballet (L'étoile), 1876/77. Musée d'Orsay, Paris.**

Degas hat öfter ungewöhnliche Perspektiven verwendet. Dieses Bild malte er von einer Loge ganz nahe der Bühne.

1825 · 1830 · 1835 · 1840 · 1845 · 1850 · 1855 · 1860 · 1865 · 187

1834

**1826** Joseph Nicéphore Niépce nimmt die erste Fotografie auf

**1830** Julirevolution in Frankreich

**1841** Erfindung der Farbtube

**1851** Herman Melville veröffentlicht *Moby Dick*

# Edgar Degas

## Degas interessierte alles, was mit Bewegung zu tun hatte: Pferderennen, Menschen auf der Straße, aber auch das Theater, die Oper und vor allem das Ballett.

Wenn Maler*innen Figuren in ihren Bildern zeigen wollen, engagieren sie oft Modelle, die so lange in der gewünschten Pose bleiben, bis der Maler oder die Malerin sie korrekt abgezeichnet hat. So lernt man das in der Kunstschule. Und wenn man das gut kann, kann man Menschen auch ganz schnell in einer Bewegung zeichnen.

Degas konnte das wahrscheinlich besser als alle anderen, er war ein toller Zeichner. Er ging oft ins Theater und zeichnete Tänzerinnen bei den Proben. Die standen nicht still und warteten. Er musste schnell zeichnen, um den richtigen Eindruck und den richtigen Moment festzuhalten.

Besonders gerne benutzte Degas dafür Pastellfarben. Für die Arbeit im Theater war diese weiche Kreide viel praktischer als Ölfarbe: Mit ihr konnte er nicht nur schneller arbeiten, sondern die Farben einfach mischen, indem er sie mit den Fingern verwischte.

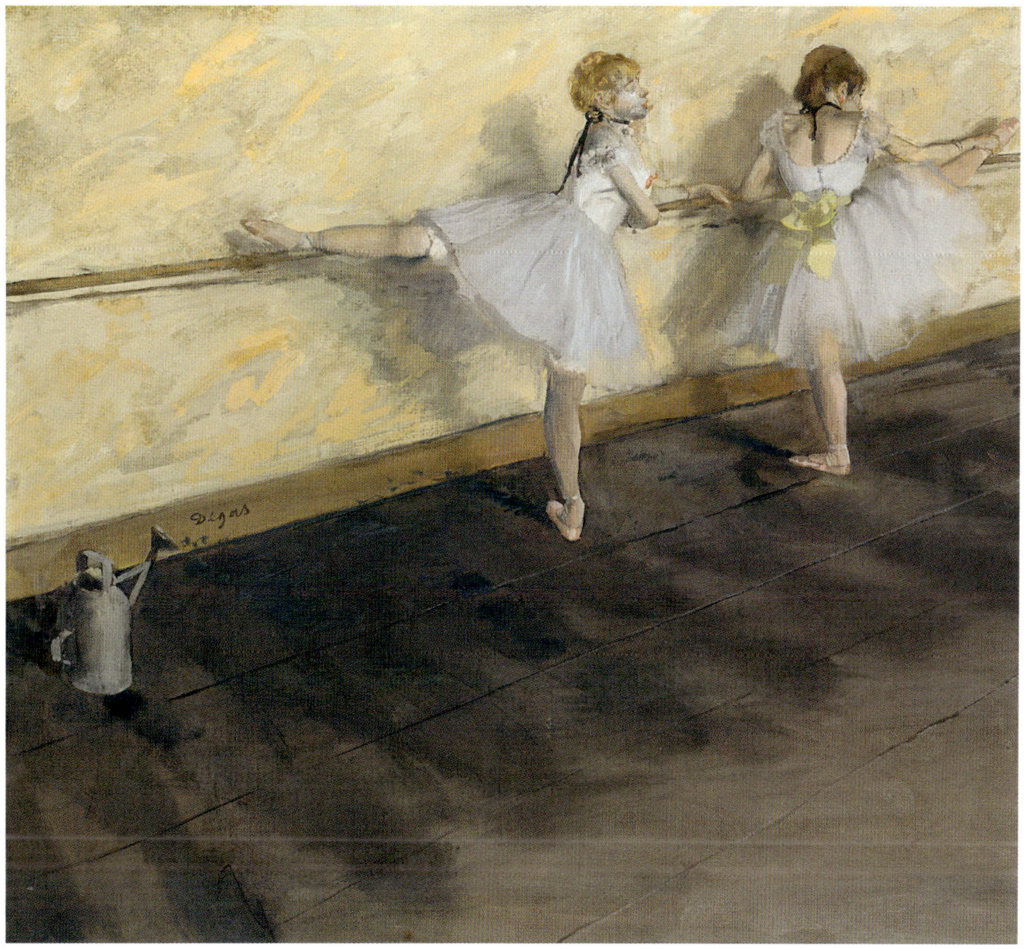

**Tänzerinnen an der Stange, 1877. Metropolitan Museum, New York.**

Mit dem Wasser aus der Gießkanne hielt man den Boden feucht, damit der Staub beim Tanzen nicht so sehr aufgewirbelt wurde.

875 · 1880 · 1885 · 1890 · 1895 · 1900 · 1905 · 1910 · 1915 · 1920

Edgar Degas — 1917

73 Die Jeans kommt auf den Markt

**1890** Der Komiker Stan Laurel wird geboren, bekannt aus *Dick und Doof*

Um Bewegungen noch besser darzustellen, half Degas auch die Fotografie. Als diese neue Technik so weit entwickelt war, dass man schnelle Fotos machen konnte, fotografierte er Frauen und Männer, die er dann für seine Bilder einfach abzeichnete.

1889 wurde Degas blind und er begann als Bildhauer zu arbeiten. Mit Ton und Wachs formte er Figuren von Pferden und anderen Tieren sowie von seinen geliebten Tänzerinnen. Es ist erstaunlich, wie er das geschafft hat.

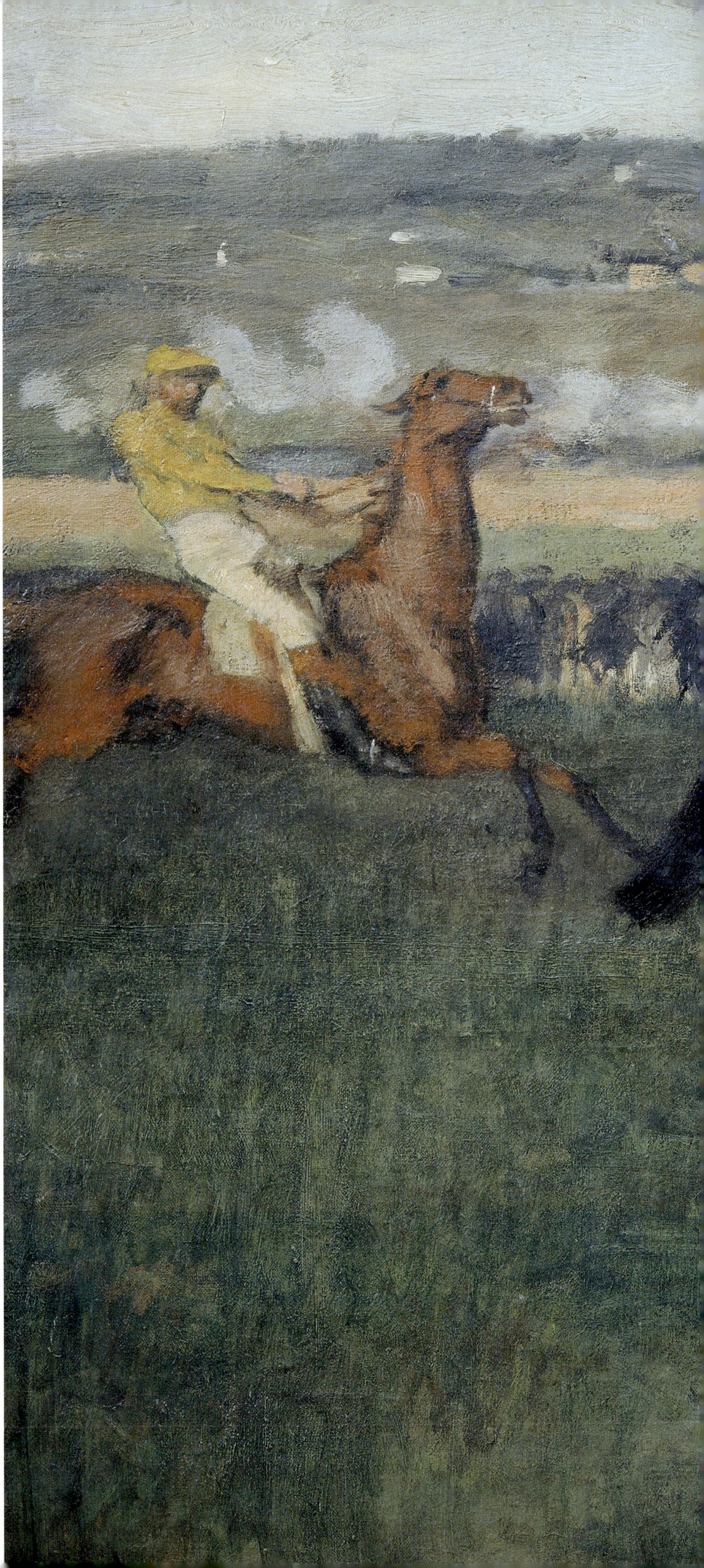

**Kutsche auf dem Rennplatz, 1877/78. Musée d'Orsay, Paris.**

Auf diesem Gemälde wirkt alles wie zufällig: Die Bewegung der Pferde und Menschen, der Bildausschnitt. Fast wie fotografiert.

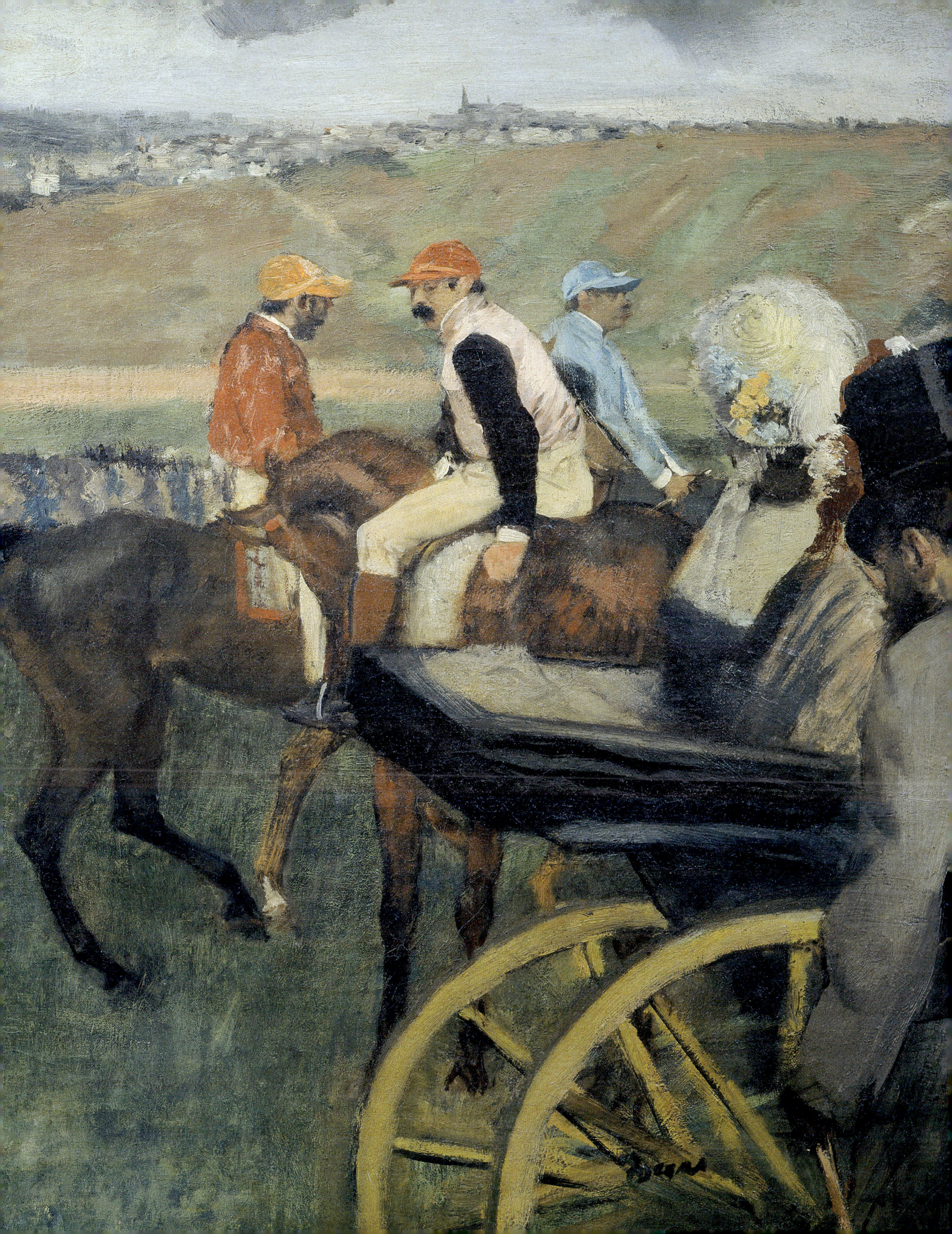

# Paul Cézanne

Lange Zeit haben die Menschen nicht verstanden, wie Cézanne malte. Und warum er eigentlich immer noch malte. Denn anfangs waren die Kritiken seiner Ausstellungen immer sehr schlecht und kaum jemand wollte seine Bilder kaufen. Aber Cézanne wusste genau, was er wollte.

**Paul Cézanne**

**Geboren:** 19. Januar 1839 in Aix-en-Provence, Frankreich
**Gestorben:** 22. Oktober 1906 in Aix-en-Provence
**Lebte in:** Cézanne ging 1861 nach Paris, wo er zehn Jahre mit Unterbrechung lebte
**Epoche:** verschiedene Stilrichtungen, u.a. Impressionismus

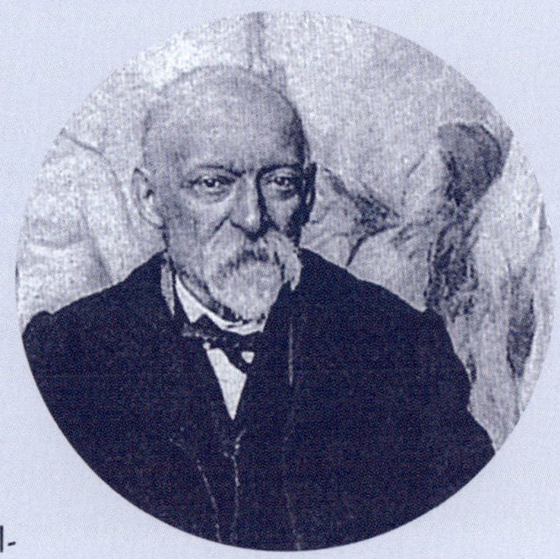

Paul Cézanne malte anders als seine Kolleg*innen. Er beobachtete ganz lange, was er malen wollte, und setzte einen kleinen Farbtupfer neben den anderen, immer wieder, bis so, ganz langsam, seine Bilder entstanden. Dabei verfolgte er eine bestimmte Idee: Bisher hatten die Maler*innen immer versucht, auf ihren Bildern eine Illusion von Raum zu erschaffen. Sie malten so, als wäre auf den Bildern wirklich ein Gegenstand, den man greifen könnte. Das wollte Cézanne aber nicht. Für ihn war die Leinwand flach (und ist sie ja auch wirklich) und man brauchte gar nicht mit Licht und Schatten so tun, als ob das anders wäre. Wichtiger als richtig zu zeichnen war es für Cézanne, über die Farben das Bild zu formen. Er malte nicht einfach Gegenstände und Umrisse ab wie üblich, sondern malte nur die Farben, die er sah - und trotzdem erkennt man die Formen.

Paul Cézanne hatte das Glück, dass er viel Geld geerbt hatte und sich deswegen ganz auf seine Malerei konzentrieren konnte. Und langsam haben vor allem seine Künstlerkolleg*innen seine Kunst verstanden und manche kauften seine Bilder. Ein Jahr nach seinem Tod fand eine große Ausstellung seiner Bilder statt. Sie gefiel auch jungen Maler*innen und sie nahmen sich Cézanne zum Vorbild. Das hätte ihm bestimmt gefallen.

1815 · 1820 · 1825 · 1830 · 1835 · 1840 · 1845 · 1850 · 1855 · 1860

**1815** Napoleon verliert die Schlacht bei Waterloo

**1826** Joseph Nicéphore Niépce nimmt die erste Fotografie auf

**1839**

**1841** Erfindung der Farbtube

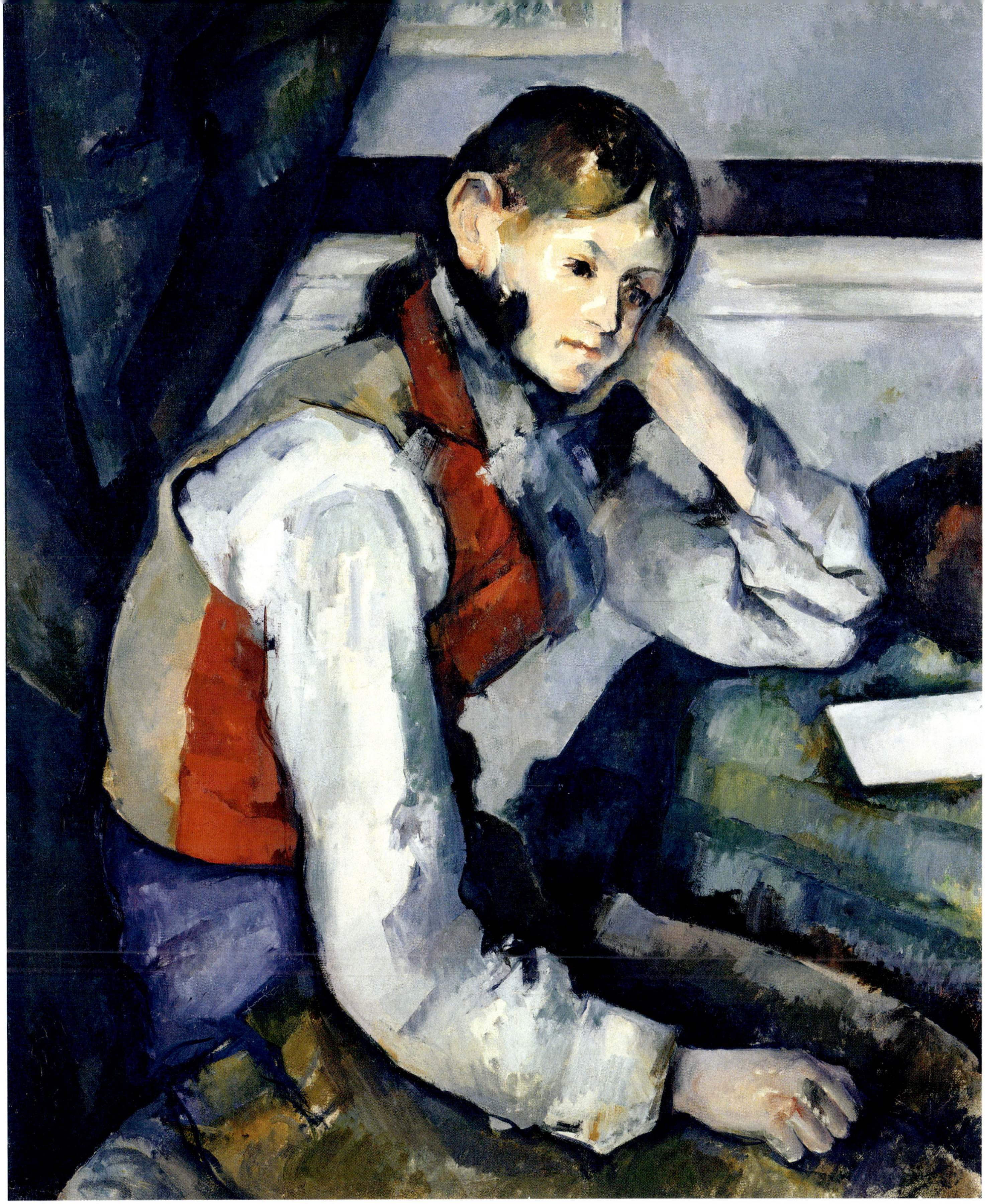

**Der Knabe mit der roten Weste, 1888-1890. Kunsthaus Zürich.**

Der Knabe mit der roten Weste ist eines der bekanntesten Gemälde Cézannes. Noch berühmter wurde es, als es 2008 von drei Unbekannten aus der Sammlung E. Bührle in Zürich gestohlen wurde. Vier Jahre später tauchte es in Serbien wieder auf.

1865 · 1870 · 1875 · 1880 · 1885 · 1890 · 1895 · 1900 · 1905 · 1910

Paul Cézanne 1906

**1872** Monet malt das erste impressionistische Gemälde (*Impression Sonnenaufgang*)

**1895** Wilhelm Conrad Röntgen entdeckt die Röntgenstrahlung

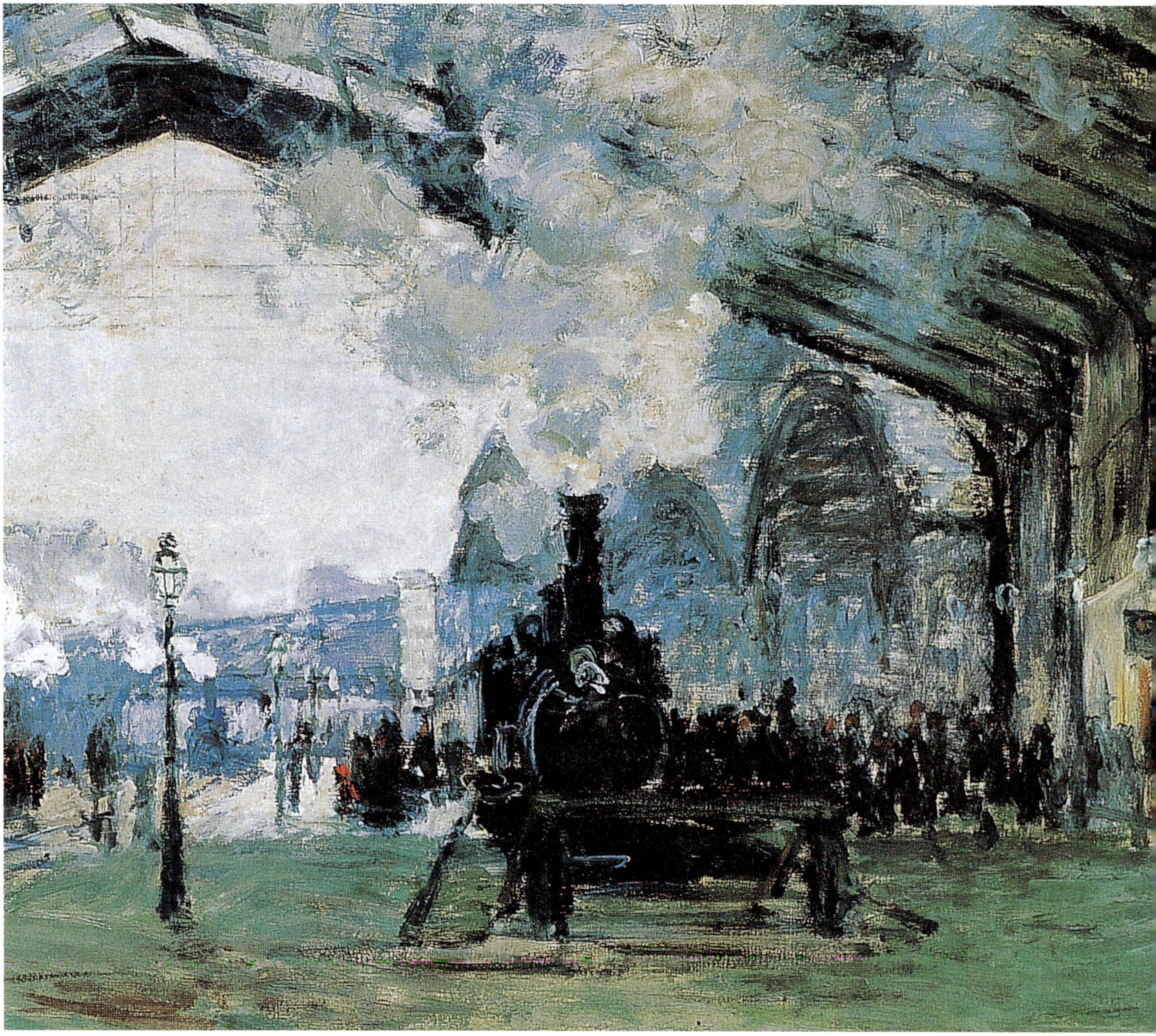

**Der Bahnhof von Saint-Lazare, der Zug aus der Normandie, 1877. The Art Institute of Chicago.**

Die Eisenbahn und das Automobil waren moderne Erfindungen seiner Zeit, die Monet faszinierten. In seinem Bild hat er vor allem den Dampf im Bahnhof festgehalten.

1835 · 1840 · 1845 · 1850 · 1855 · 1860 · 1865 · 1870 · 1875 · 188

**1840** Claude Monet

**1841** Erfindung der Farbtube

**1871** Revolution in Paris

**1870 - 1871** Deutsch-Französischer Krieg

**1874** erste Ausstellung der Impressionist*inne

# Claude Monet

## Claude Monet malte am liebsten draußen. Dort konnte er Landschaft, Menschen und Dinge im wechselnden Licht beobachten.

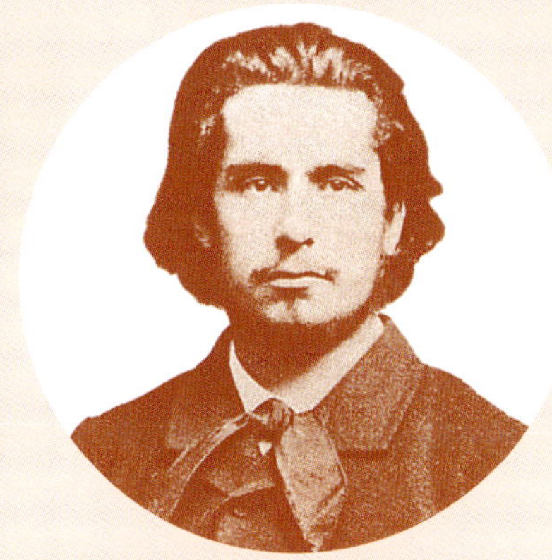

**Claude Monet**

**Geboren:** 14. November 1840 in Paris, Frankreich
**Gestorben:** 5. Dezember 1926 in Giverny, Frankreich
**Lebte in:** Le Havre, Paris, Etretat, Giverny
**Kunststil:** Impressionismus

Monet interessierte an den Dingen nicht ihre eigentliche Farbe oder das Material, aus dem sie bestehen. Der Maler wollte den flüchtigen Eindruck des Augenblicks festhalten.

Hast du schon einmal beobachtet, dass sich die Farben verwandeln, wenn sich das Licht ändert? Dass ein Haus beispielsweise in der kühlen Morgendämmerung anders aussieht als im warmen Licht der Abendsonne, an einem trüben Tag anders als im hellen Sonnenschein? Genau das malte Monet: das Funkeln des Lichts, das Spiel von Sonne und Schatten, flirrende Farben.

Als junger Maler gehörte Monet zu den Begründer*innen des Impressionismus. Es dauerte jedoch viele Jahre, bis die impressionistische Malerei vom Publikum anerkannt wurde – Jahre, in denen

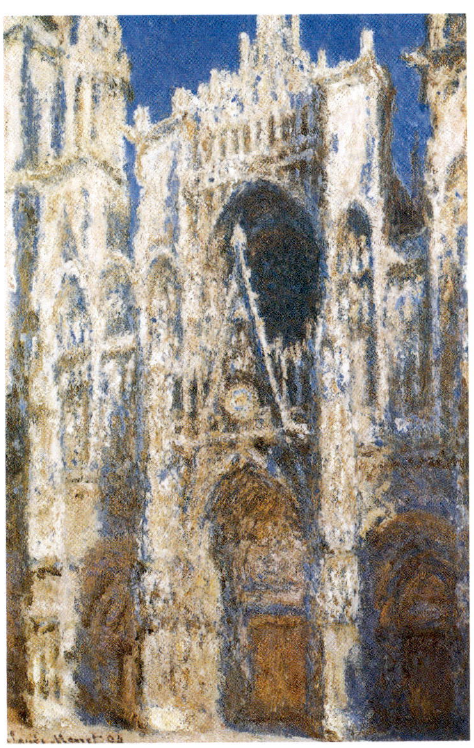

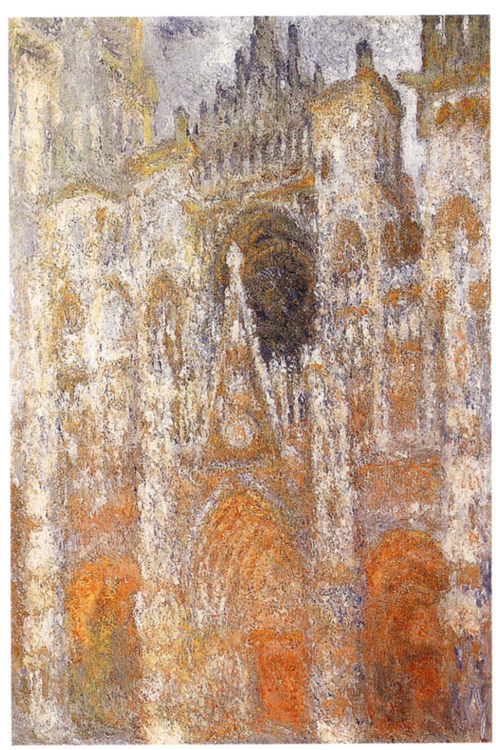

**Die Kathedrale von Rouen, 1892. Links: Privatbesitz. Rechts: Museum of Fine Arts, Boston.**

Monet malte die Kathedrale von Rouen in mehreren Bildern zu unterschiedlichen Tageszeiten. Sie erscheint in immer wieder anderen Farben. Die scharfen Umrisse und die harte Oberfläche des Steins lösen sich in farbige Lichtpunkte auf.

1885 • 1890 • 1895 • 1900 • 1905 • 1910 • 1915 • 1920 • 1925 • 1930

**1926**

**83** Monet zieht ch Giverny

**1889** Fertigstellung des Eiffelturms zur Weltausstellung in Paris

**1893** Monet legt seinen Wassergarten mit der japanischen Brücke an

**1914–1918** Erster Weltkrieg

Monet mit seiner Familie in bitterer Armut lebte und viel Spott von der Kunstkritik einstecken musste. Später jedoch war er der gefragteste Maler von Paris und wurde steinreich.

1890 kaufte Monet für sich und seine Familie ein Haus in dem Dorf Giverny bei Paris. Es lag in einem großen Garten, den Monet mit unzähligen Blumen und blühenden Sträuchern in farbenprächtigen Zusammenstellungen bepflanzte. Vor allem aber legte er einen riesigen Teich voller Seerosen an. Sogar eine japanische Brücke ließ er darüber bauen. Nun hatte er direkt vor der Haustür die wunderbaren Farben- und Lichtspiele, die er für seine Bilder brauchte. Noch als er alt war und schon fast blind, saß Monet im Freien und malte Impressionen aus seinem Garten.

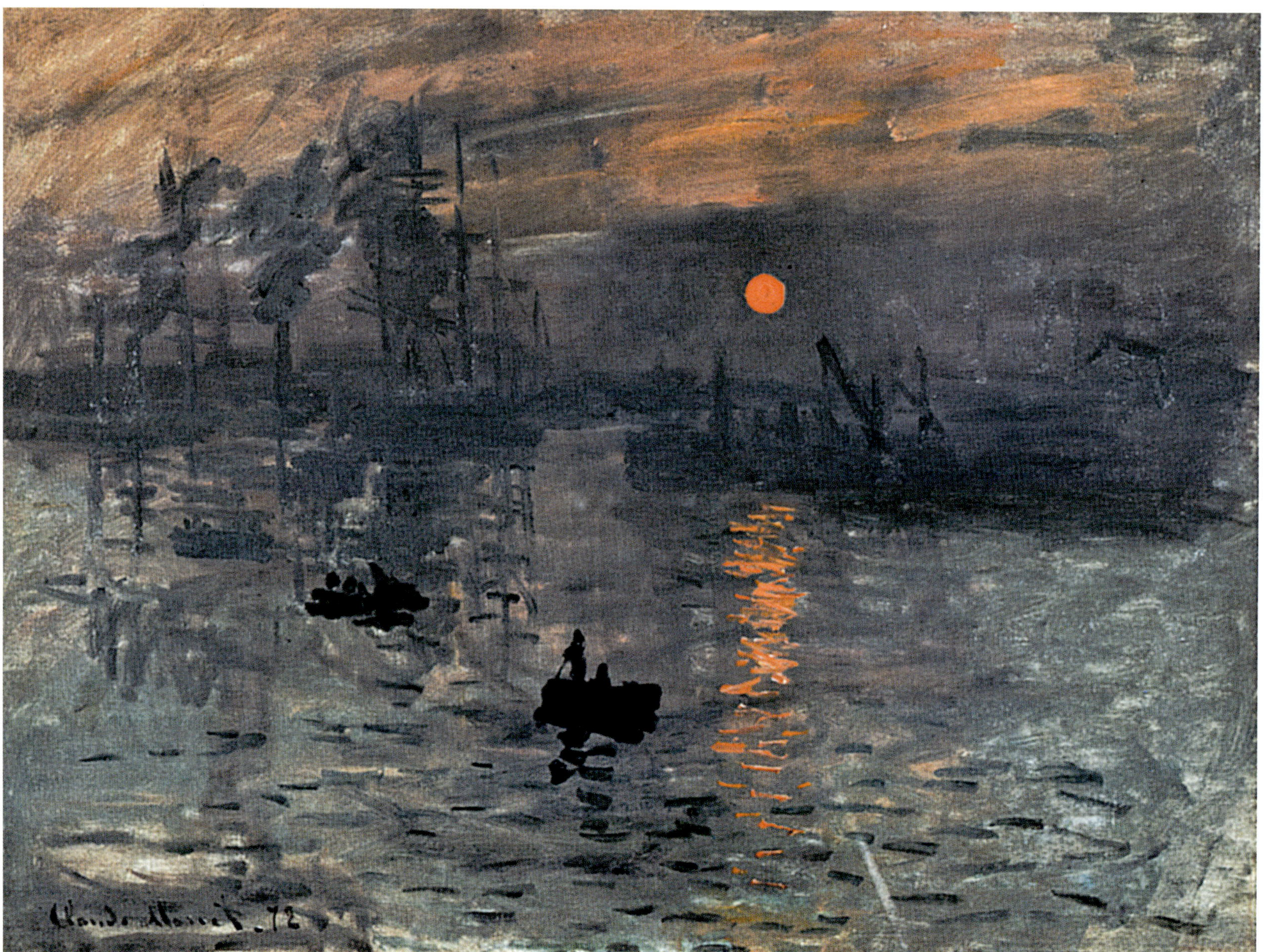

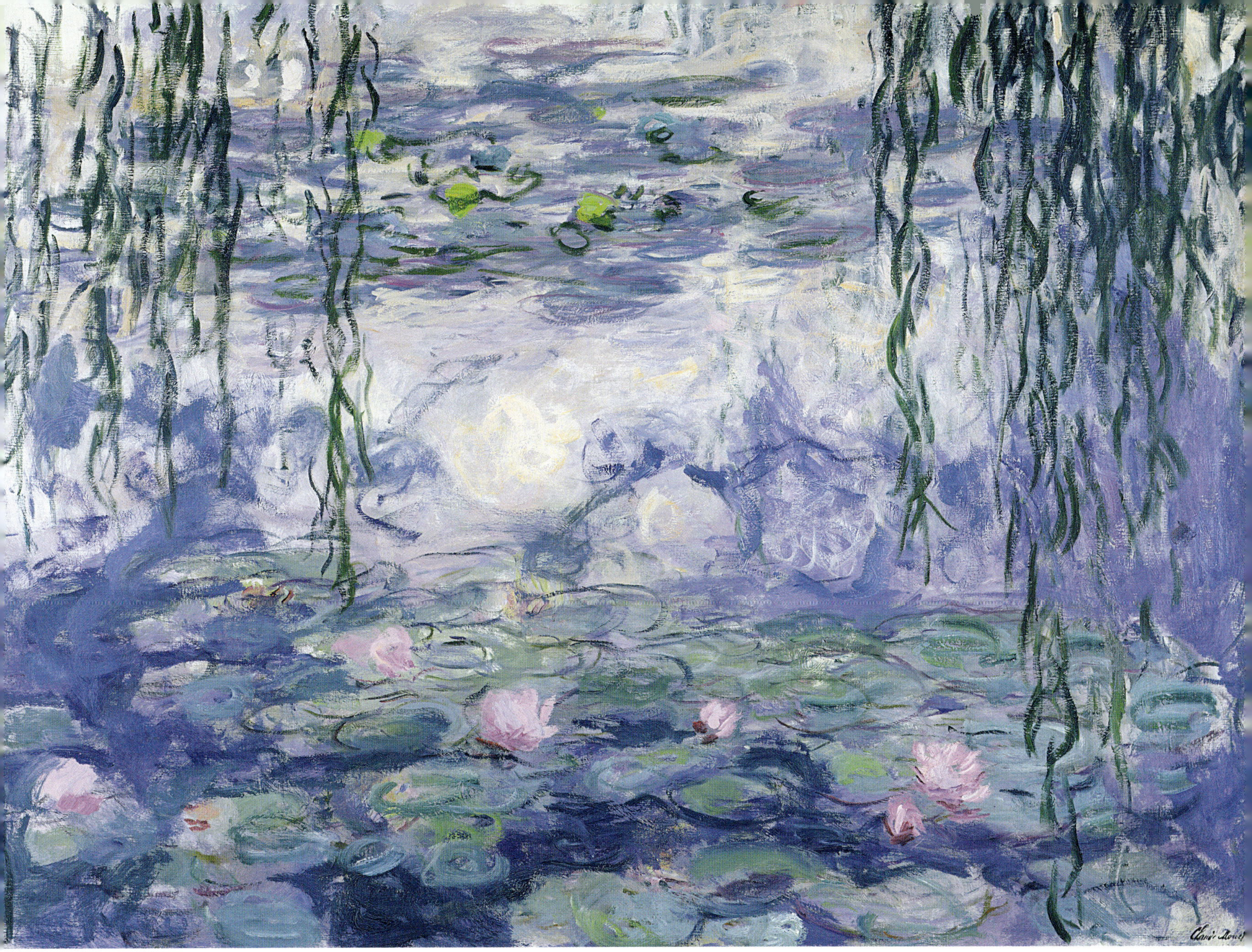

**Seerosen, 1916 - 1919. Musée Marmottan, Paris.**

Manche von Monets Seerosen-Gemälden sind so groß, dass wir das Gefühl haben, wir könnten in die Farbe eintauchen.

**‹ Impression, Sonnenaufgang, 1872.**
**Musée Marmottan, Paris.**

Dies ist eines seiner berühmtesten Bilder. Es zeigt den Hafen von Le Havre. Das Wichtigste waren dem Maler die Reflexe des Sonnenlichtes und die Wiedergabe des Morgennebels. Die kurzen Pinselstriche lassen das Licht flirren. Nach dem Titel dieses Bildes, »Impression« - das heißt »Eindruck« -, wurden Monet und seine Künstlerfreund*innen Impressionist*innen genannt. Zuerst war das spöttisch gemeint, heute ist es der Name dieser Kunstrichtung.

## Tipp

Nach Monets Tod pflegte seine Stieftochter Blanche den Garten weiter. Später verwilderte er immer mehr, bis er in den 1970er Jahren mit großer Sorgfalt wieder hergestellt wurde. Heute kann man in dem etwa 70 Kilometer nördlich von Paris gelegenen Dorf Giverny Monets Haus und Garten mit dem Seerosenteich wieder in voller Pracht bewundern.

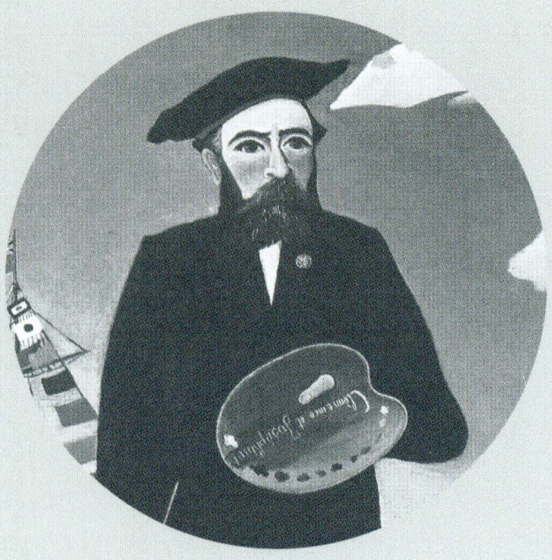

**Henri Rousseau**

**Geboren:** 21. Mai 1844 in Laval, Bretagne, Frankreich
**Gestorben:** 2. September 1910 in Paris, Frankreich
**Lebte in:** Paris
**Beruf:** Zöllner
**Kunststil:** Naive Kunst

# Henri Rousseau

Henri Rousseau ist als »Le douanier«, der Zöllner, in die Kunstgeschichte eingegangen. Er verdiente seinen Lebensunterhalt beim Pariser Stadtzoll und malte in seiner Freizeit.

Mit 49 Jahren ließ sich Henri pensionieren, weil er nur noch Maler sein wollte. Dabei hatte er nie eine Kunstschule oder Akademie besucht. Um zu lernen, wie man Bilder komponiert, kopierte er im Museum Gemälde großer Meister*innen.

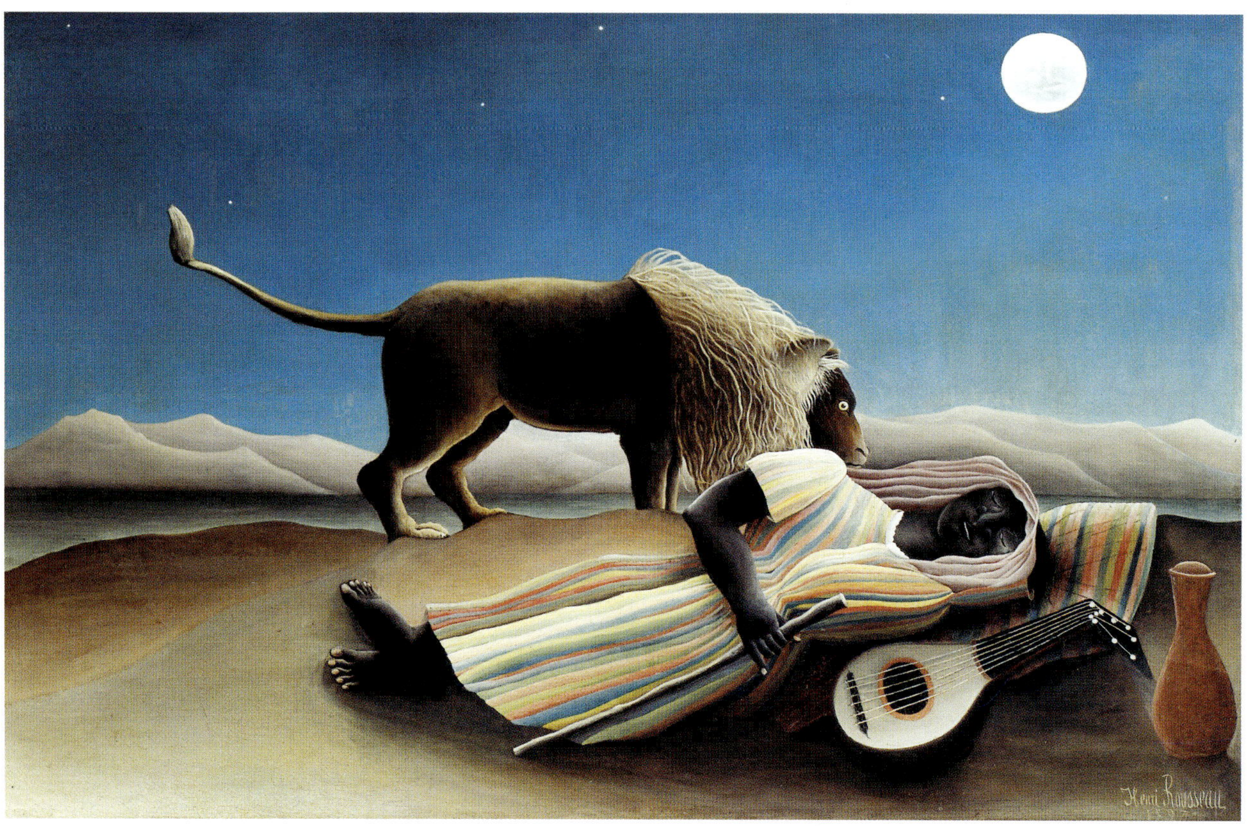

**Die schlafende Zigeunerin, 1897. Museum of Modern Art, New York.**

Ist das verwunschene Paar im Mondlicht eine Erscheinung? Oder träumt die Frau nur vom Löwen?

1835 · 1840 · 1845 · 1850 · 1855 · 1860 · 1865 · 1870 · 1875 · 1880

**1844** Henri Rousseau

**1870 - 1871** Deutsch-Französischer Krieg
**1871** Revolution in Paris

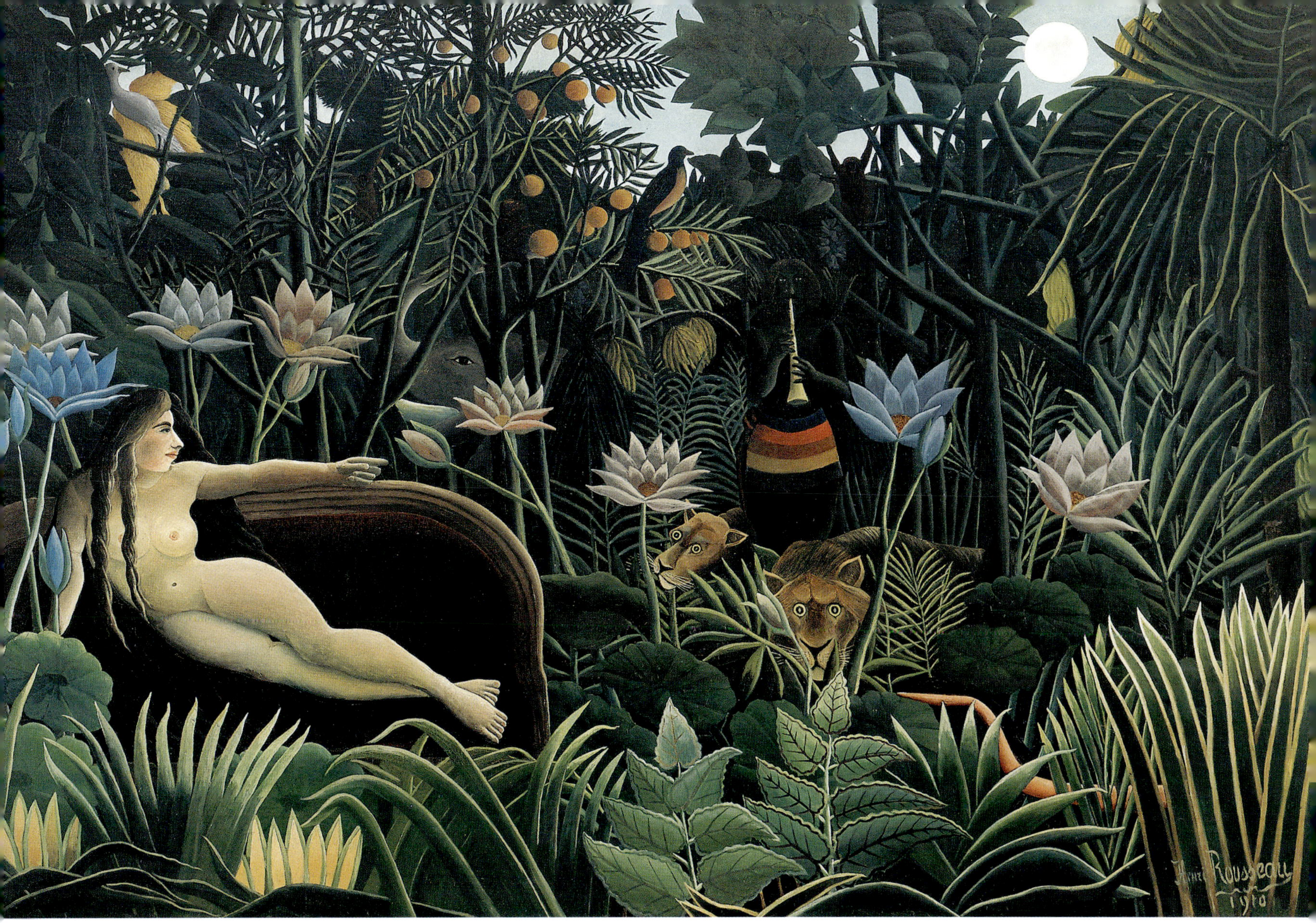

**Der Traum, 1910. Museum of Modern Art, New York.**

So geheimnisvoll und überwältigend hat Rousseau sich die fremden Welten ausgemalt – bis hin zu den Tieren im Blätterversteck. Welche kannst du hier finden?

Besonders gern hielt er sich im Botanischen Garten seiner Heimatstadt Paris auf. Dort studierte er tropische Gewächse und träumte vom Urwald und von fernen Ländern.

Um sich interessant zu machen, verbreitete Rousseau die Legende, er sei einer der wenigen unversehrten Rückkehrer von einer Expedition französischer Truppen nach Mexiko. Ferne Länder hat der Maler aber tatsächlich nur in seinen Träumen gesehen.

Zu seinen Lebzeiten hatte Rousseau nur eine einzige Einzelausstellung. Viele hielten ihn für einen Stümper. Andere aber verehrten ihn als großen Maler. Sie schätzten die märchenhafte und geheimnisvolle Stimmung in seinen Bildern, seinen Sinn für ungewöhnliche Farben und überhaupt seine ganz besondere Art, die Welt zu sehen. Bald nach Rousseaus Tod rissen sich Sammler*innen und Museen um seine Werke, die heute in den größten Museen der Welt zu sehen sind.

885 · 1890 · 1895 · 1900 · 1905 · 1910 · 1915 · 1920 · 1925 · 1930

1910

**1914–1918** Erster Weltkrieg

**1889** Fertigstellung des Eiffelturms zur Weltausstellung in Paris

**1900** U-Bahn in Paris

# Mary Cassatt

Heute können Frauen ganz selbstverständlich Künstlerinnen werden. Zur Zeit des Impressionismus war das noch nicht üblich, auch nicht in Amerika. Für Frauen war Malen ein netter Zeitvertreib, aber kein Beruf.

Mary Cassatt zog 1874 zusammen mit ihrer Schwester von Amerika nach Frankreich. Hier in Paris wollte sie Malerin werden. Sie bewunderte die Kunst von Edgar Degas und freundete sich mit ihm an. Mary begeisterte sich für die neuen Ideen der Impressionist*innen und stellte 1877 ihre Bilder gemeinsam mit ihnen aus.

Wie Degas malte Mary gerne im Theater, aber nicht die Tänzerinnen, sondern die Zuschauer*innen. Ihr Lieblingsmotiv aber waren Kinder oder Mütter mit Kindern. Es sind meistens sehr ruhige Bilder voller Zuneigung und Wärme.

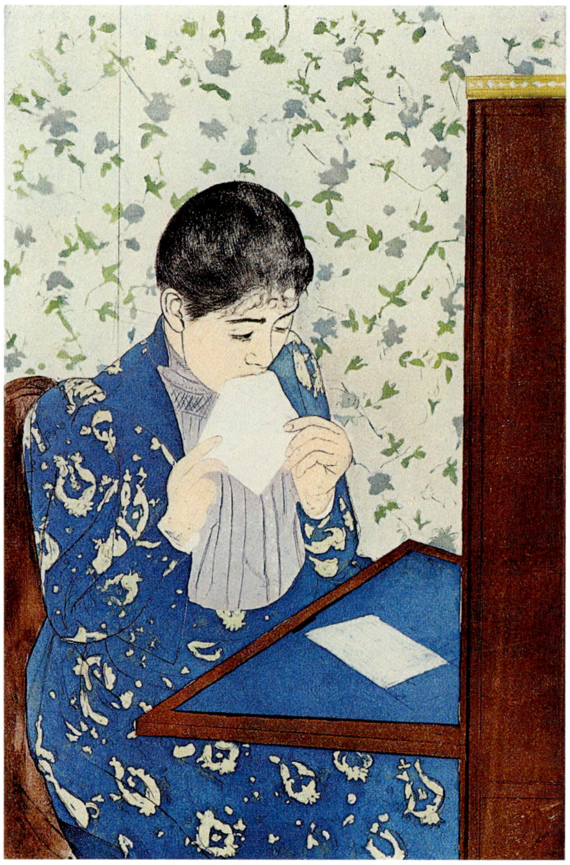

**Der Brief, 1891. National Gallery, Washington.**

In Frankreich tauchten damals viele Holzschnitte aus Japan auf, die ganz anders waren als die europäische Kunst. Sie waren flächiger, es gab kaum Perspektiven im Bild und die Ausschnitte waren ungewöhnlich. Diese Bilder gefielen Mary und den anderen Impressionist*innen und beeinflussten sie. Cassatt schuf viele Bilder in diesem Stil. Man meint fast, sie wäre Japanerin.

**Mary Cassatt**

**Geboren:** 22. Mai 1844 in Allegheny City, Pennsylvania, USA

**Gestorben:** 14. Juni 1926 in Le Mesnil-Théribus bei Paris, Frankreich

**Lebte in:** USA und ab 1874 Frankreich

**Kunststil:** Impressionismus

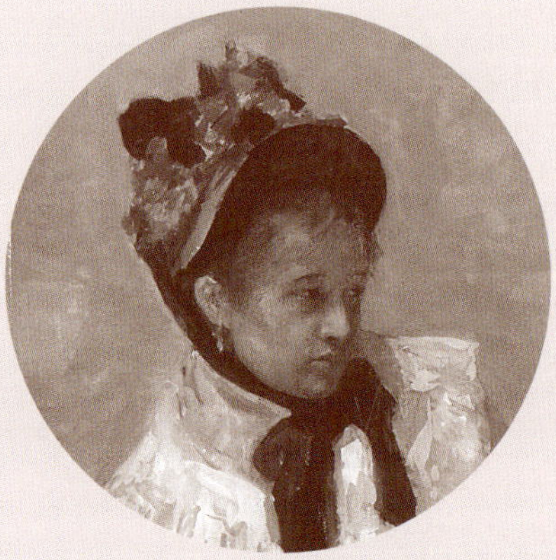

1825 · 1830 · 1835 · 1840 · 1845 · 1850 · 1855 · 1860 · 1865 · 187

**1810** Der Komponist Frédéric Chopin wird geboren

**1844**

**1841** Erfindung der Farbtube

**1867** Die USA kaufen Alaska von Russland

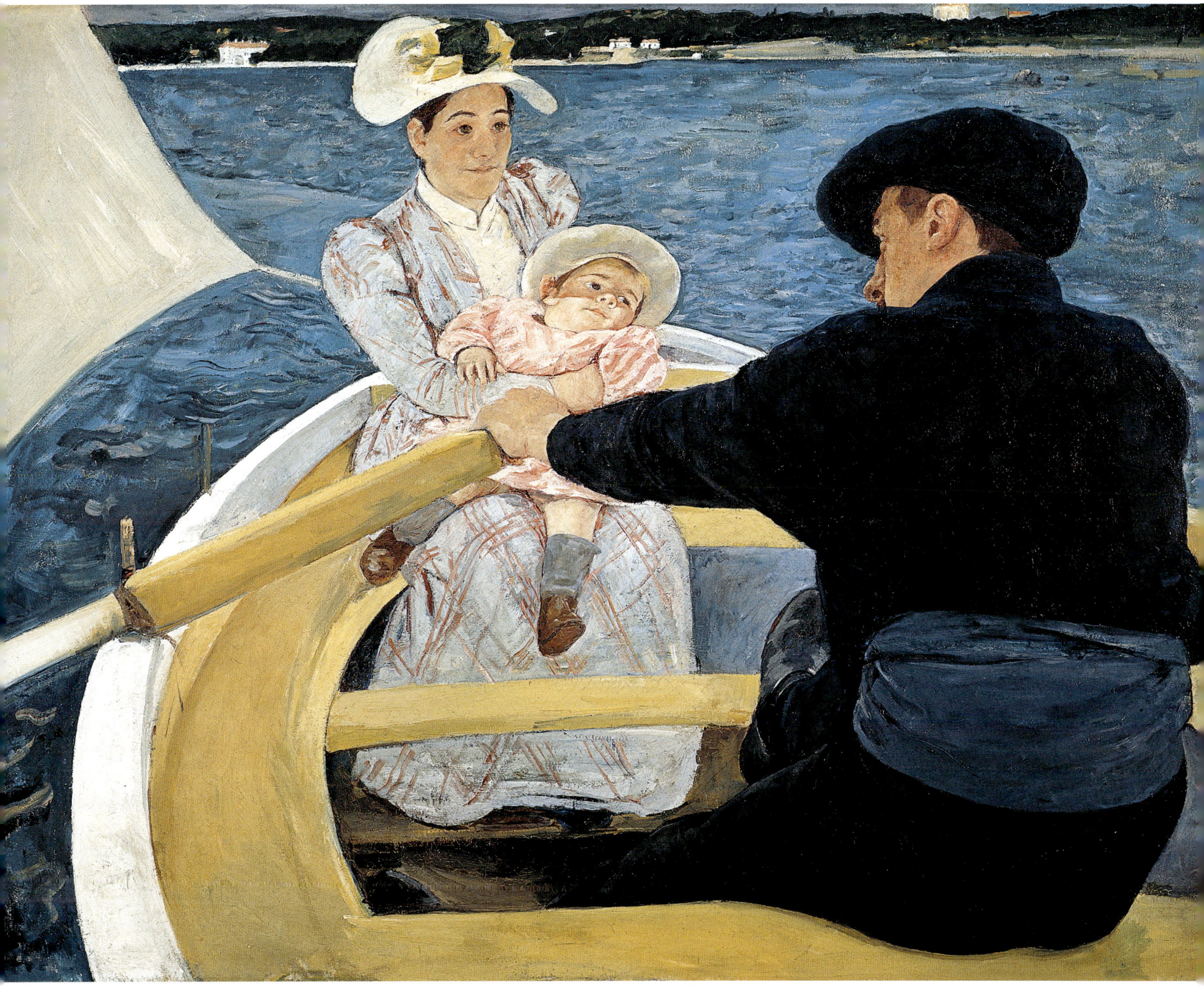

Da sie immer wieder zurück nach Amerika reiste, machte Cassatt die impressionistische Malerei dort bekannt und riet ihren wohlhabenden Freundinnen schon früh, Bilder von Degas und Monet zu kaufen.

**Bootspartie, 1893/94. National Gallery, Washington.**

Dieses Gemälde wirkt wie eine spontane Fotografie. Der Ruderer braucht viel Kraft, er muss sogar seinen Fuß abstützen.

### Vincent van Gogh

**Geboren:** 30. März 1853 in Groot-Zundert, Brabant, Niederlande
**Gestorben:** 29. Juli 1890 in Auvers-sur-Oise, Frankreich
**Lebte unter anderem in:** Paris, London, Den Haag, Antwerpen und Arles
**Kunststil:** Spätimpressionismus, Wegbereiter des Expressionismus

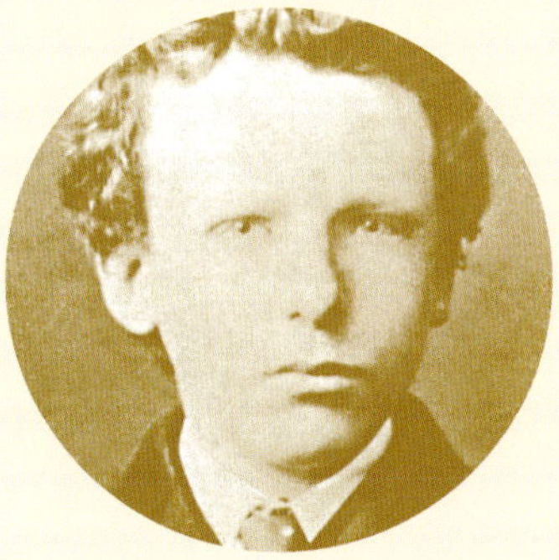

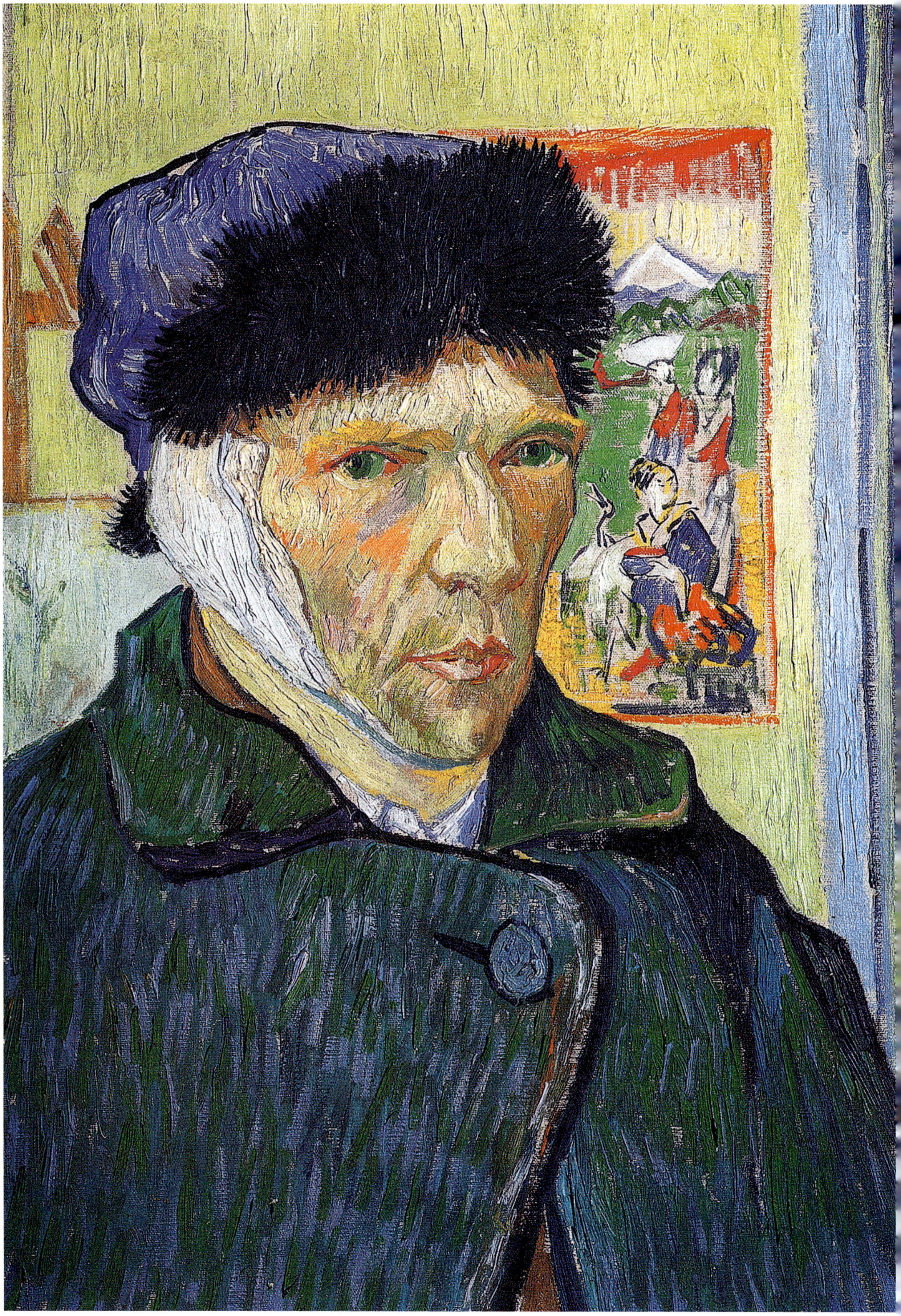

**Selbstbildnis mit verbundenem Ohr, 1889. Courtauld Institute Galleries, London.**

Nach einem heftigen Streit mit seinem Malerfreund Paul Gauguin schnitt sich van Gogh in seiner Verzweiflung ein Stück von seinem linken Ohr ab und malte dieses *Selbstbildnis mit verbundenem Ohr*.

# Vincent van Gogh

## Vincent van Gogh konnte sich an Farben nicht sattsehen. Mit ihnen drückte er seine Gefühle aus.

Oft wurde er von seinen Stimmungen geradezu überwältigt. Mal war er sehr niedergeschlagen und verzweifelt, dann wieder voller Freude und Hoffnung. Van Gogh malte die Dinge nicht so, wie sie wirklich aussehen. Er übertrieb die Farben oder veränderte sie. Deutlich sind in den Bildern seine heftigen Pinselstriche zu erkennen. Seine Gemälde geben seine Gefühle wieder. Leider wollte niemand die Bilder des Malers kaufen. Sein ganzes Leben lang musste ihn deshalb sein Bruder Theo unterstützen, der Kunsthändler in Paris war. Zu Lebzeiten war Vincent vor allem im Kreis junger Künstler*innen bekannt. Erst nach seinem Tod wurde er richtig berühmt. Heute gehören Vincent van Goghs Bilder zu den teuersten Kunstwerken der Welt.

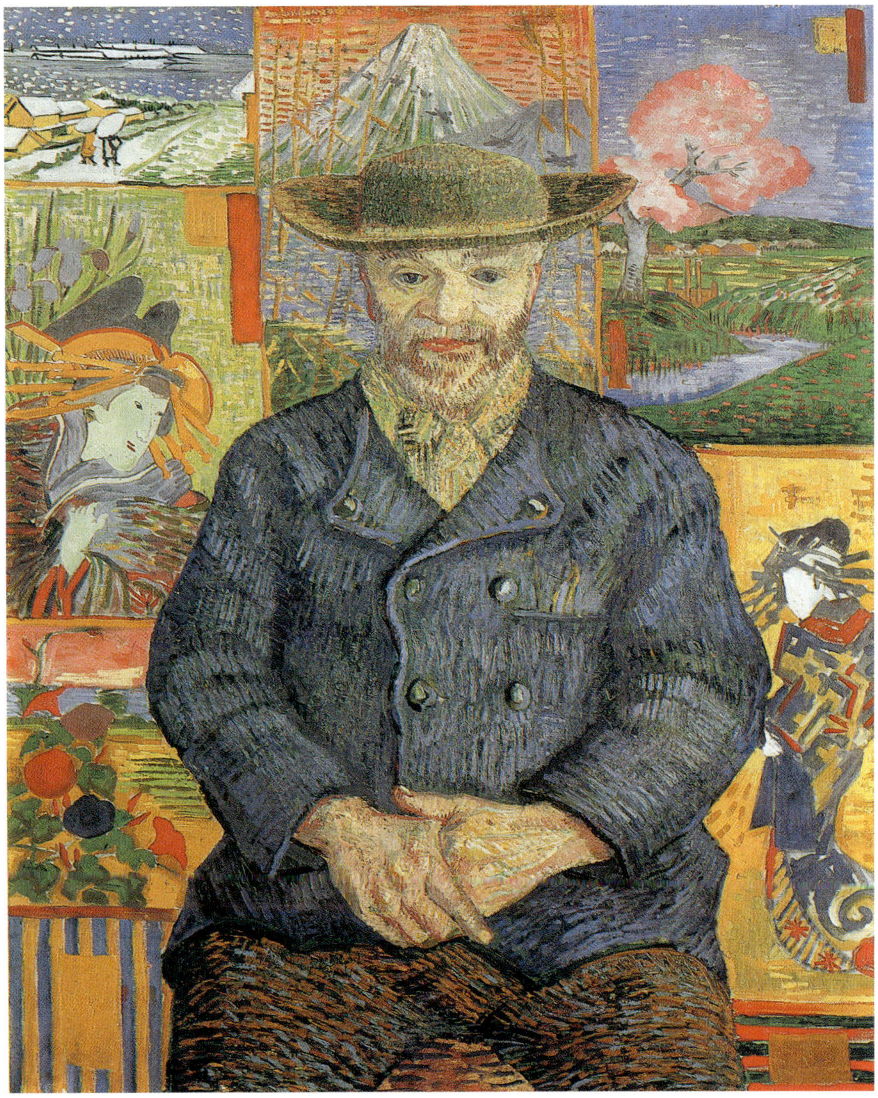

**Bildnis Père Tanguy. 1887. Musée Rodin, Paris.**

Père (Vater) Tanguy war Farbenhändler in Paris. Der Maler porträtierte seinen Freund vor einer Wand mit japanischen Bildern. Japanische Kunst war damals sehr begehrt. Die fortschrittlichen Künstler*innen fanden darin viele neue Anregungen für ihre Arbeit und auch van Gogh war ganz begeistert davon.

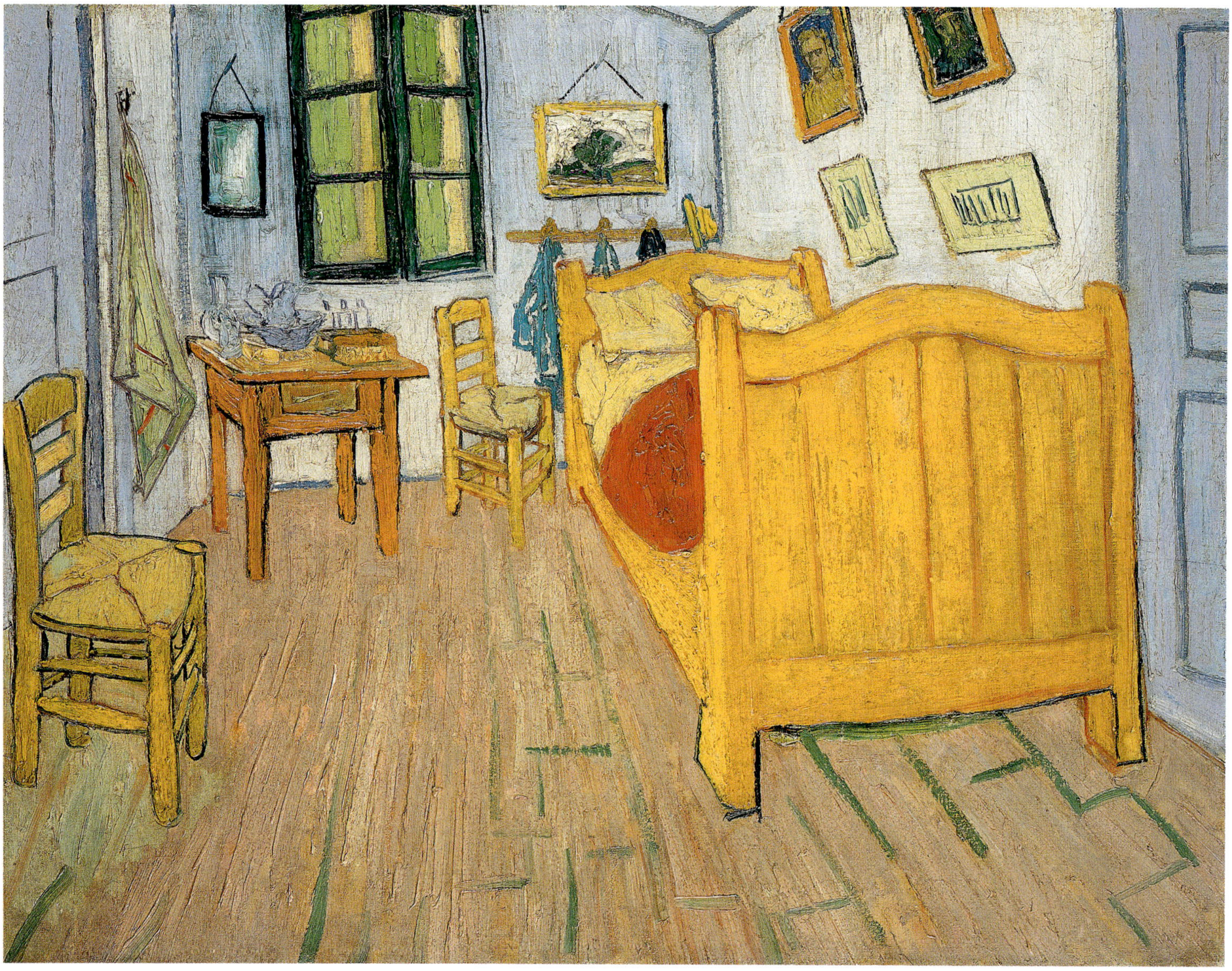

**Das Schlafzimmer, 1888. Van Gogh Museum, Amsterdam.**

Ist dein Zimmer auch so bunt? Gelb wie die Sonne Südfrankreichs und mit kräftigen Farben hat van Gogh sein Schlafzimmer gemalt. Für das Bild wählte er verschiedene Komplementärfarben: Rot und Grün, Blau und Orange. Sie lassen das Bild leuchten und sorgen zugleich für Ausgewogenheit, weil sie sich gegenseitig ergänzen.

Eines Tages fuhr Vincent nach Südfrankreich. Hier, wo das Licht die Farben zum Glühen bringt, wollte er leben und in Ruhe arbeiten. Er mietete sich in der Stadt Arles ein gelb angestrichenes Haus.

Van Gogh plante, in Arles seinen Traum vom Künstlerleben zu verwirklichen und mit anderen Künstlern zusammen zu leben und zu arbeiten. Sein Malerfreund Paul Gauguin nahm seine Einladung an, doch leider kamen van Gogh und sein Freund nicht gut miteinander aus. Nur zwei Monate blieb Paul bei Vincent.

Lange Zeit verbrachte Vincent danach in einer psychiatrischen Anstalt und in ärztlicher Behandlung. Er war unheilbar seelisch krank. 1890 starb er an den Folgen einer Schussverletzung.

## Tipp

Das Van Gogh Museum in Amsterdam und das Kröller-Müller Museum in Otterlo (Niederlande) besitzen die größten Sammlungen von Werken Vincent van Goghs.

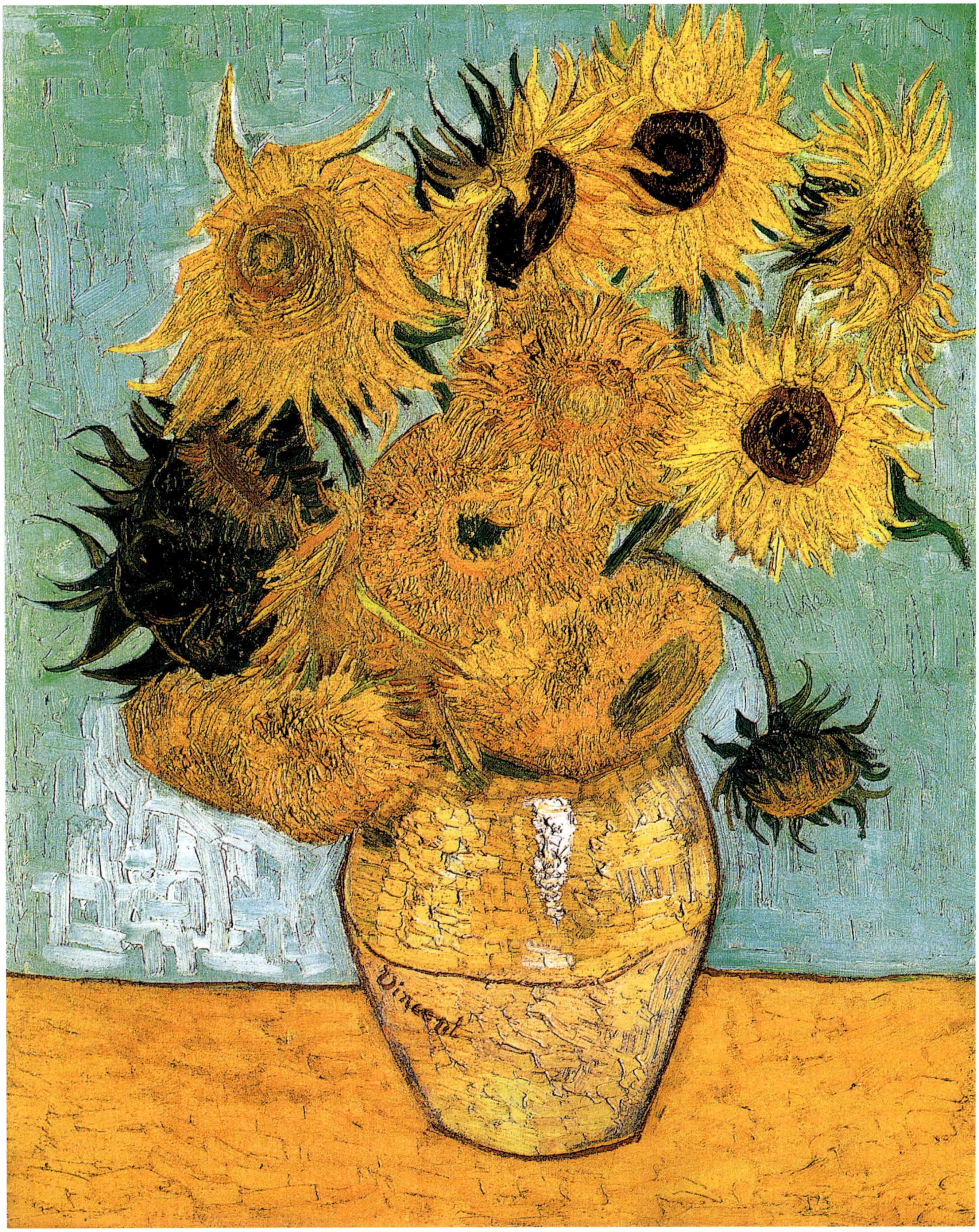


**Sonnenblumen, 1888. Neue Pinakothek, München.**

Voller Vorfreude und ganz aufgeregt bereitete van Gogh alles für die Ankunft Gauguins in Arles vor. Er malte Bilder, die das Zimmer seines Gastes schmücken sollten. Es scheint, als ob das Sonnenlicht selbst aus dem Bild leuchtet! Das kalte Türkis des Hintergrundes steigert die Wirkung der warmen Gelbtöne. Sonnenblumen waren van Goghs Lieblingsblumen. Gleich vier Sonnenblumenbilder malte er hintereinander und im Jahr darauf drei weitere.

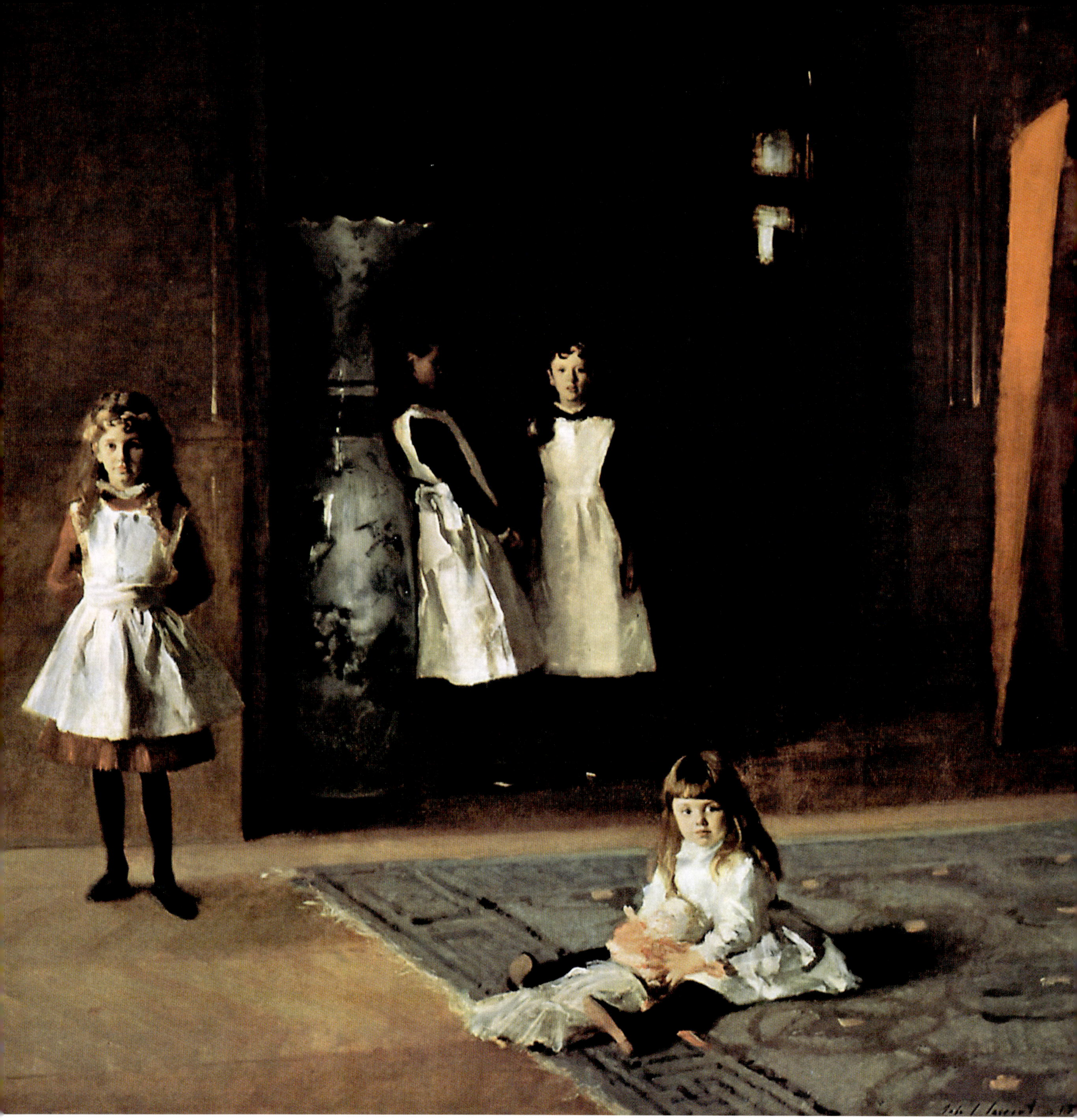

# John Singer Sargent

John Singer Sargent ist ganz anders aufgewachsen als wohl die meisten von uns. Er war eigentlich Amerikaner, aber aus gesundheitlichen Gründen lebten seine Eltern in Europa, wo sie alle paar Monate von einem Ort zum anderen zogen.

John, der in Florenz geboren wurde, ging deswegen fast nie in eine richtige Schule, aber er konnte Deutsch, Italienisch und Französisch sprechen. Unterrichtet wurde er von seinem Vater, einem Arzt. Der sagte über seinen Sohn: »Johnny zieht Klettern und Drachen-steigen-lassen dem Buchstabieren bei Weitem vor – und, um ehrlich zu sein, ich mag ihn deswegen umso lieber.«

Malen mochte John wohl noch lieber. Und weil er wegen der ständigen Reiserei nur wenige Freunde hatte, verbrachte er viel Zeit mit Zeichnen und lernte bei verschiedenen Malern, mit denen die Familie bekannt war.

Seine Eltern bemerkten sein besonderes Talent und 1874 zogen sie nach Paris, damit er eine vernünftige Ausbildung bekam. Die erhielt er bei Emile Carolus-Duran, einem der gefragtesten Porträtmaler zu jener Zeit. John selbst wurde zum beliebtesten und erfolgreichsten Porträtmaler Europas.

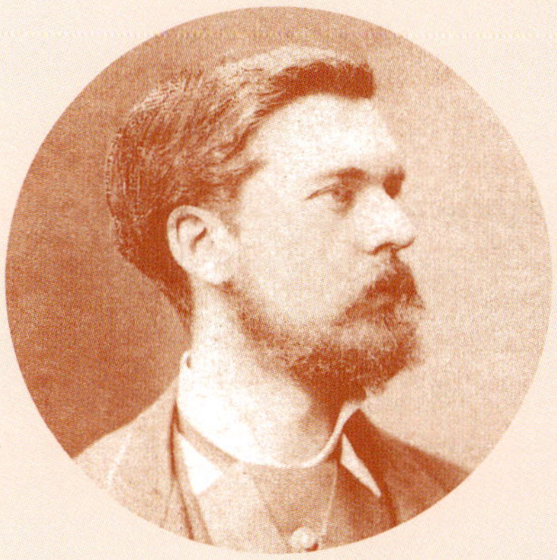

**John Singer Sargent**

**Geboren:** 12. Januar 1856 in Florenz, Italien
**Gestorben:** 15. April 1925 in London, Vereinigtes Königreich
**Lebte in:** Er reiste fast sein ganzes Leben quer durch Europa und Amerika. Nur in Paris und London lebte er längere Zeit.
**Kunststil:** Impressionismus

Ein richtiger Impressionist war John Singer Sargent eigentlich nicht, und er stellte auch nie gemeinsam mit ihnen aus, aber er hat viele ihrer Ideen in seinen Bildern umgesetzt. Denn inzwischen hatten sich ihre Themen und auch die neue, scheinbar lockere Malweise schließlich doch durchgesetzt und wurden ganz selbstverständlich übernommen.

**‹ Die Töchter des Edward Darley Boit, 1882. Museum of Fine Arts, Boston.**

John Singer Sargent wurde durch das berühmte Gemälde *Las Meninas* des spanischen Malers Diego Velázquez (1599–1660) inspiriert. Auch die Malweise erinnert an Velázquez, der für die Impressionist*innen ein großes Vorbild war.

1880 · 1885 · 1890 · 1895 · 1900 · 1905 · 1910 · 1915 · 1920 · 1925

John Singer Sargent — 1925

**1895** Wilhelm Conrad Röntgen entdeckt die Röntgenstrahlung

**1914–1918** Erster Weltkrieg

# Gustav Klimt

## Der Wiener Gustav Klimt ist ein sehr bekannter Jugendstilkünstler und berühmt für seine goldenen Bilder.

In früheren Jahrhunderten gab es immer einen Kunststil, an dem sich alle Künstler*innen orientierten, wie beispielsweise die Gotik oder den Barock. Es gab sozusagen Regeln, wie man zu malen hatte. Das änderte sich gegen Ende des 19. Jahrhunderts. Viele Maler hatten viele Ideen, wie man Kunst noch anders machen könnte, als es bisher üblich war. Alle paar Jahre gab es einen neuen Kunststil - den Impressionismus, den Fauvismus, den Kubismus, den Expressionismus und die abstrakte Malerei. Alles auf einmal, was auch bedeutete, dass eigentlich jeder so malen konnte, wie er wollte.

Ein besonderer Stil war der Jugendstil, der sich dadurch auszeichnete, dass man die Dinge nicht einfach für sich darstellte, sondern zu allem ganz viel Ornament, also zusätzliche Zierde, wie Pflanzen und verschnörkelte Linien dazu malte. Die Künstler*innen wollten nicht nur schöne Bilder malen, sondern auch Alltagsgegenstände oder Möbel in diesem Stil gestalten.

Der Wiener Maler Gustav Klimt war ein junger Mann und wollte neue Dinge ausprobieren. In Wien wurden gerade viele neue und bedeutende Häuser gebaut: Paläste, das Parlament, das Rathaus und das Burgtheater. Klimt hatte die Aufgabe, einige der Gebäude mit Deckenmalereien auszustatten. Das machte er so gut, dass er für seine Arbeit im Treppenhaus des Burgtheaters sogar ein goldenes Verdienstkreuz von Kaiser Franz-Joseph bekam.

Daraufhin erhielt Klimt viele Aufträge von reichen Frauen, die er in seinem Stil porträtieren sollte. Damit wurde er sehr erfolgreich. Heute wirkt manches aus dieser Zeit vielleicht etwas gekünstelt, aber damals galt das als sehr modern. Sein berühmtestes Gemälde heißt *Der Kuss*. Es ist kein Porträt, sondern zeigt ein Liebespaar, das sich gleich küssen will. Sie stehen vor einem goldenen Hintergrund auf einer Blumenwiese. Der Mantel, mit dem der Mann die Frau umhüllt, ist auch golden. Fast muss man das Paar suchen, so viel Ornament ist auf diesem Bild zu sehen.

### Gustav Klimt

**Geboren:** 14. Juli 1862 in Baumgarten bei Wien, Österreich
**Gestorben:** 6. Februar 1918 in Wien
**Lebte in:** Lebte hauptsächlich in Wien
**Kunststil:** Jugendstil

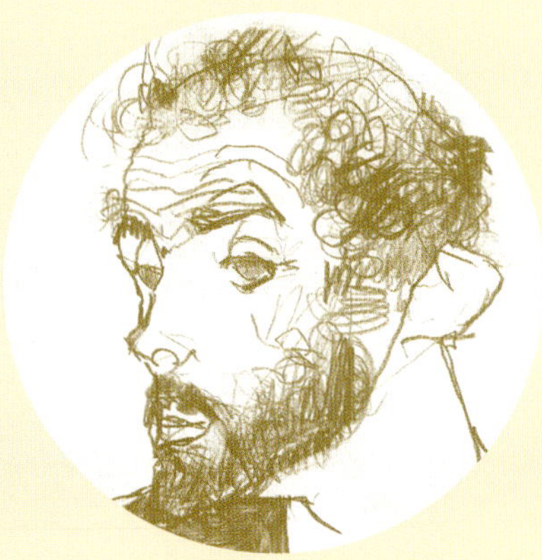

1835 · 1840 · 1845 · 1850 · 1855 · 1860 · 1865 · 1870 · 1875 · 1880

**1851** Herman Melville veröffentlicht *Moby Dick*

**1862**

**1865** Wilhelm Busch zeichnet *Max und Moritz*

**1867** USA kaufen Alaska von Russland

**1874** Die erste Ausstellung der Impressionist*innen

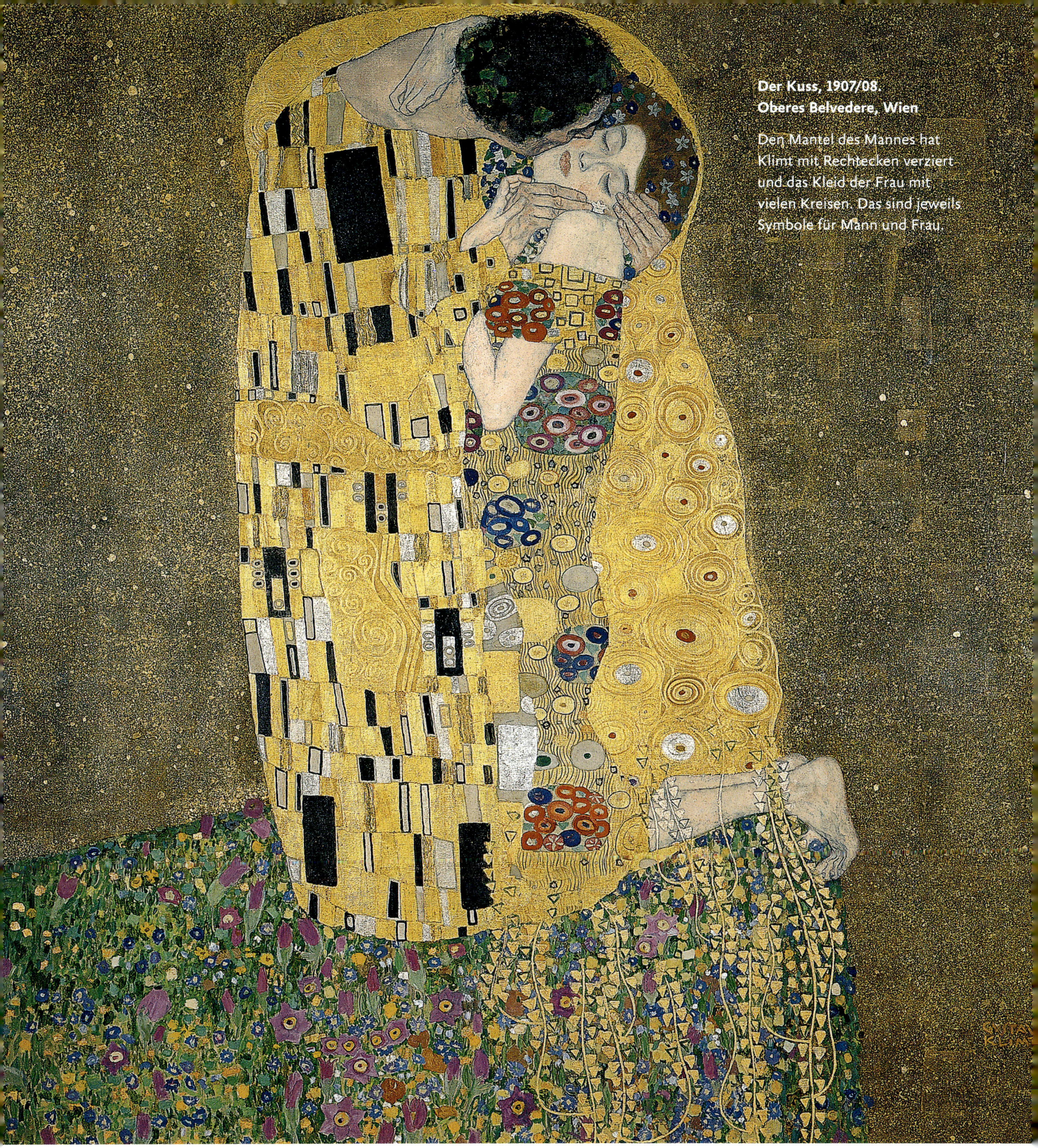

**Der Kuss, 1907/08.**
**Oberes Belvedere, Wien**

Den Mantel des Mannes hat Klimt mit Rechtecken verziert und das Kleid der Frau mit vielen Kreisen. Das sind jeweils Symbole für Mann und Frau.

1885 · 1890 · 1895 · 1900 · 1905 · 1910 · 1915 · 1920 · 1925 · 1930

Gustav Klimt 1918

**1889** Fertigstellung des Eiffelturms zur Weltausstellung in Paris

**1896** Die ersten Olympischen Spiele der Neuzeit in Athen

**1914–1918** Erster Weltkrieg

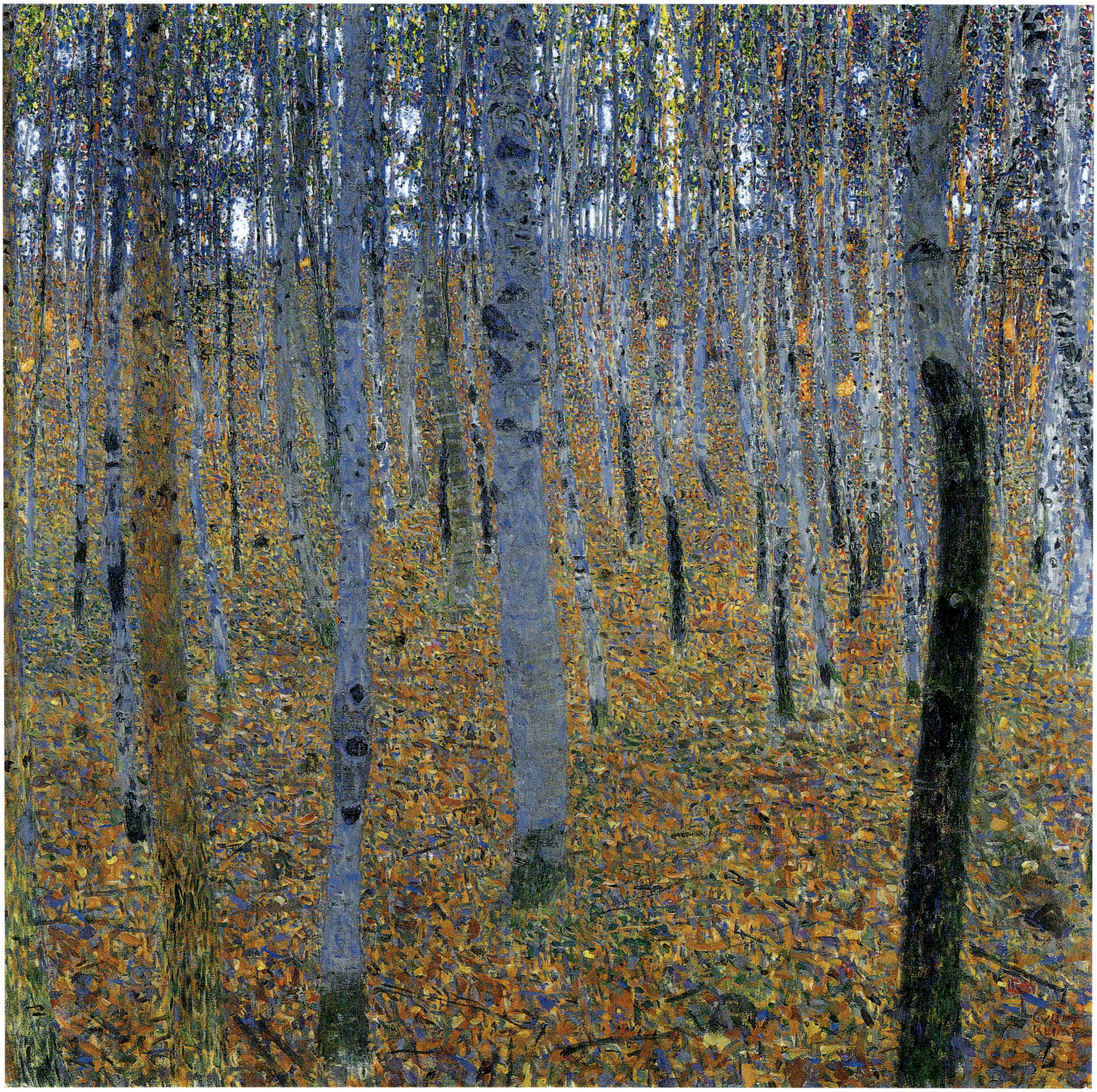

Aber Klimt hat nicht nur Porträts und Deckenbilder gemalt, sondern auch ganz wunderbare Landschaftsgemälde, meistens Wälder, Bäume oder Ansichten von Dörfern am Meer. Sie sind viel schlichter als seine Porträts, doch auch sie wirken ein bisschen wie große Ornamente.

**‹ Buchenwald I, um 1902.**
**Galerie der Neuen Meister, Dresden.**

Gustav Klimt wählte oft quadratische Formate für seine Landschaftsbilder. Das ist ungewöhnlich, denn Landschaften werden meist im Querformat dargestellt.

**˅ Adele Bloch-Bauer I, 1907.**
**Neue Galerie, New York**

Die reiche Unternehmergattin Adele Bloch-Bauer hat Klimt mehrmals gemalt.

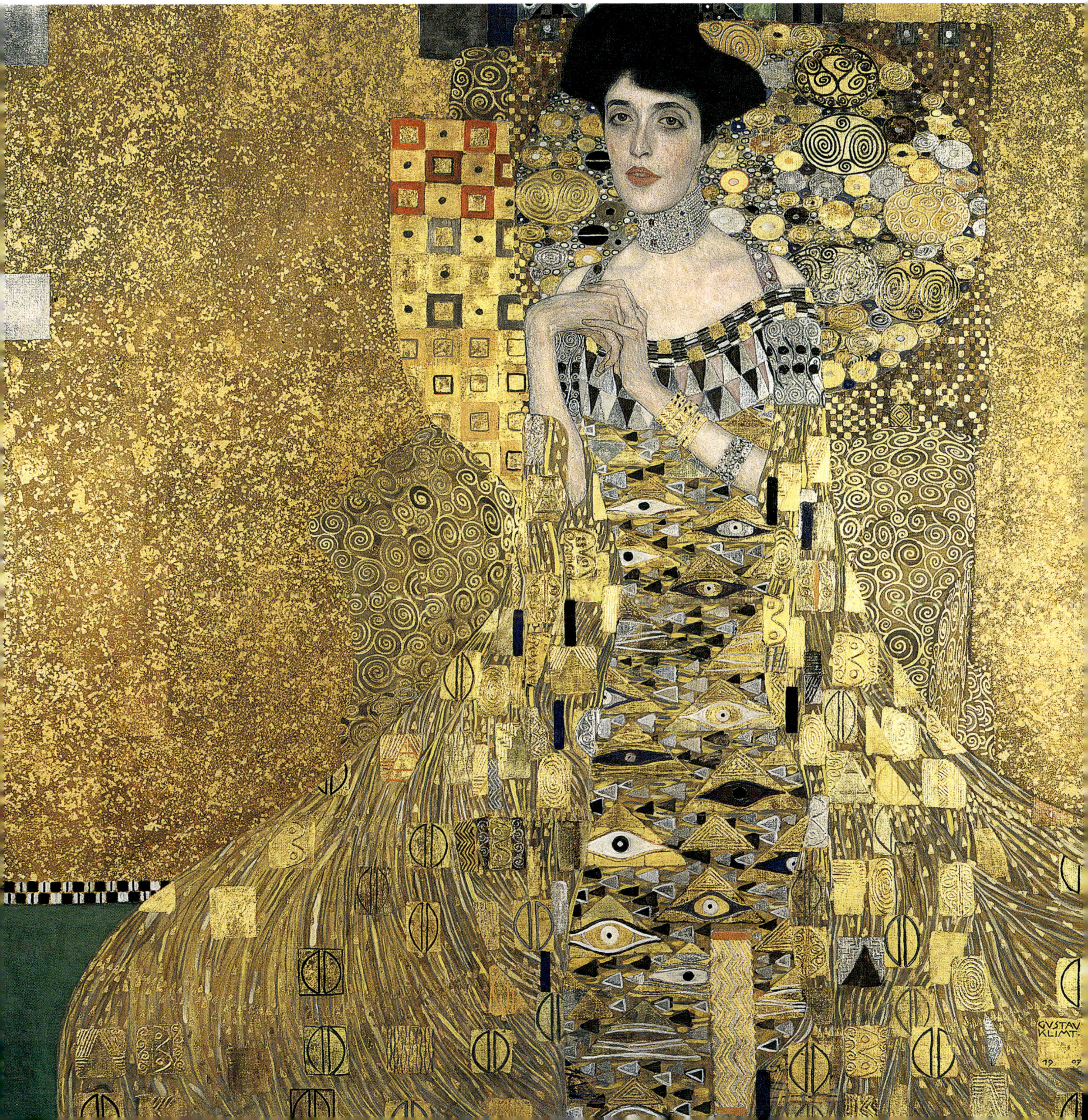

# Henri Matisse

## Die Bilder von Henri Matisse sind ein Fest der Farbe. Sie erstrahlen in ausgesuchten Farbzusammenstellungen.

**Henri Matisse**

**Geboren:** 31. Dezember 1869 in Le Cateau-Cambrésis, Picardie, Frankreich
**Gestorben:** 3. November 1954 in Cimiez bei Nizza, Frankreich
**Lebte in:** Paris, Issy-les-Moulineaux, Nizza, Cimiez
**Kunststil:** Fauvismus

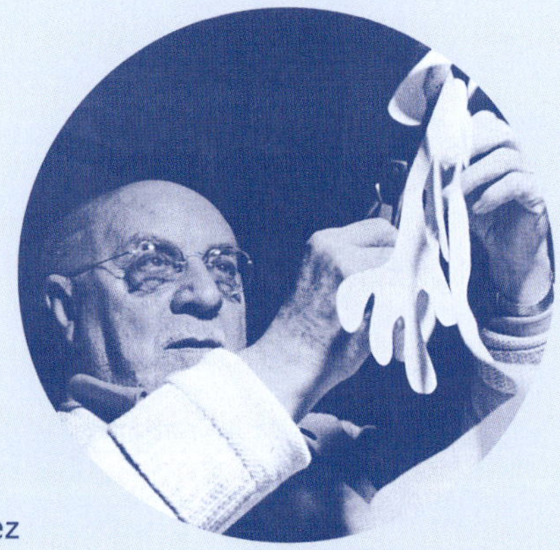

Seine Zeitgenoss*innen fanden die leuchtenden Töne zunächst zu bunt und nannten Matisse und die Maler*innen, die ähnliche Bilder malten, »Fauves« - Wilde.

Henri Matisse fand, dass Bilder sein sollen wie ein Lehnstuhl, auf dem man sich von den Mühen des Alltags ausruhen kann. Am liebsten malte er schöne Frauen. Sie saßen ihm in seinem Atelier Modell, wo der Maler zugleich wohnte. Er hatte die Räume mit üppigen Pflanzen, Blumensträußen und außergewöhnlich gemusterten Stoffen dekoriert.

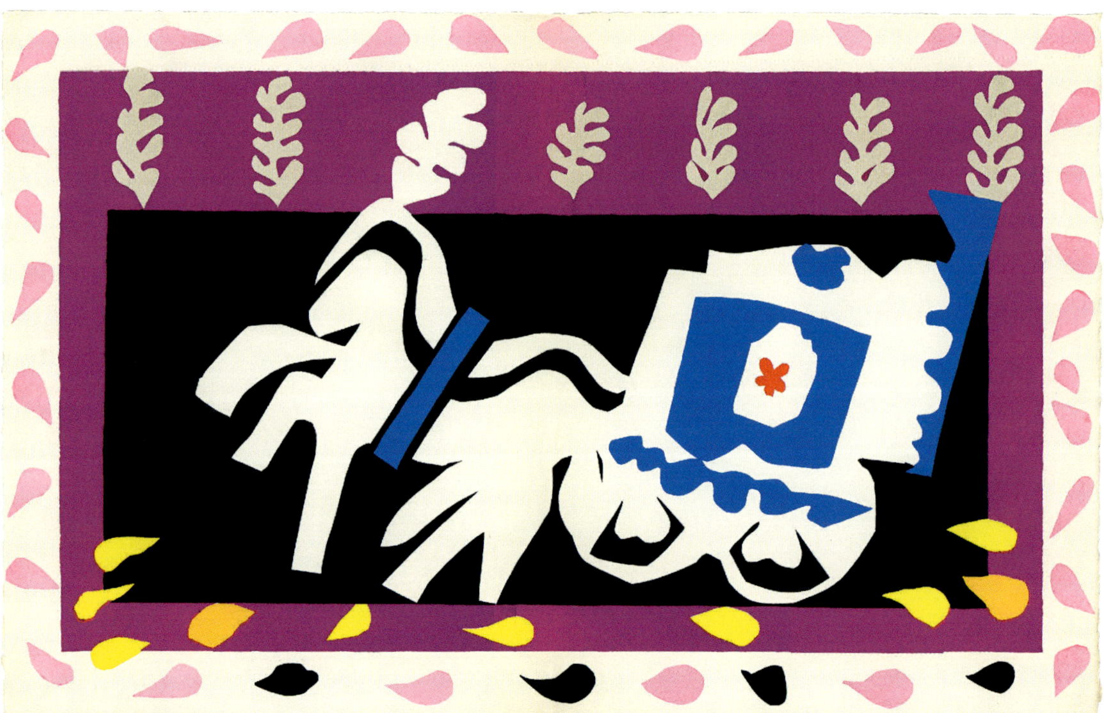

**Die Beerdigung des Pierrots, 1943/44.**

Dieses Bild gehört zu einer ganzen Reihe von farbenfrohen Scherenschnitten, die Matisse für sein Buch *Jazz* geschaffen hat.

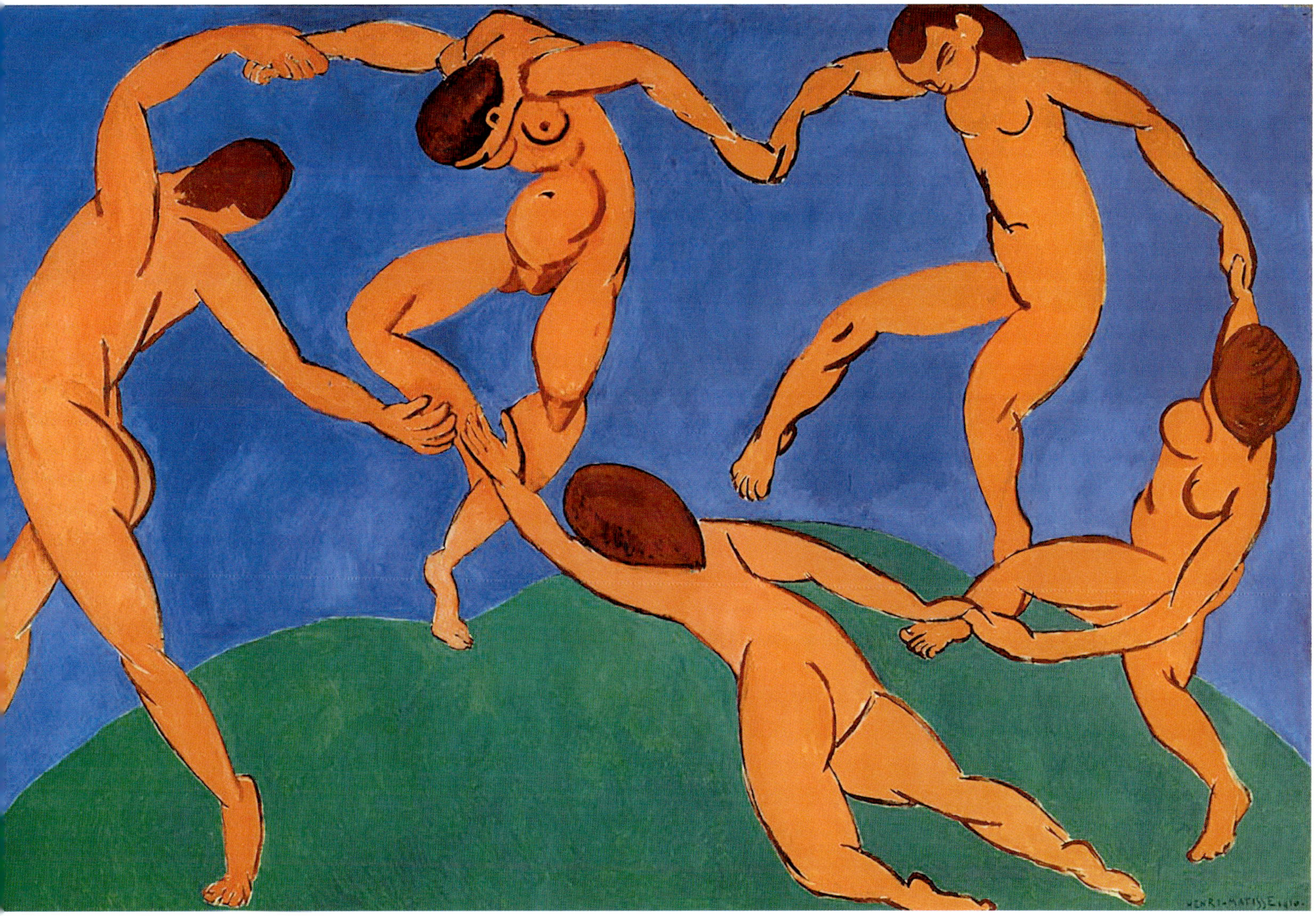

**Der Tanz, 1909/10. Eremitage, St. Petersburg.**

Der reiche und kunstsinnige Sammler Sergej Schtschukin bestellte für seine Moskauer Villa bei Matisse drei große Gemälde. *Der Tanz* ist eines davon. Die Freude am Tanz und der Schwung der Bewegungen kommen in den starken Farbkontrasten und den Körperhaltungen der Figuren zum Ausdruck.

Matisse war ein meisterhafter Zeichner. In seinen letzten Lebensjahren verwendete er eine ganz besondere Technik: Er »zeichnete mit der Schere«, wie er es nannte. Für diese Scherenschnitte wurde zunächst mit dem Pinsel Papier eingefärbt, aus dem Matisse dann freihändig und ohne Vorzeichnung Formen schnitt – Figuren, Pflanzen, Meeresgetier. Daraus komponierte er manchmal riesige Bilder – ein Fest der Linie und der Farbe.

**Tipp**

In Nizza, wo Matisse lange gelebt hat, gibt es ein eigenes Museum für den Künstler.

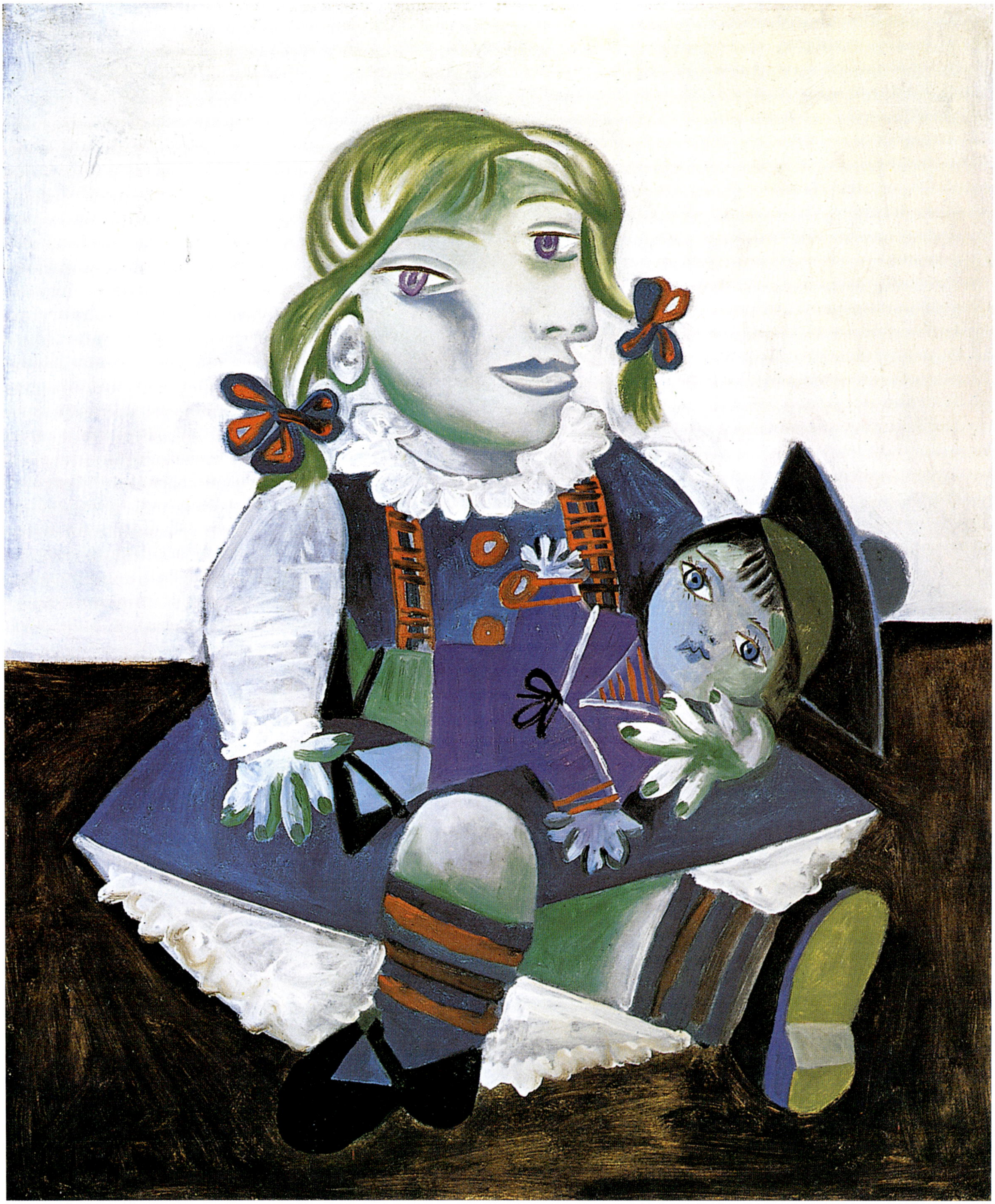

1875 1880 1885 1890 1895 1900 1905 1910 1915 1920

**1881** **Pablo Picasso**

**1898** Spanien verliert im Spanisch-Amerikanischen Krieg seine letzten Kolonien in Amerika

**1914–1918** Erster Weltkrieg

# Pablo Picasso

## Er ist der bekannteste moderne Künstler. Picassos Werke entsprangen seiner Fantasie, und viele andere Künstler*innen folgten seinem Beispiel.

Der junge Picasso zeigte großes künstlerisches Talent. Mit sieben Jahren erhielt er seinen ersten Kunstunterricht von seinem Vater José, der ebenfalls Maler war. Picasso lernte, Menschen so zu zeichnen, wie sie im wirklichen Leben aussehen.

Doch als Picasso älter wurde, wollte er anders malen. Ihm gefiel die unbekümmerte, kreative Art, in der Kinder Bilder malen. Diese Bilder, so glaubte Picasso, fingen das Wesen der Dinge besser ein als eine wirklichkeitsgetreue Darstellung.

Daher brachte sich Picasso bei, wie ein Kind zu malen, und benutzte seine Fantasie. 1900 reiste er zum ersten Mal nach Paris. Dort lebten und arbeiteten viele der wichtigsten Künstler*innen seiner Zeit, und bald schon kannte Picasso viele von ihnen. Wenige Jahre später entwickelten Picasso und einige andere Maler die erste wichtige Stilrichtung der modernen Kunst, die Kubismus genannt wird. Kubistische Bilder sehen häufig so aus, als wären sie in kleine, geometrische Formen zerlegt worden.

Sein ganzes Leben lang beschäftigte sich Picasso mit vielen verschiedenen Kunstrichtungen. Er lernte sogar Bildhauerei und schuf Keramiken. Trotzdem hatten alle seine Werke ein charakteristisches Aussehen, das nur Picasso selbst gelang. Picasso starb im hohen Alter von 91 Jahren, war aber bis zuletzt künstlerisch tätig.

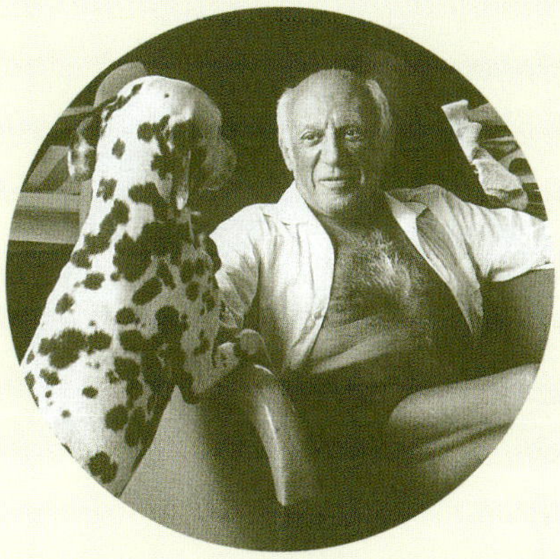

**Pablo Picasso**

**Geboren:** 25. Oktober 1881 in Málaga, Spanien
**Gestorben:** 8. April 1973 in Mougins, Frankreich
**Lebte in:** Málaga, La Coruña, Barcelona, Madrid, Paris, Aix-en-Provence, Mougins
**Kunststile:**
Er experimentierte mit vielen Stilen, unter anderem dem Kubismus

**Tipp**

Das Picasso-Museum in Barcelona beherbergt eine der weltweit besten Sammlungen mit Werken Picassos. Der Künstler verbrachte einen großen Teil seiner Jugend in Barcelona.

**‹ Maya mit Puppe, 1938. Musée Picasso, Paris.**

Picasso hatte eine ganz eigene Art, Porträts anzufertigen. Sieh dir das Bild von Picassos Tochter Maya an. Der Künstler hat ein Auge niedriger gemalt als das andere, und Nase und Mund sind auf die Seite verschoben! Obwohl Mayas Porträt in vielerlei Hinsicht nicht der Wirklichkeit entspricht, sieht es immer noch ein bisschen so aus wie das echte Mädchen.

1925 • 1930 • 1935 • 1940 • 1945 • 1950 • 1955 • 1960 • 1965 • 1970 • 1973

**1936** Francisco Franco wird Diktator von Spanien
**1936–1939** Spanischer Bürgerkrieg
**1939–1945** Zweiter Weltkrieg

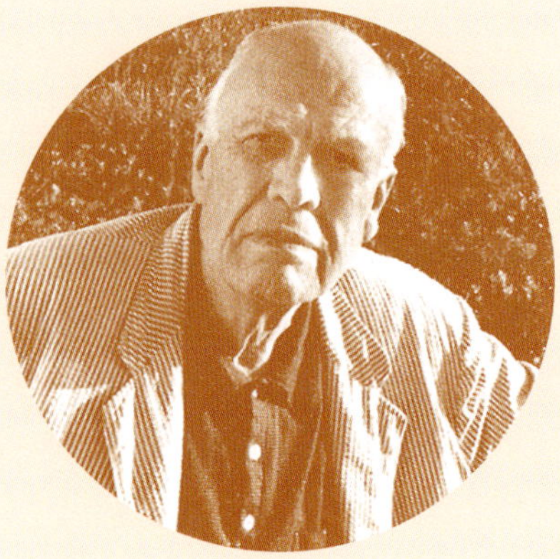

**Edward Hopper**

**Geboren:** 22. Juli 1882 in Nyack, New York, USA
**Gestorben:** 15. Mai 1967 in New York
**Lebte in:** Nyack, New York, South Truro (Massachusetts)
**Kunststil:** Realismus

# Edward Hopper

Er malte sein Land so, wie er es sah. Hoppers Amerika war ein großes Land, in dem man viele Kilometer weit auf einsamen Straßen reisen und riesige Städte wie New York erkunden konnte. Doch es war auch ein einsamer und manchmal trauriger Ort.

Hopper war ein Spätzünder. Er lernte schon als Kind malen, brauchte aber sehr lange, bis ihm klar war, wie er malen wollte. Als junger Mann musste er sich seinen Lebensunterhalt verdienen, daher fertigte er Zeichnungen als Illustrationen für Zeitschriften und Zeitungen an. Was er zeichnen sollte, wurde Hopper von anderen vorgegeben. Doch Hopper gefiel es nicht, für andere zu arbeiten. Er wollte Künstler sein und selbst entscheiden, was er in seinen Werken darstellte.

In den 1920er Jahren, als Hopper in seinen Vierzigern war, entwickelte er schließlich seinen eigenen, unverwechselbaren Malstil. Viele moderne Künstler*innen in Hoppers Alter malten irreale Dinge, die ihrer Fantasie entsprangen. Doch Hopper zeigte die Dinge so, wie er sie in der realen Welt sah. Er malte gern Gebäude und Straßen, er malte Menschen, die beim Essen im Restaurant sitzen oder ins Kino gehen, er malte Landstraßen und Küstenstädte. Und er zeigte gern, wie Licht - vor allem Sonnenlicht - auf Menschen und Gegenstände fällt, und wie es dabei schöne Farben bildet.

### Tipp

Edward Hoppers Geburtshaus in Nyack im US-Bundesstaat New York ist heute ein Museum, in dem du vieles über den Maler lernen kannst. Es heißt Edward Hopper House Museum & Study Center. Junge Künstler*innen können dort Unterricht nehmen und eigene Werke ausstellen.

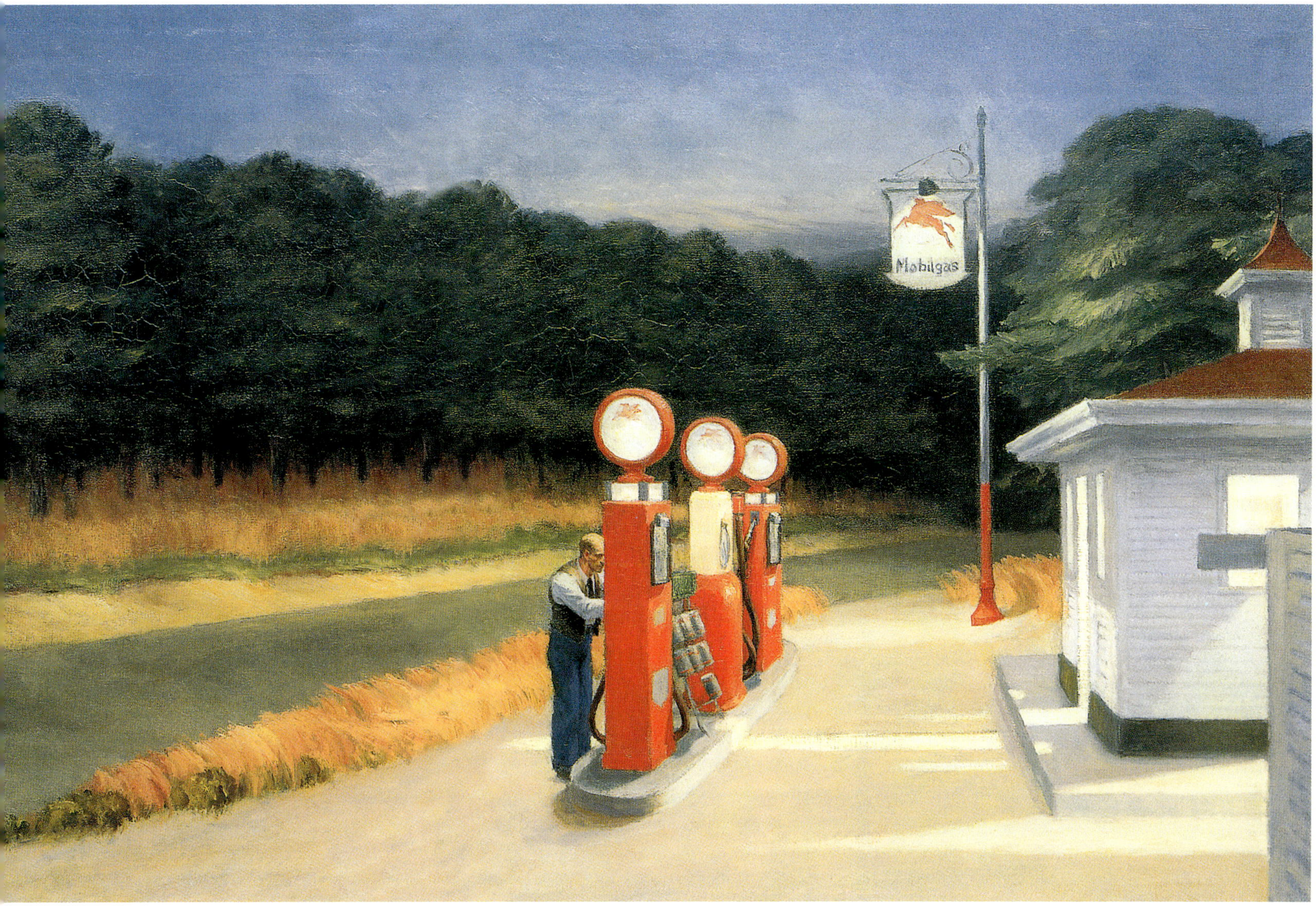


**Gas (Benzin), 1940. Museum of Modern Art, New York.**

Hopper zeigt häufig Menschen in ruhigen Momenten. Hier scheint der Besitzer einer Tankstelle auf dem Land die Zapfsäulen für die Nacht abzuschließen. Es sieht nicht so aus, als hätte er viele Kunden gehabt.

Hopper malte Menschen, Gegenstände und Licht auf eine ganz besondere Art. Die Menschen in Hoppers Bildern sehen nicht immer glücklich aus, und häufig scheinen sie Langeweile zu haben. Bei Hopper können sogar Gebäude und Landschaften traurig aussehen. Er zeigte, dass die Menschen in der modernen Welt einsam sein können, selbst wenn sie in einer großen Stadt leben.



**1929** Börsenkrach in den USA **1939–1945** Zweiter Weltkrieg

**1929–1941** Wirtschaftskrise in den USA

**1927** »The Jazz Singer«, der erste wichtige Tonfilm, kommt in die Kinos

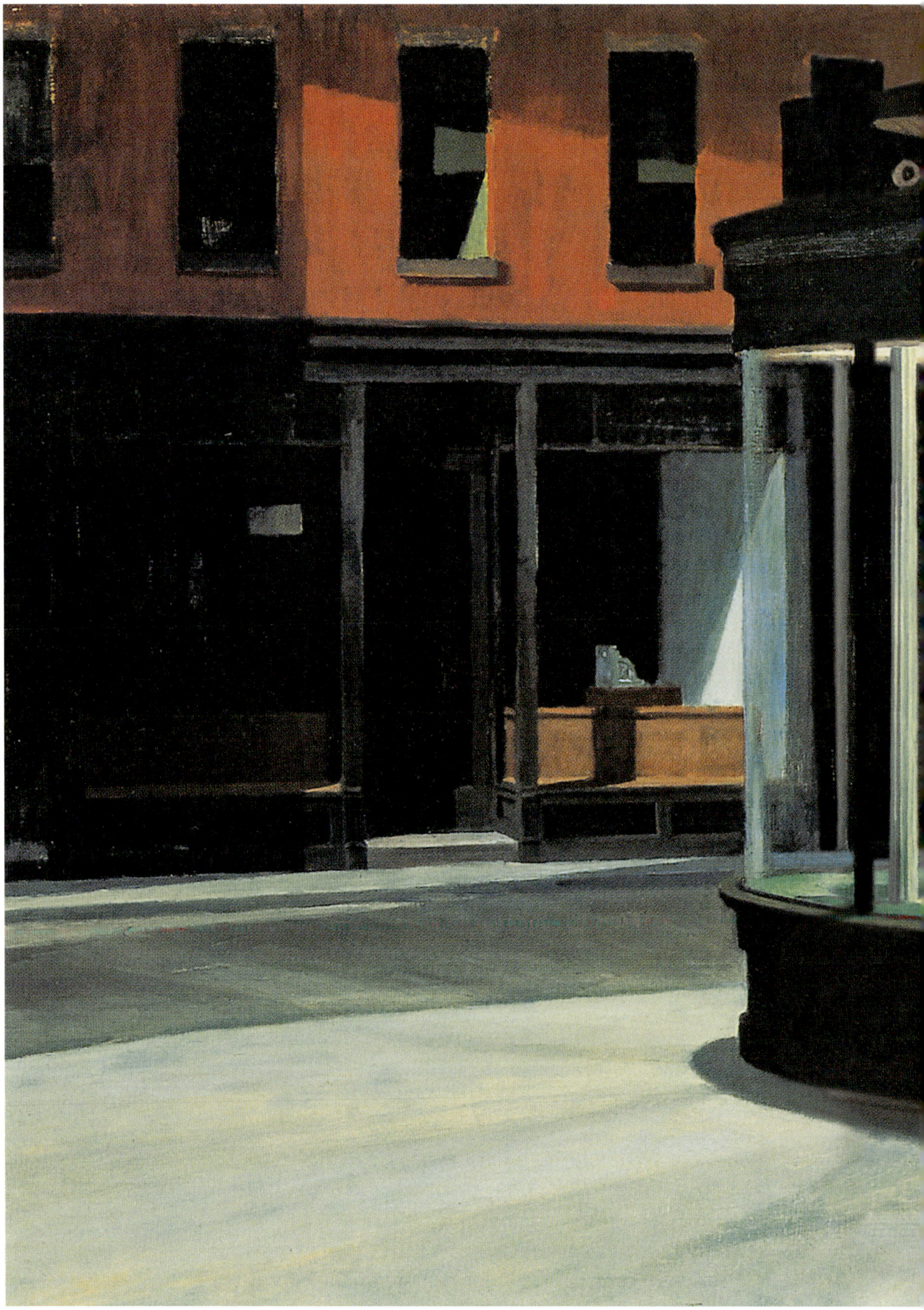

**Nighthawks, 1942.**
**The Art Institute of Chicago.**

Hoppers berühmtestes Gemälde heißt *Nighthawks* – das bedeutet soviel wie Nachtschwärmer. Die Gäste in diesem Lokal sehen nicht sehr fröhlich aus. Ein Mann sitzt allein, während das Paar vor sich hin starrt, ohne voneinander Notiz zu nehmen. Vor dem Lokal erleuchtet das Licht eine trostlos leere Straßenecke.

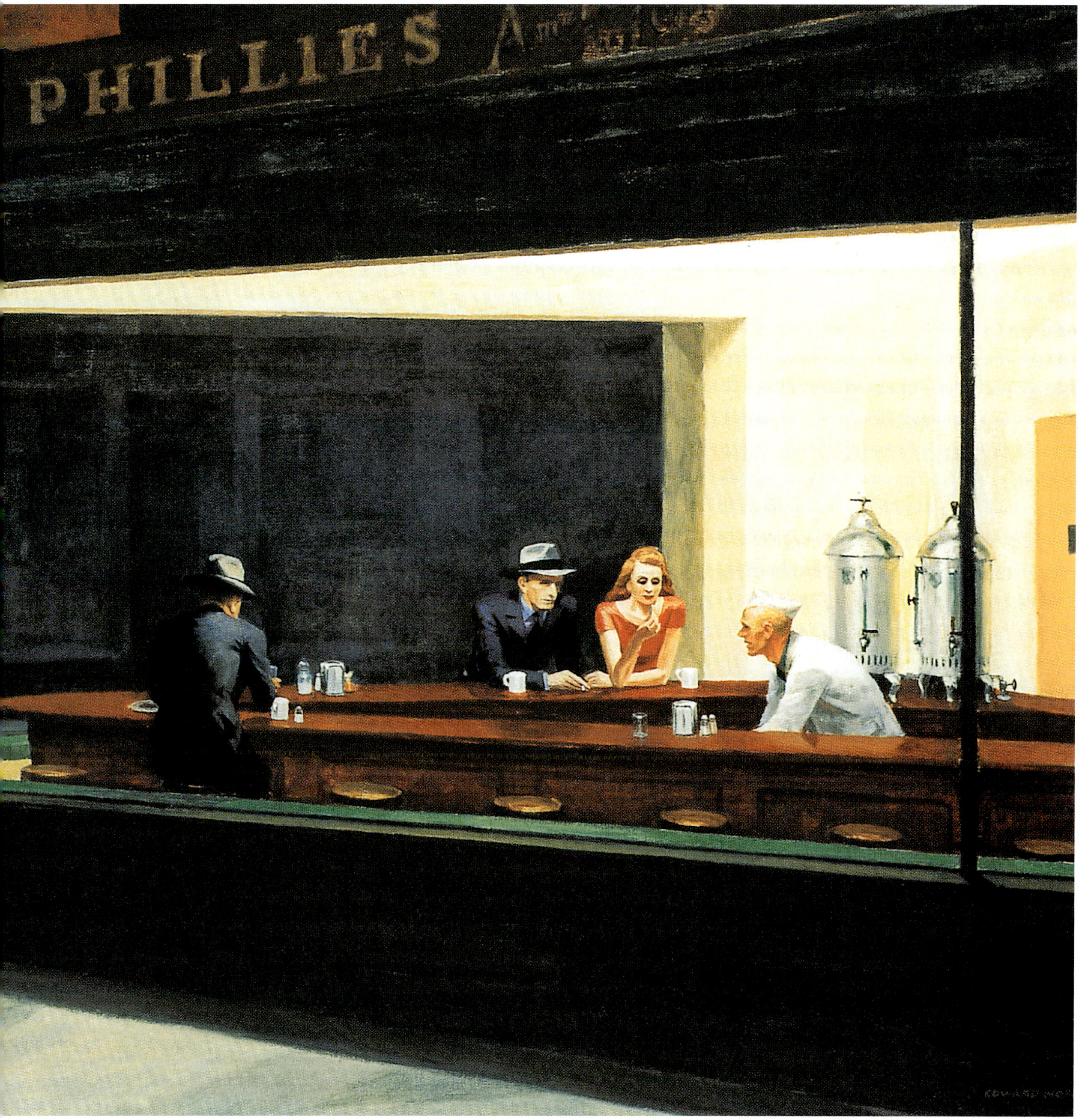
PHILLIES

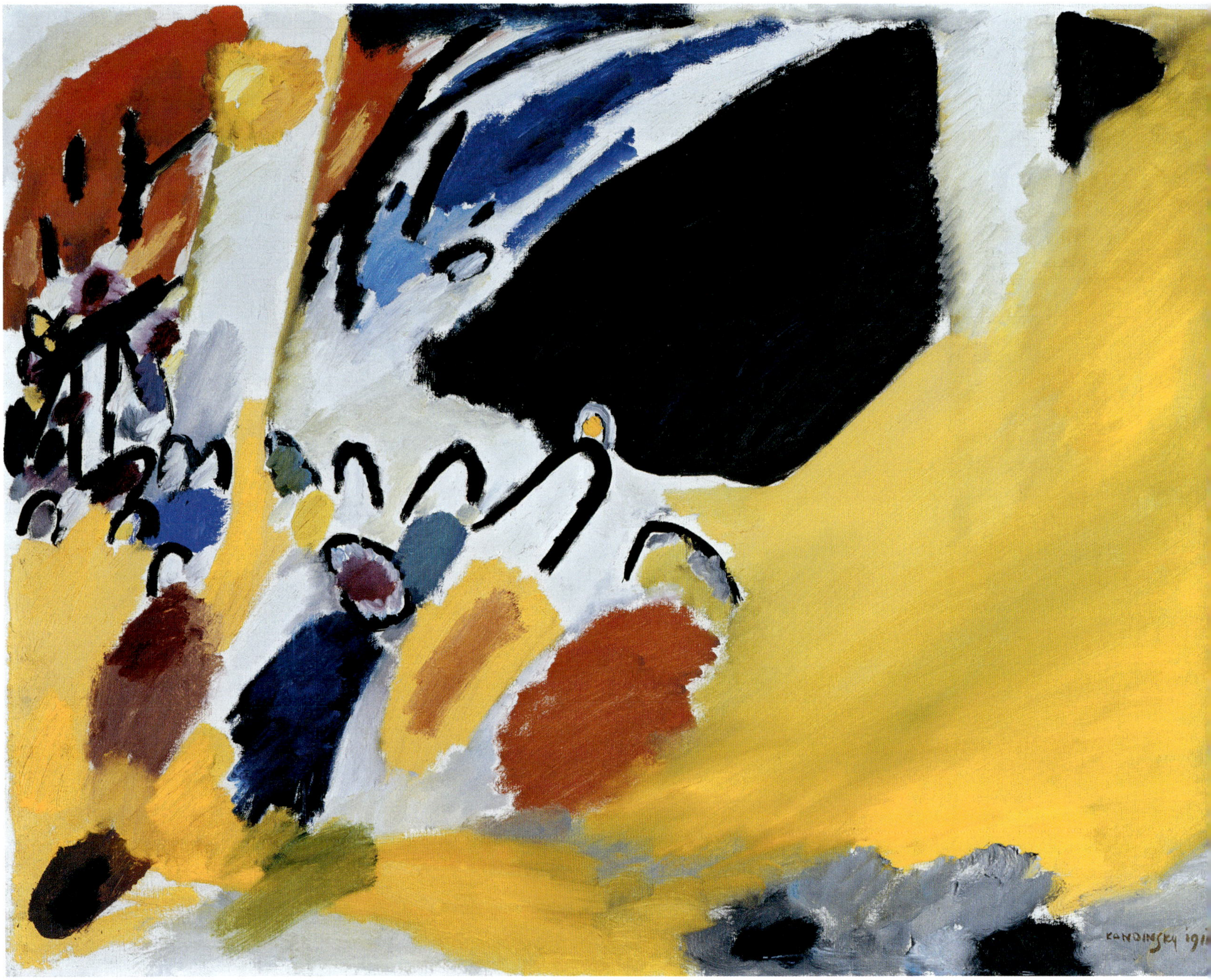

**Impression III (Konzert), 1911. Lenbachhaus, München.**

Kandinsky malte das Bild nach einem Konzert mit Werken des Komponisten Arnold Schönberg. Er hat die Musik in seinem Gemälde in Farben und Formen umgesetzt. Der gelbe Klang erfüllt fast das gesamte Bild. Wenn Menschen Instrumentenklänge und Töne als bestimmte Farben »hören«, wird das Synästhesie genannt.

1880 · 1885 · 1890 · 1895 · 1900 · 1905 · 1910 · 1915 · 1920 · 1925

**1886** Wassily Kandinsky

**1896** Kandinsky zieht nach München

**1911** erste Ausstellung des *Blauen Reiters* in München

**1914 – 1918** Erster Weltkrieg

# Wassily Kandinsky

## Der russische Maler und Kunsttheoretiker Wassily Kandinsky war ein Wegbereiter der abstrakten Kunst, er wollte mit Farben und Formen Gefühle und Stimmungen ausdrücken.

Er war Mitbegründer der Künstlergruppe »Der Blaue Reiter« in München und Murnau im bayrischen Voralpenland. Die Künstlerinnen und Künstler des Blauen Reiters wollten die Kunst verändern und neue Wege gehen. Sie wollten Kunst machen, die frei und ausdrucksstark war, und experimentierten mit Farben und Formen. Die Gegenstände in den Bildern wurden dann oft zu bunten Flecken.

Kandinsky wollte nicht mehr nur die reale Welt abbilden, wie die Künstler früherer Zeiten, sondern etwas Neues und Spannendes schaffen. Er war davon überzeugt, dass Farben und Formen Gefühle ausdrücken können. Er dachte, dass zum Beispiel Blau Ruhe und Gelb Freude symbolisieren könnten. Mit diesen Gedanken begann er, seine Bilder abstrakter zu gestalten. Das bedeutet, dass seine Kunst nicht mehr wirkliche Dinge darstellte, sondern eher wie eine bunte Fantasiewelt aussah.

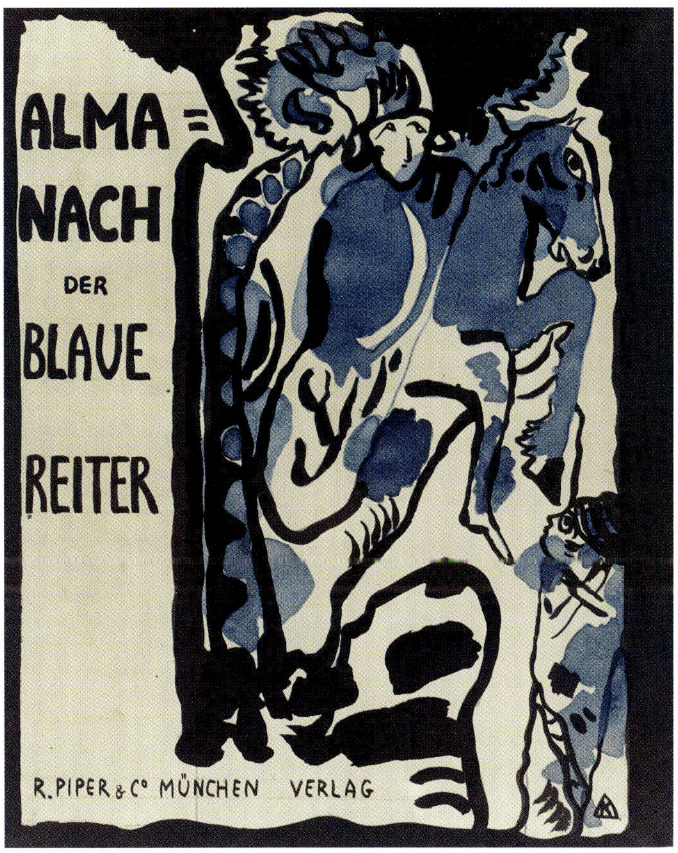


**Almanach der Blaue Reiter, 1911.**

Zusammen mit dem Maler Franz Marc hat Kandinsky 1911 seine Ideen und Ziele für eine neue Kunst in einer Textsammlung herausgegeben. Kandinsky entwarf das Titelbild für das Buch mit dem Heiligen Georg als Sinnbild für die Erneuerung der Kunst.

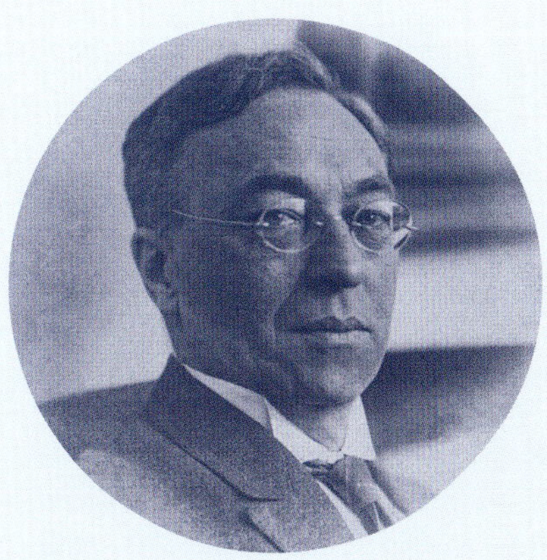

**Wassily Kandinsky**

**Geboren:** 16. Dezember 1866 in Moskau, Russland
**Gestorben:** 13. Dezember 1944 in Neuilly-sur-Seine, Frankreich
**Lebte u.a. in:** Moskau, München, Murnau, Weimar, Neuilly-sur-Seine bei Paris
**Kunststile:** Expressionismus, Wegbereiter der abstrakten Kunst

Viele seiner Gemälde sind voller Kreise, Linien und leuchtender Farben. Die Formen tanzen auf der Leinwand! Kandinsky wollte, dass die Menschen sich von seinen Bildern inspirieren lassen und ihre eigenen Gefühle darin entdecken.

Kandinsky hat auch viel über Kunst geschrieben und seine eigenen Theorien über die Malerei entwickelt. Er war an verschiedenen Kunstschulen als Lehrer tätig und wollte zusammen mit anderen Künstlern eine neue Kunst erschaffen. Er war ein Pionier der abstrakten Kunst und hat uns gezeigt, dass es keine Grenzen gibt, wenn es um Kreativität geht.

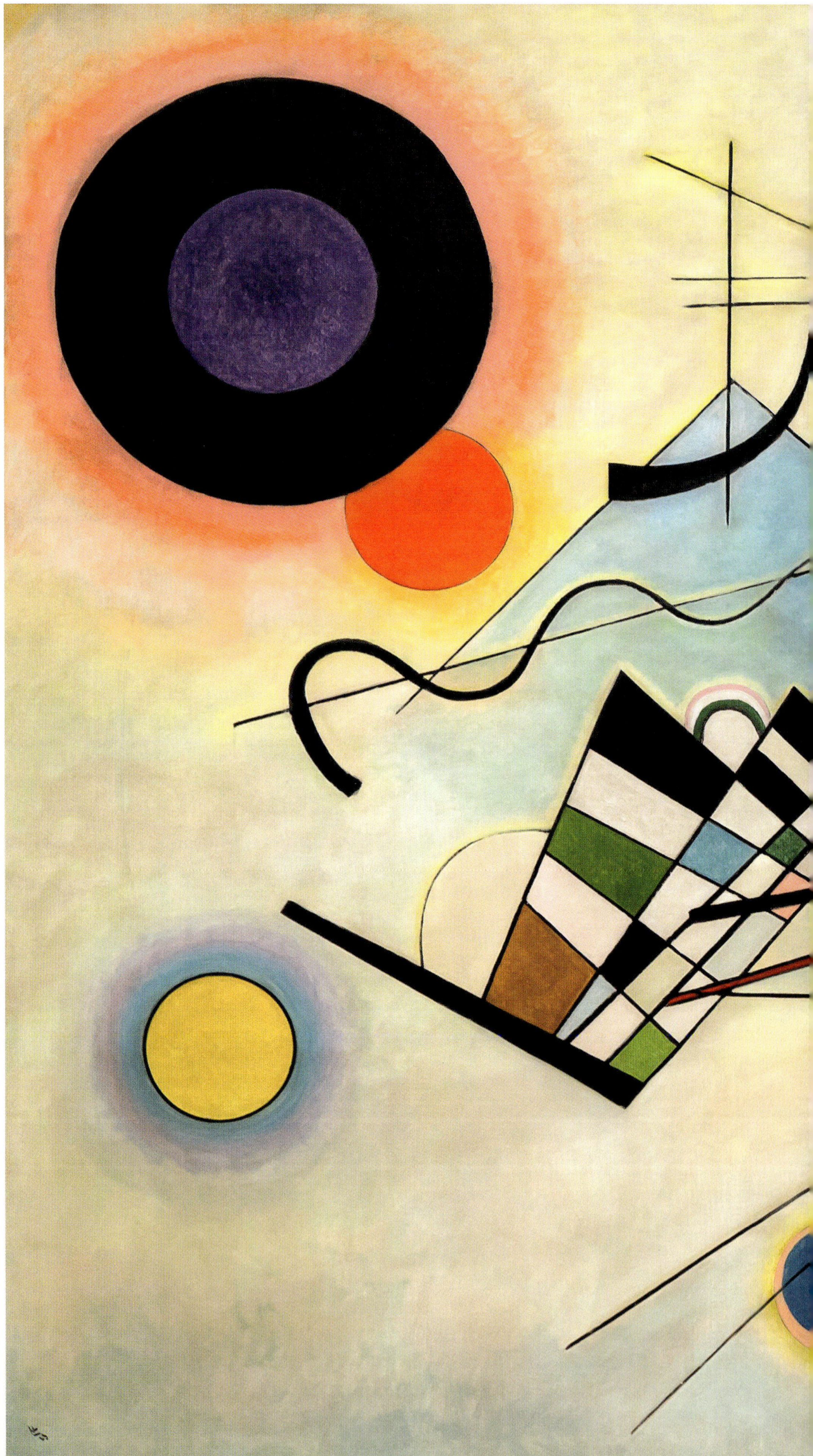

**Komposition VIII, 1923.**
**Solomon Guggenheim Museum, New York.**

Mit der Zeit verschwanden die Gegenstände ganz aus Kandinskys Gemälden, sie wurden immer mehr durch Farben und Formen ersetzt. Dieses Bild entstand, als Kandinsky am Bauhaus, der bekannten Weimarer Kunstschule, Lehrer war. Die geometrischen Formen sind mit Lineal und Zirkel gemalt, das Bild ist ganz abstrakt, d.h. gegenstandslos.

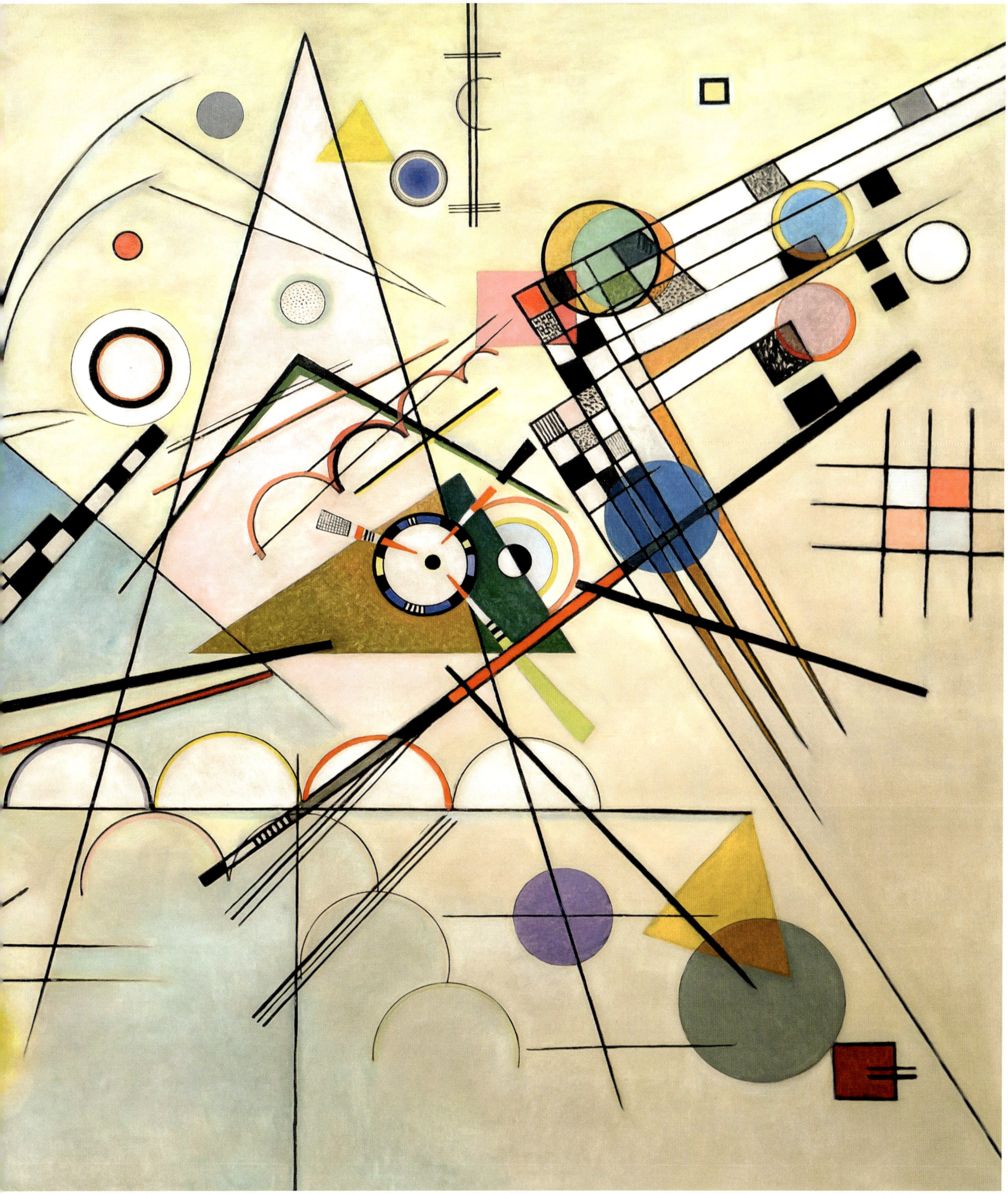

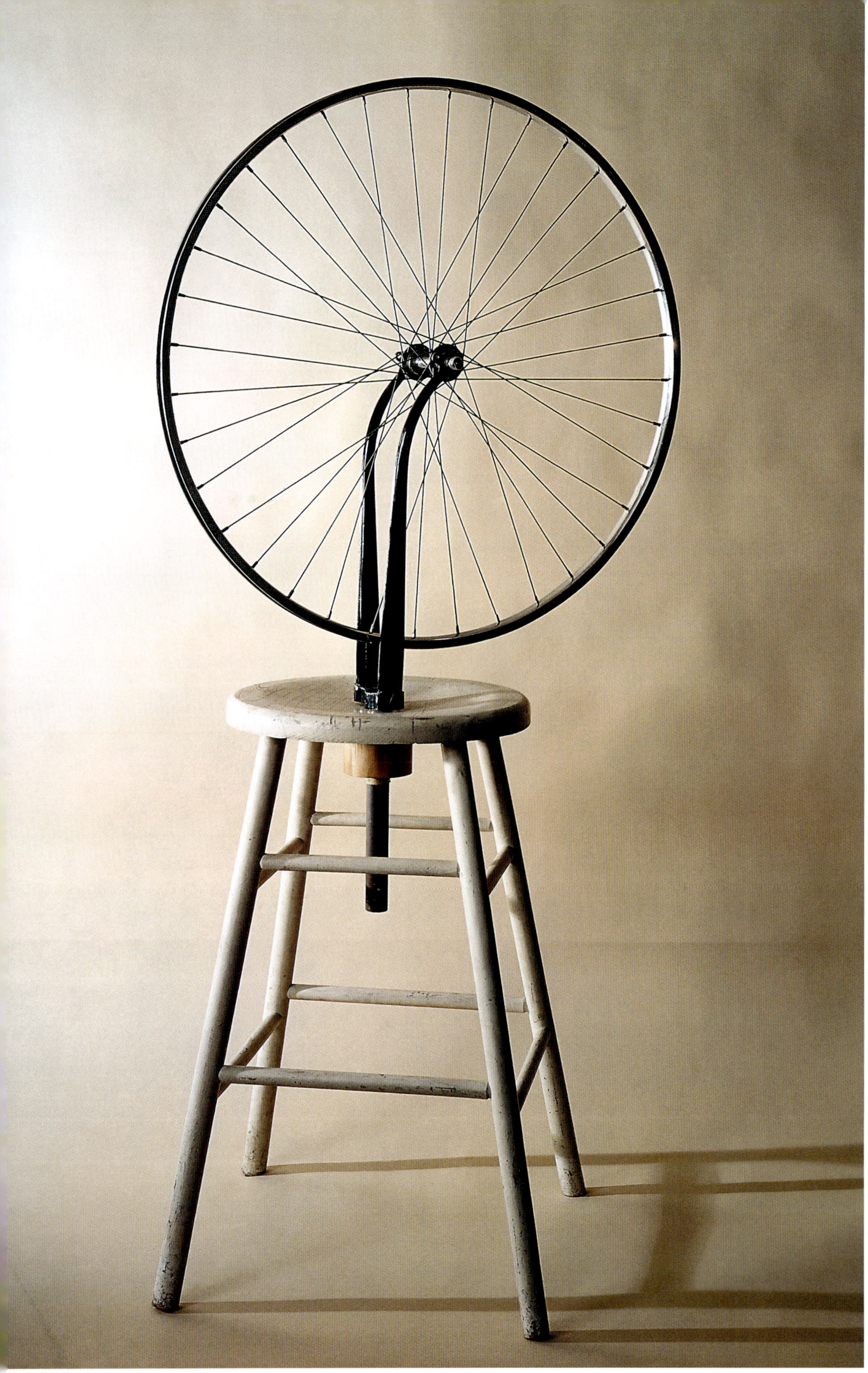

**Fahrrad-Rad, 1951 (dritte Replik nach dem 1913 verloren gegangenen Original). Museum of Modern Art, New York.**

Eines von Duchamps bekanntesten Frühwerken ist *Fahrrad-Rad* von 1913. Duchamp schuf die Skulptur, indem er das Rad eines Fahrrads auf einen Hocker montierte. Sie sieht fast so aus wie ein kleiner Mann, der auf dünnen Beinen steht! Später hat man diese Art von Kunstwerk »Ready-made« genannt. Ready-mades bestehen aus Dingen, die nicht vom Künstler oder der Künstlerin selbst hergestellt werden.

## Wissenswertes

**Marcel Duchamp liebte Spiele und war ein hervorragender Schachspieler. Ihm wurde der Titel »Schachmeister« verliehen, was bedeutet, dass er einige der besten Schachspieler*innen der Welt schlagen konnte.**

1880 • 1885 • 1890 • 1895 • 1900 • 1905 • 1910 • 1915 • 1920 • 1925

1887 Marcel Duchamp

**1889** Fertigstellung des Eiffelturms zur Weltausstellung in Paris

**1914 - 1918** Erster Weltkrieg

**1913** Armory Show, Internationale Ausstellung Moderner Kunst in New York

# Marcel Duchamp

## Er konnte aus ganz gewöhnlichen Gegenständen erstaunliche und häufig auch witzige Kunstwerke machen.

Marcel Duchamp wuchs in einer Familie auf, die Kunst und Spiele liebte. Seine Schwester Suzanne wurde eine berühmte Malerin, und als Kind spielte Duchamp immer gern mit Suzanne.

Als Erwachsener schuf Duchamp Kunstwerke, indem er mit Alltagsgegenständen spielte. Einmal setzte er ein ganz gewöhnliches Fahrrad-Rad auf einen ganz gewöhnlichen Hocker. Durch die Kombination der beiden Gegenstände entstand ein außergewöhnliches Kunstwerk. Ein anderes Mal drehte Duchamp eine Toilettenschüssel aus Porzellan um, sodass sie mit der Rückseite auf dem Boden stand und der vordere Teil in die Luft ragte. Die Toilettenschüssel sah jetzt ein bisschen so aus wie ein Trinkbrunnen, und Duchamp nannte sein Werk *Fontäne*.

Viele, die Duchamps Arbeiten zum ersten Mal sahen, hassten sie. »Wie kann jemand eine Toilettenschüssel in eine Kunstgalerie stellen und behaupten, das sei Kunst?«, fragten sie wütend. Andere dagegen fanden seine Werke witzig und waren wie er der Meinung, dass Kunst mehr sein kann als nur Gemälde und Skulpturen. Bald schon schufen Künstler*innen, die Surrealist*innen und Dadaist*innen genannt wurden, andere Kunstwerke, indem sie Alltagsgegenstände auf eine völlig neue, kreative Art zeigten.

Als er älter wurde, machte Duchamp keine Kunst mehr und fing stattdessen an, über Kunst zu schreiben. Außerdem förderte er die Arbeiten anderer wichtiger Künstler, wie zum Beispiel Alexander Calder.

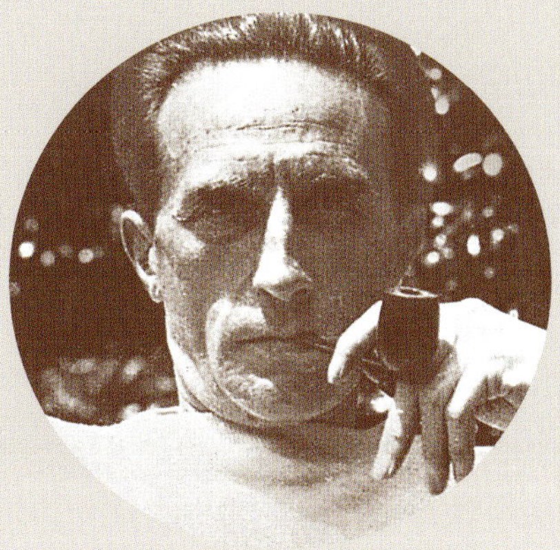

**Marcel Duchamp**

**Geboren:** 28. Juli 1887 in Blainville-Crevon, Frankreich

**Gestorben:** 2. Oktober 1968 in Paris, Frankreich

**Lebte in:** Blainville-Crevon, Paris, New York

**Kunststile:** Dadaismus, Surrealismus

1930 • 1935 • 1940 • 1945 • 1950 • 1955 • 1960 • 1965 • 1970 • 1975

**1968**

**1939–1945** Zweiter Weltkrieg

**1940–1944** deutsche Truppen besetzen Paris

**1959** das Guggenheim Museum in New York wird fertiggestellt

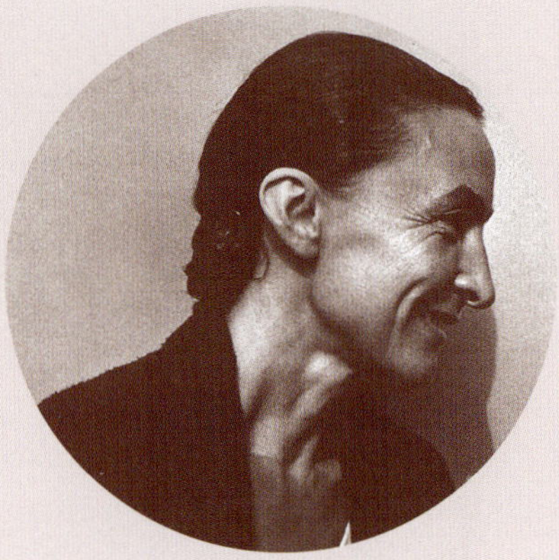

**Georgia O'Keeffe**

**Geboren:** 15. November 1887 auf der Farm ihrer Eltern nahe der Kleinstadt Sun Prairie in Wisconsin, USA
**Gestorben:** 6. März 1986 in Santa Fe, New Mexico, USA.
**Lebte in:** Sun Prairie, Williamsburg (Virginia), Chicago, New York City, Texas, South Carolina, New York State, New Mexico
**Kunststil:** Amerikanische Moderne

# Georgia O'Keeffe

## Mit ihren geheimnisvollen Bildern wollte Georgia O'Keeffe die Menschen auf die »Wunder unserer Welt« aufmerksam machen.

Wann immer es möglich war, verließ Georgia das Haus und streifte durch die Landschaft. Sie brauchte nur die Tür zu öffnen, und schon war sie von der Natur umgeben - den Wäldern, den Wiesen und Feldern oder den Ufern eines der zahlreichen Seen. Überall fand sie unglaubliche Schätze: Steine, Gräser, Blüten, Muscheln, Holzstücke .... Im Alter von zwölf Jahren wurde ihr klar, dass sie Künstlerin werden wollte. Sie studierte an den besten Kunstschulen in Chicago und New York. Aber gleichzeitig verspürte sie eine Art innerer Leere.

Technisch war ihre Arbeit perfekt. Aber wer konnte ihr eine Antwort auf die Frage geben, wie sie malen konnte, was sie tatsächlich fühlte? Sie fand die Antwort, als sie den Künstler Arthur Wesley Dow kennenlernte. Für ihn war klar: Bilder sollten wie ein Musikstück »komponiert« werden - aber mit Farben und Linien statt mit Tönen und Melodien. Ein Bild enthält Rhythmen wie die Musik. Und die Formen sollten klar und einfach sein, damit das »Wesen« eines Gegenstandes deutlich zu erkennen ist.

**› Sommertage, 1936. Whitney Museum of American Art, Geschenk von Calvin Klein, New York.**

Wie passen die Dinge auf diesem Bild zusammen? Ein Hirschschädel schwebt am Himmel und leuchtende Blumen wachsen in einer roten Wüste. Wie seltsam! Georgia fand oft solche Schädel in der Wüste. Obwohl sie daran erinnern, dass der Tod in dieser unbarmherzigen Landschaft allgegenwärtig ist, standen die Knochen für Georgia für die Lebenskraft. Und dazu malte sie diese leuchtend bunten Blumen - sind sie vielleicht aus Stoff gemacht? Die spanischen Einwohner von New Mexico verwenden solche Stoffblumen zur Dekoration von Gräbern. Die Regeln von »oben, unten, nah und fern« scheinen außer Kraft gesetzt zu sein im schimmernden Wüstenlicht.

1890 • 1895 • 1900 • 1905 • 1910 • 1915 • 1920 • 1925 • 1930 • 193

1887 Georgia O'Keeffe

**1864 - 1946** Alfred Stieglitz, Fotograf und Georgias Ehemann

**1914 - 1918** Erster Weltkrieg

**1913** Armory Show, Internationale Ausstellung Moderner Kunst in New York

**1929 - 1941** Wirtschaftskrise in den USA

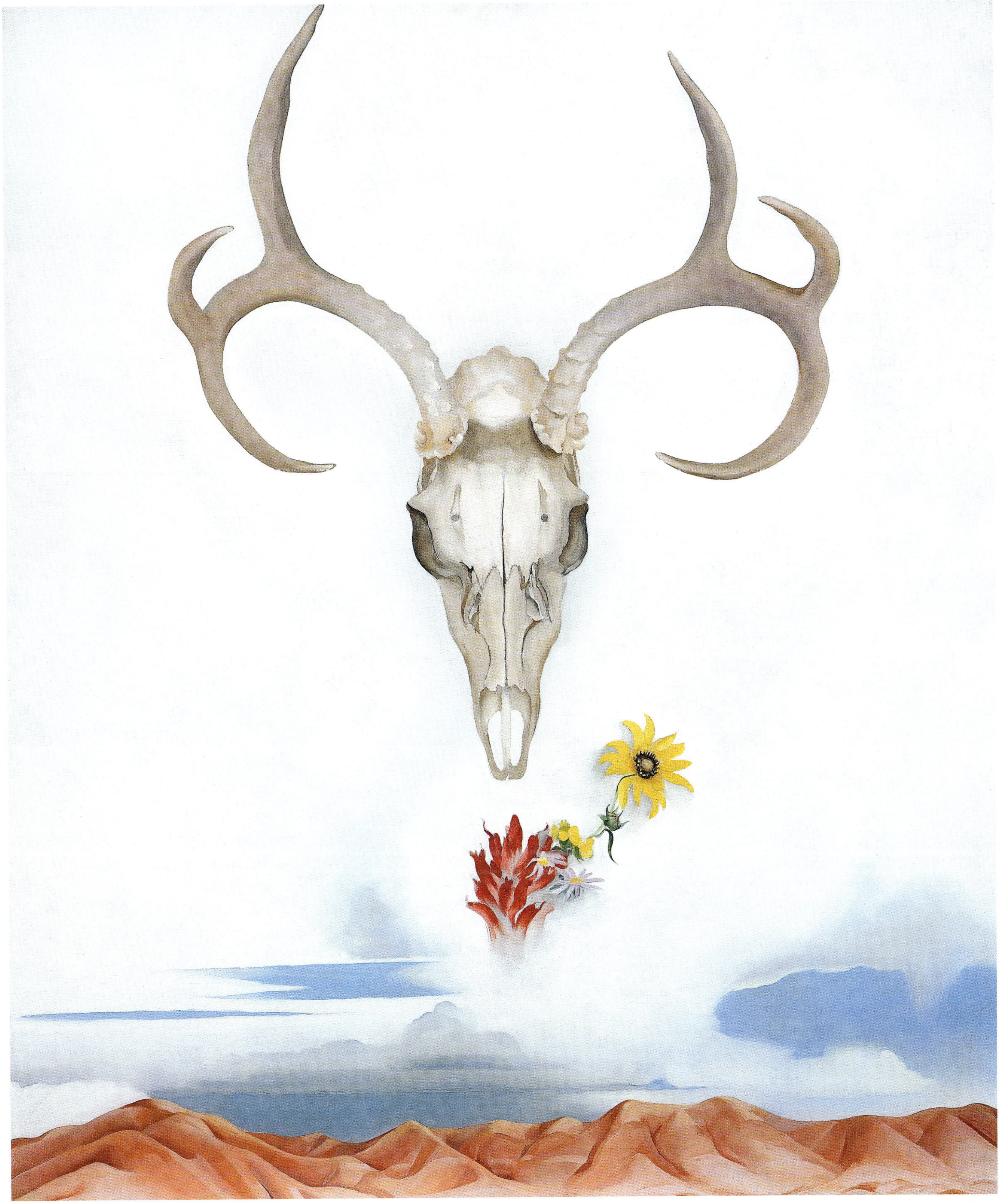

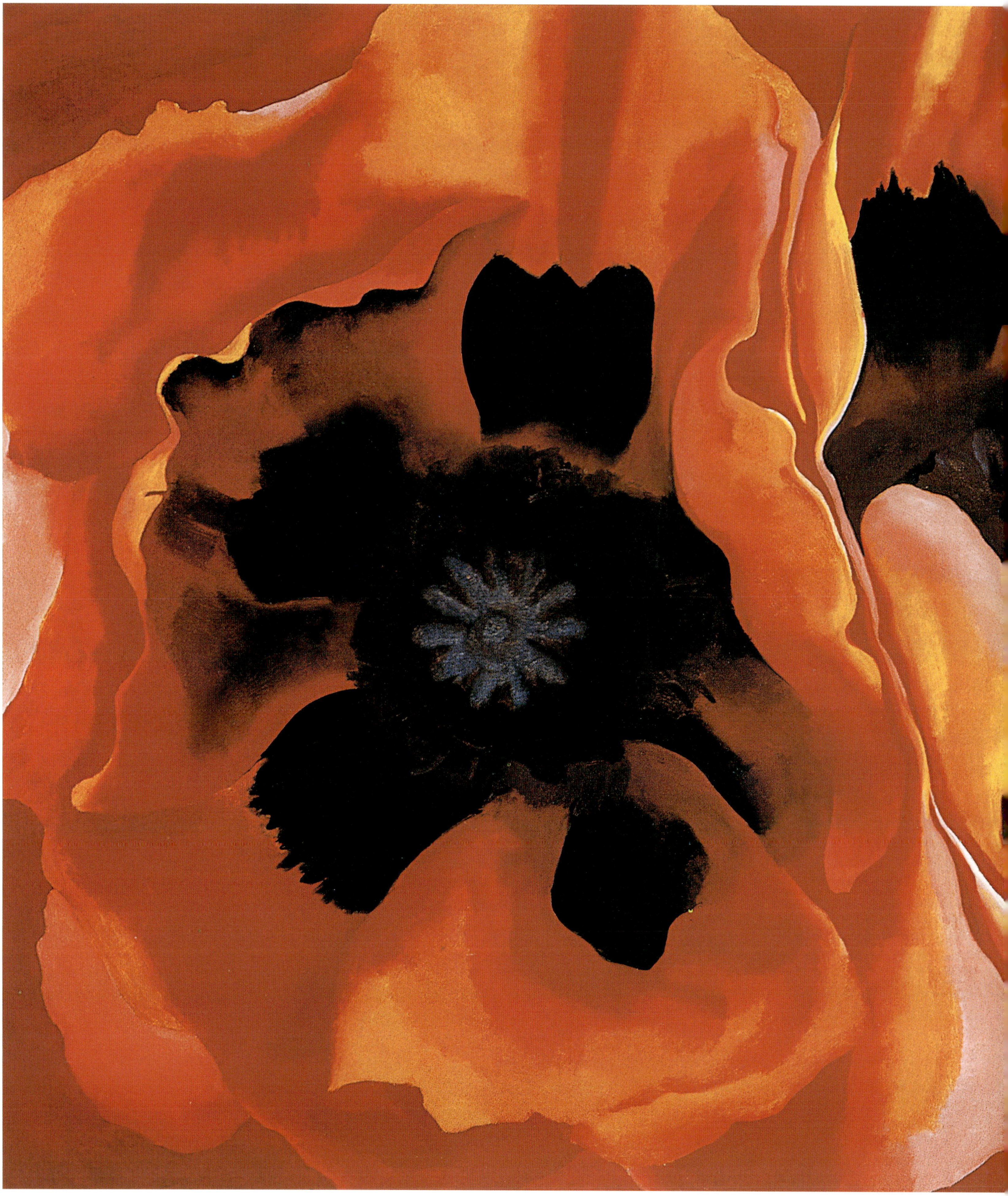

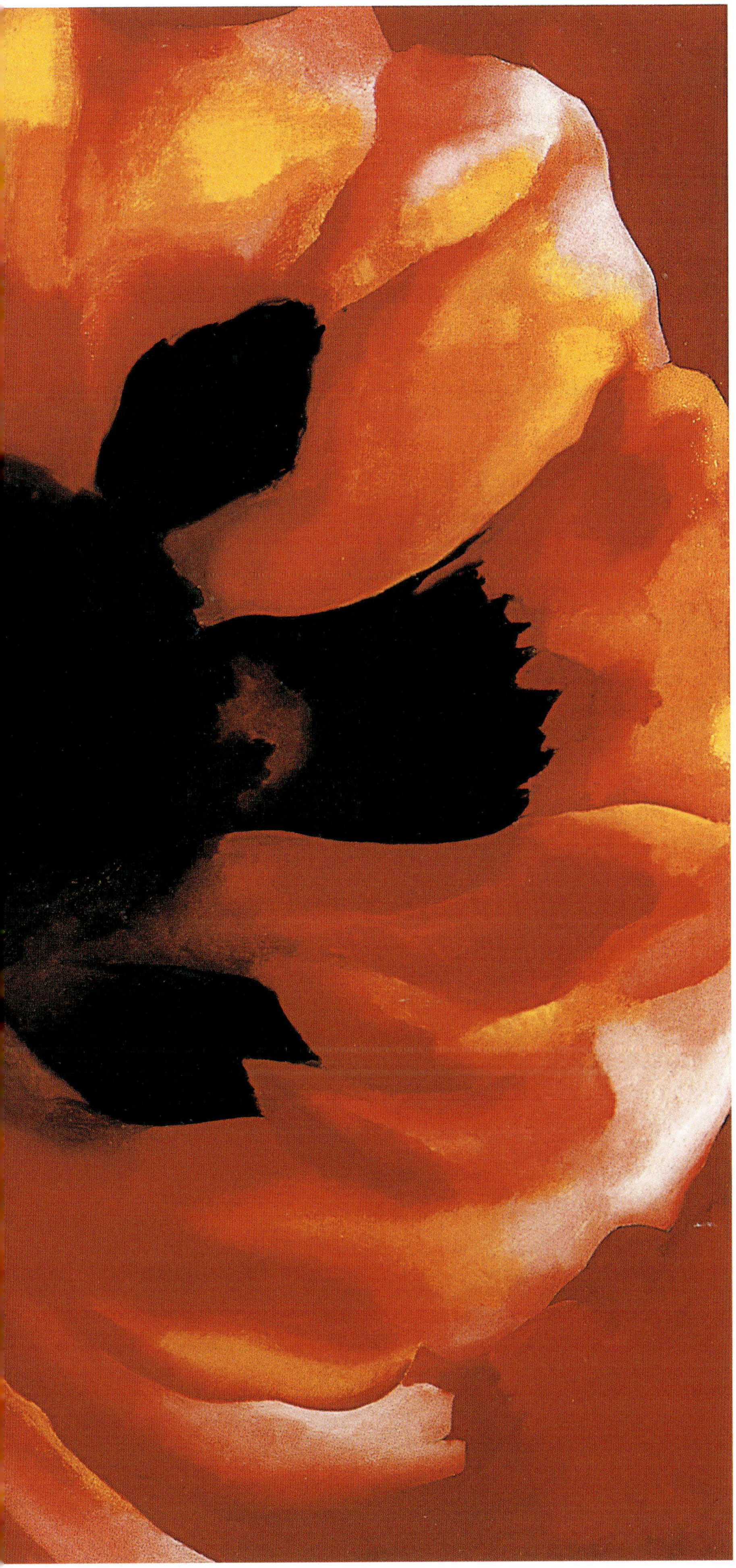

Und so fand Georgia ihre eigene, einzigartige Ausdrucksform: Sie »malte Musik« in Farben und Formen. Und sie malte auch leuchtende Landschaften und reife Früchte. Manchmal malte sie kleine Dinge ganz groß - so groß, dass sie kaum zu erkennen waren. Sie wollte die Menschen dazu bringen, genauer hinzusehen. Vor allem ihre großen Blumenbilder wurden berühmt: Wir blicken wie durch ein Zoom in das Innere riesiger offener Blüten.

Auf einer Reise entdeckte sie die herrliche Landschaft von New Mexico und stellte fest, dass sie inmitten dieser endlosen Weite am glücklichsten war. Auch als sie noch mit ihrem Mann, dem Fotografen Alfred Stieglitz, in New York lebte, zog es sie immer wieder dorthin zurück. Später erfüllte sie sich ihren Traum vom Leben in der Wüste und renovierte zwei Häuser, um in der fantastischen Landschaft zu leben. Dort malte sie unermüdlich ihre Gefühle im Angesicht dieser einzigartigen natürlichen Umgebung.

**Orientalische Mohnblumen, 1927. The Frederick R. Weisman Art Museum, University of Minnesota, Minnesota.**

Was für ein brillantes, leuchtendes Rot! Für Georgia gehörten Farben zu den Dingen, die das Leben lebenswert machten. Wollte sie dieses Gefühl auch an uns weitergeben?

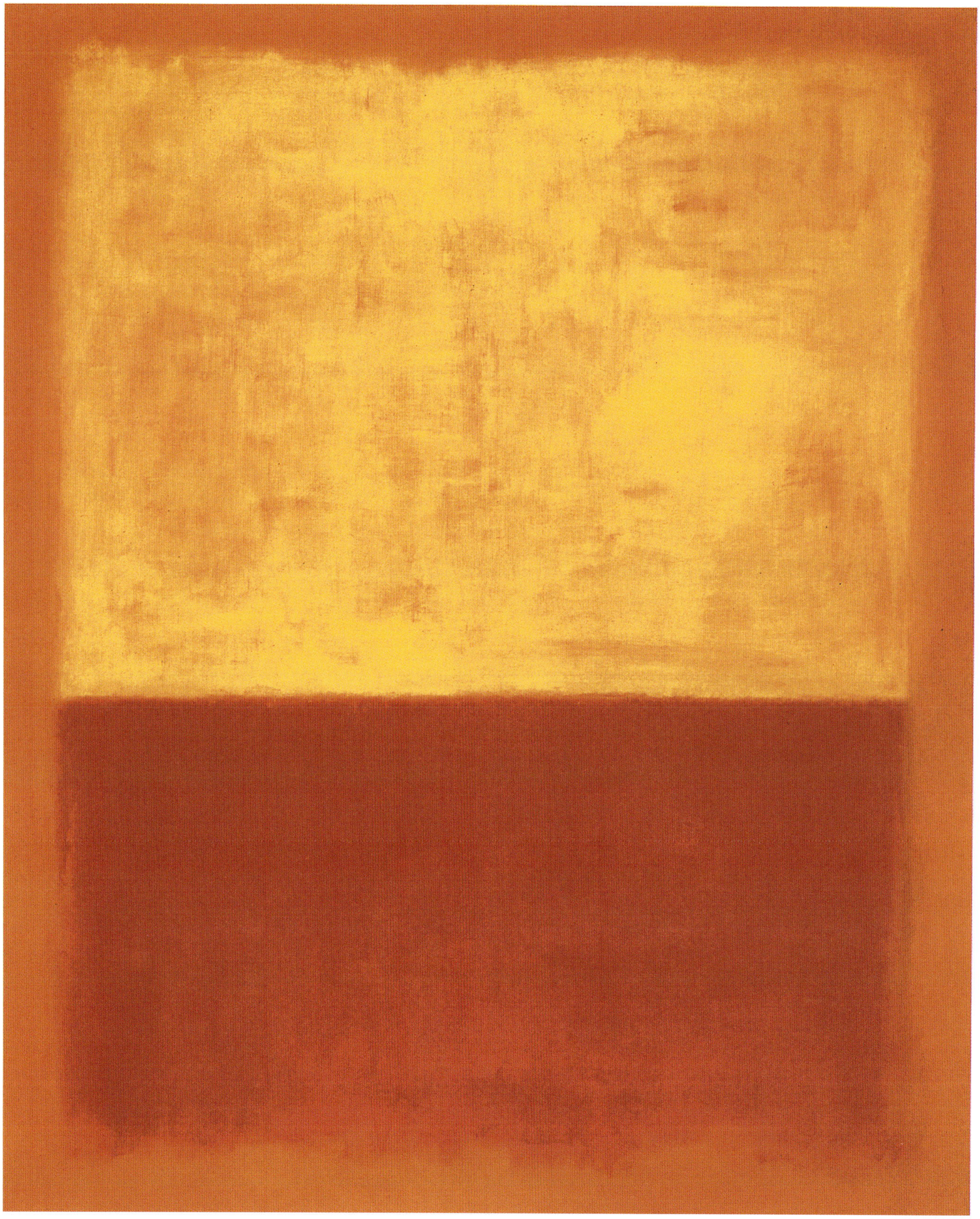

**Nr. 12 (Gelb, Orange, Rot auf Orange), 1954. Sammlung Kate Rothko Prizel.**

Rothkos Rechtecke verlaufen an den Rändern und scheinen auf der Leinwand zu schweben. Ihre Bedeutung bleibt jedoch oft ein Rätsel. Was siehst du in diesem Bild?

1895 • 1900 • 1905 • 1910 • 1915 • 1920 • 1925 • 1930 • 1935 • 1940

1903 Mark Rothko

**1914 - 1918** Erster Weltkrieg

**1918 - 1940** Lettland ist für kurze Zeit unabhängig

**1929 - 1941** Wirtschaftskrise in den USA

# Mark Rothko

## Er malte geheimnisvolle Formen und Farben, und seine Bilder können für jede und jeden etwas anderes bedeuten.

Mark Rothko war nie mit sich zufrieden. Egal, wie hart er auch arbeitete, für ihn war nichts gut genug. Rothko wurde in Lettland geboren und hieß ursprünglich Marcus Rothkowitz. Als Zehnjähriger wanderte er in die Vereinigten Staaten aus. Doch er hatte Schwierigkeiten, in seiner neuen Heimat Freund*innen zu finden. Er fühlte sich wie ein Fremder.

Rothkowitz war auf der Suche nach dem Glück und änderte ständig etwas an seinem Leben. Eine Weile arbeitete er in einer Kleiderfabrik. Er versuchte sogar, Schauspieler zu werden! Als das alles nicht funktionierte, begann er zu malen. Doch es gelang ihm nicht, einen eigenen Stil zu finden. Schließlich änderte er sogar seinen Namen zu Mark Rothko.

1939 begann der Zweite Weltkrieg, den die Vereinigten Staaten und ihre Verbündeten gewannen. Doch es geschah Schreckliches dabei. Viele Städte wurden bombardiert und zerstört, und Millionen unschuldige Menschen wurden getötet. Als der Krieg 1945 zu Ende war, fingen Rothko und andere Künstler*innen an, neue Malstile für eine veränderte Welt zu entwickeln.

Rothkos Bilder zeigten jetzt Rechtecke in sorgsam ausgewählten Farben, die an den Rändern verschwammen. Seine Werke waren sehr beliebt. Einige Menschen fanden die Rechtecke ruhig und entspannend, wie schwebende Wolken.

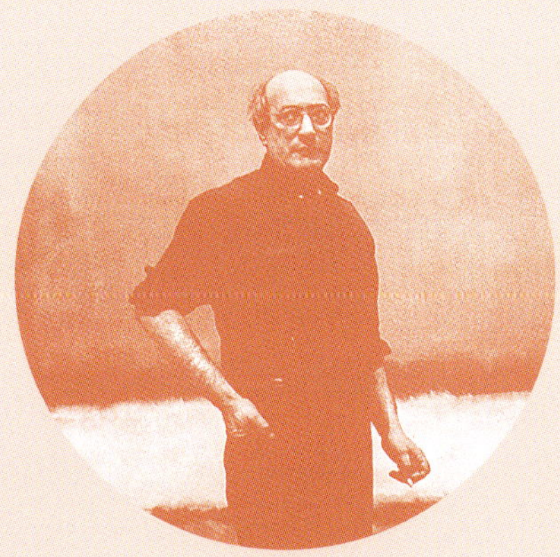

### Mark Rothko

**Geboren:** 25. September 1903 in Daugavpils, Lettland
**Gestorben:** 25. Februar 1970 in New York, USA
**Lebte in:** Daugavpils, Portland (Oregon), New York
**Kunststil:** Abstrakter Expressionismus

Auf andere wirkten seine Farbfelder wie zerstörerische Naturgewalten, wie ein Erdbeben.

Mark Rothko war endlich ein berühmter Maler, doch er war immer noch nicht mit sich zufrieden. 1970 nahm er sich das Leben.

### Wissenswertes

**Rothko kam als Kind auf einem Schiff nach Amerika. Er und die anderen Immigrant*innen mussten zuerst auf eine Insel namens Ellis Island in der Nähe von New York. Dort wurde überprüft, ob die Menschen gesund waren oder etwas dagegen sprach, dass sie in die Vereinigten Staaten einreisten.**

945 • • • • 1950 • • • • 1955 • • • • 1960 • • • • 1965 • • • • 1970 • • • • 1975 • • • • 1980 • • • • 1985 • • • • 1990 • • •

**1970**

**-1945** Zweiter Weltkrieg
**945** die USA werfen Atombomben auf die japanischen Städte Hiroshima und Nagasaki

**1991** Lettland wird wieder zu einem unabhängigen Staat

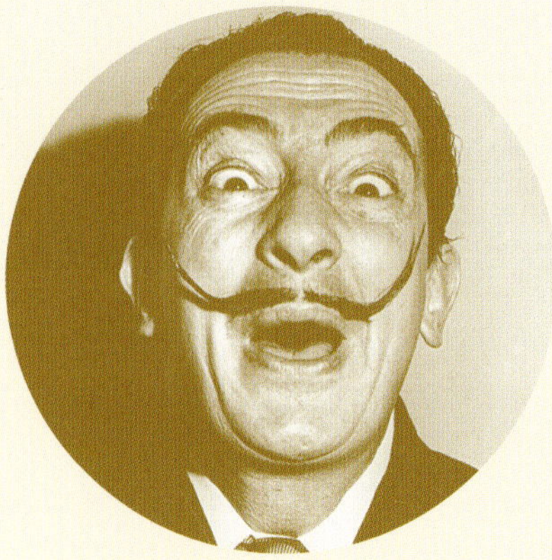

**Salvador Dalí**

**Geboren:** 11. Mai 1904 in Figueres, Spanien
**Gestorben:** 23. Januar 1989 in Figueres
**Lebte in:** Madrid, Paris, Virgina, New York und Kalifornien
**Kunststil:** Surrealismus

# Salvador Dalí

## Dalí ist mit seinen Rätselbildern weltberühmt geworden.

Meistens malen Künstler*innen Landschaften, Gegenstände oder Menschen. Aber da gab es in den 1920er Jahren welche, die etwas ganz anderes malten: ihre Träume. Da können Elefanten ganz lange dünne Beinchen haben oder große Tiger aus einem Fischmaul hüpfen. Oder was man sonst so alles in verrückten Träumen sieht. Sachen, die eigentlich nicht zu erklären sind. Solche Dinge nennt man surreal (also über das Reale, das Wirkliche hinaus) und deswegen nannten diese Maler*innen ihre Kunst Surrealismus.

Ein sehr bekannter Surrealist war der spanische Maler Salvador Dalí. Er hat die verrücktesten Sachen gemalt, wie zum Beispiel die zerfließenden Uhren, die du auf der nächsten Seite sehen kannst. Das Bild ist ganz traditionell gemalt, man kann alles sehr gut erkennen. Aber kann man auch alles verstehen? In diesem Bild ist es vielleicht noch einigermaßen einfach. In einer weiten Landschaft liegen große Uhren, die total verbogen sind, sie scheinen geschmolzen zu sein, so weich, wie sie da hängen. Das kennst du vielleicht auch. Stell dir vor, du sitzt in der Schule, es ist heiß und der Unterricht ist langweilig. In einem solchen Moment scheint die Zeit so langsam zu vergehen, dass du das Gefühl hast, sie fließt so zäh dahin, wie in diesem Bild die Uhren dahinfließen.

Noch verrückter ist das andere Bild mit den zwei seltsamen Frauen, von denen eine Schubladen im Körper hat. Und im Hintergrund steht eine Giraffe, die brennt, was ihr allerdings gar nichts auszumachen scheint. Das ist schon schwieriger. Versuche dir mal selbst zu überlegen, was das bedeuten könnte.

**› Die brennende Giraffe, 1937. Kunstmuseum Basel.**

Dieses Bild hat Dalí aus der Froschperspektive gemalt, sodass die Figuren noch größer wirken.

1895 · 1900 · 1905 · 1910 · 1915 · 1920 · 1925 · 1930 · 1935 · 1940

1904 — Salvador Dalí

**1900** Sigmund Freud veröffentlicht *Die Traumdeutung*

**1914–1918** Erster Weltkrieg

**1936–1939** Spanischer Bürgerkri

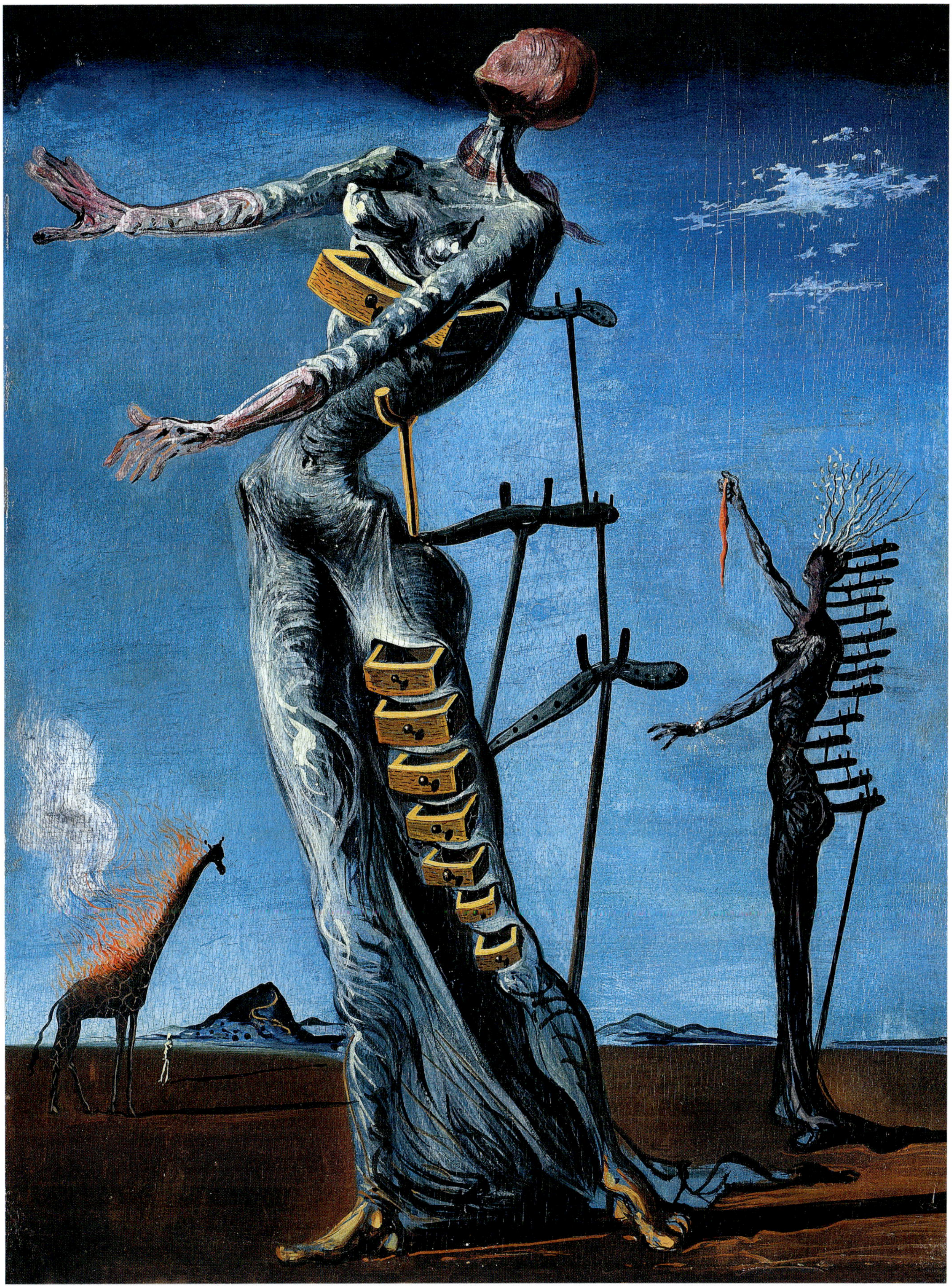

45 • 1950 • 1955 • 1960 • 1965 • 1970 • 1975 • 1980 • 1985 • 1990

1989

-1945 Zweiter Weltkrieg

**1970** Die Beatles trennen sich

**1975** Ende der Franco-Diktatur in Spanien

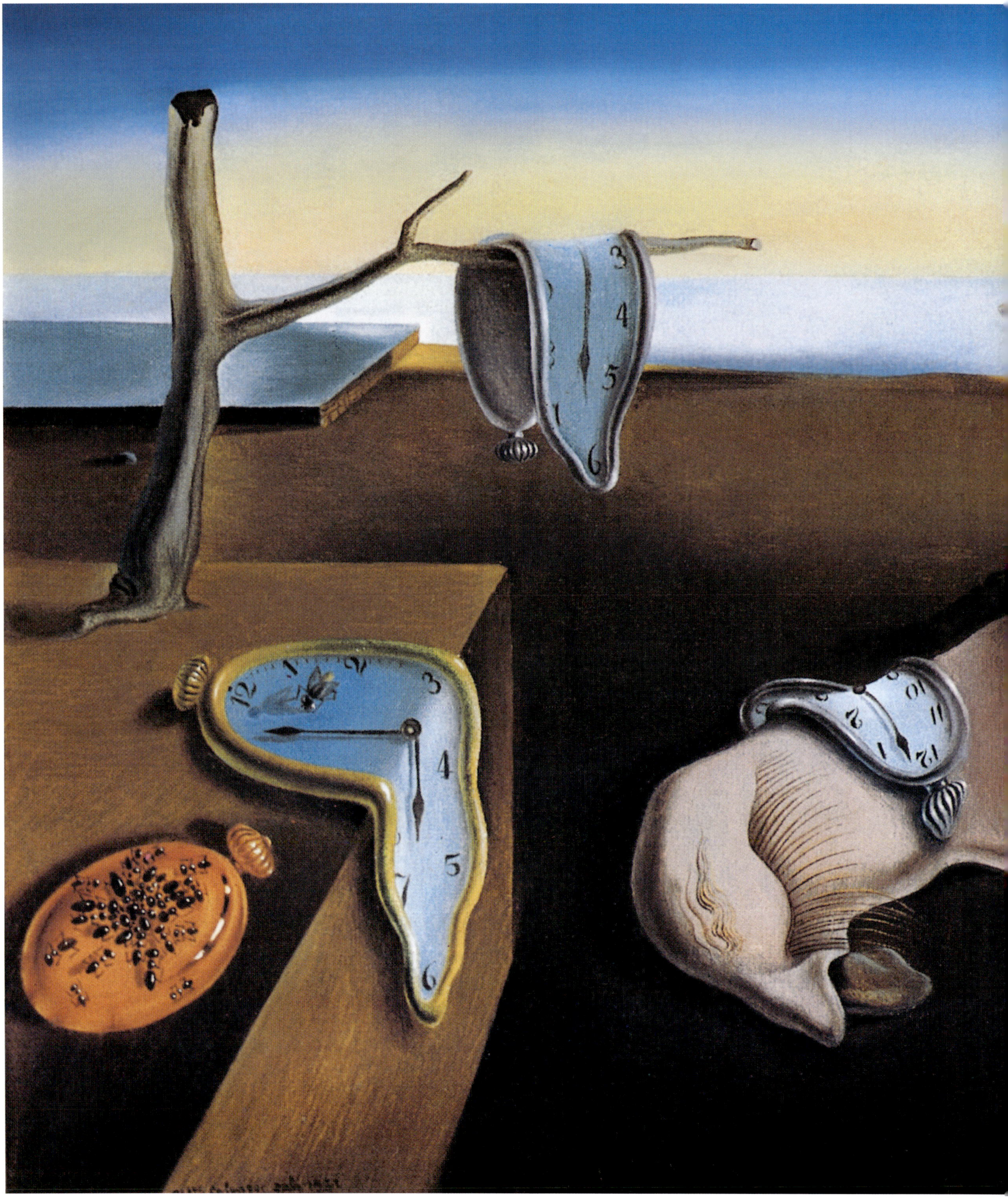

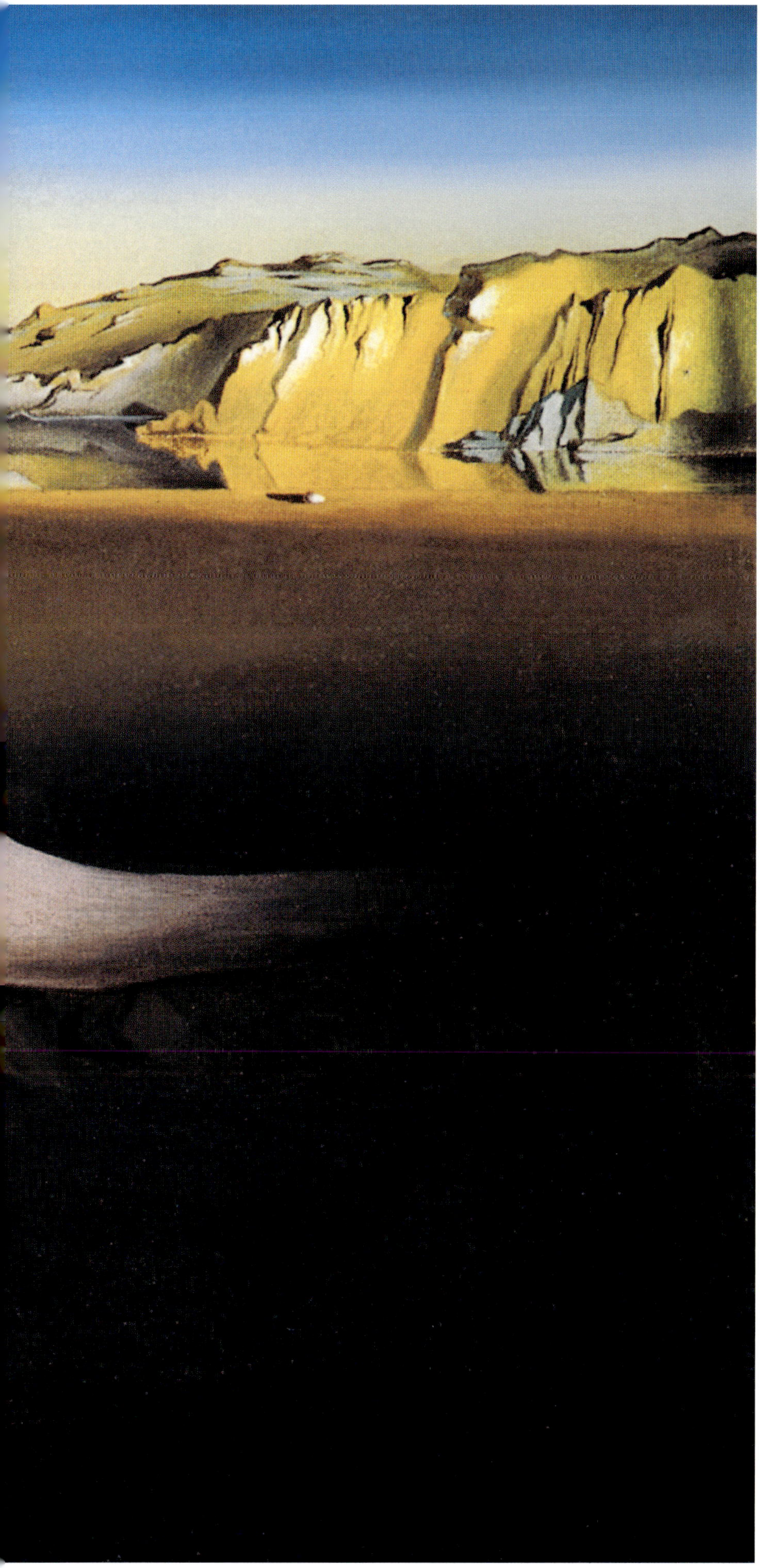

**Die Beständigkeit der Erinnerung, 1931.**
**Museum of Modern Art, New York.**

Dalí hat in diesem Bild nur ganz wenige Farben verwendet – er kommt mit Schwarz, Weiß, Blau und ein paar Ocker- und Brauntönen aus.

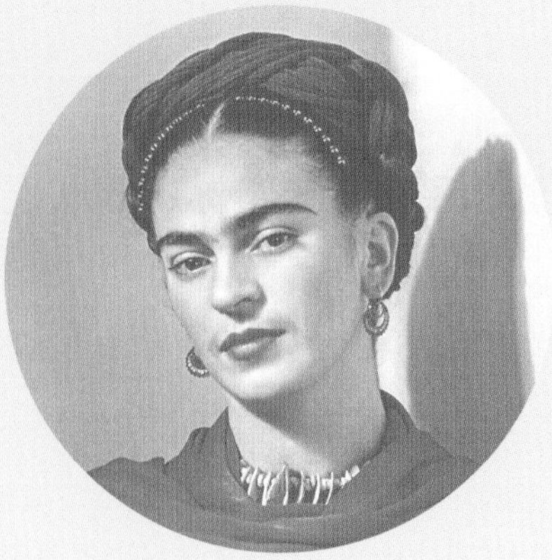

**Frida Kahlo**

**Geboren:** 6. Juli 1907
in Coyoacán, einem Vorort
von Mexiko-Stadt, Mexiko
**Gestorben:** 13. Juli 1954
in Coyoacán, Mexiko
**Lebte in:** Coyoacán und von
1930 bis 1933 in den USA
**Kunststil:** ein eigener, an
die volkstümliche Votivkunst
angelehnt; Surrealismus

# Frida Kahlo

## Sie war oft einsam und hatte ständig Schmerzen. Ihre sie manchmal schier zerreißenden Gefühle goss sie in Bilder.

Es geschah in Mexiko-Stadt: Frida war auf dem Weg von der Schule nach Hause, als ihr Bus mit einer Straßenbahn zusammenstieß. Sie wurde stark verletzt: Neun Monate lang musste sie in einem Gipskorsett liegen.

Damals begann sie zu malen – liegend. Dafür befestigte ihre Mutter eine Staffelei schräg über ihrem Bett. Über sie kam ein großer Spiegel. Dadurch hatte Frida immer ein Modell zum Abmalen. Sie hatte viel Zeit, ihr Gesicht zu studieren. Vielleicht malte sie deshalb auch später meistens sich selbst.

Dann verliebte sie sich in Diego Rivera, der auch Maler war. Er war außerdem Kommunist, was bedeutet, dass er dafür kämpfte, den Besitz unter den Reichen und den Armen neu zu verteilen. Er malte große Wandbilder von der Revolution, die von 1910 bis 1920 in Mexiko stattgefunden hatte. Diego und Frida heirateten.

Auch für Frida war die Revolution sehr wichtig. So wichtig, dass sie erzählte, sie sei 1910 geboren worden, obwohl das gar nicht stimmte. Ist das nicht merkwürdig? Warum tat sie das? Ganz einfach: Es stimmte für sie in einer anderen »Art« von Wahrheit. Durch den Ausbruch der Revolution wurde sie (neu-) geboren, heißt das.

Auch in ihren Bildern malte sie Dinge, die es gar nicht gibt, die aber auf eine andere Art »wahr« sind.

**Tipp**
In Fridas einstigen Wohnhaus und Atelier, dem Blauen Haus in Coyoacán in Mexiko-Stadt, ist heute ein Museum eingerichtet.

**› Ich und meine Papageien, 1941. Sammlung Mr. und Mrs. Harold H. Stream, New Orleans.**

Frida steckte sich ihre langen Haare gern nach traditioneller Manier hoch, wie auf diesem Bild. Denn sie entstammte zu einem Viertel der indigenen Bevölkerung, und war darauf sehr stolz. Papageien hielt sie sich neben vielen anderen Tieren als Haustiere. Im hinduistischen Glauben sind Papageien auch die Tragtiere des Liebesgottes Kama. Frida war gerade frisch verliebt, als sie dieses Bild malte.

1875 · 1880 · 1885 · 1890 · 1895 · 1900 · 1905 · 1910 · 1915 · 1920

1907

Diego Rivera, Fridas Ehemann, **1886–1957**

**1914–1918** Erster Weltkrieg

**1910–1920** Revolution in Mexiko

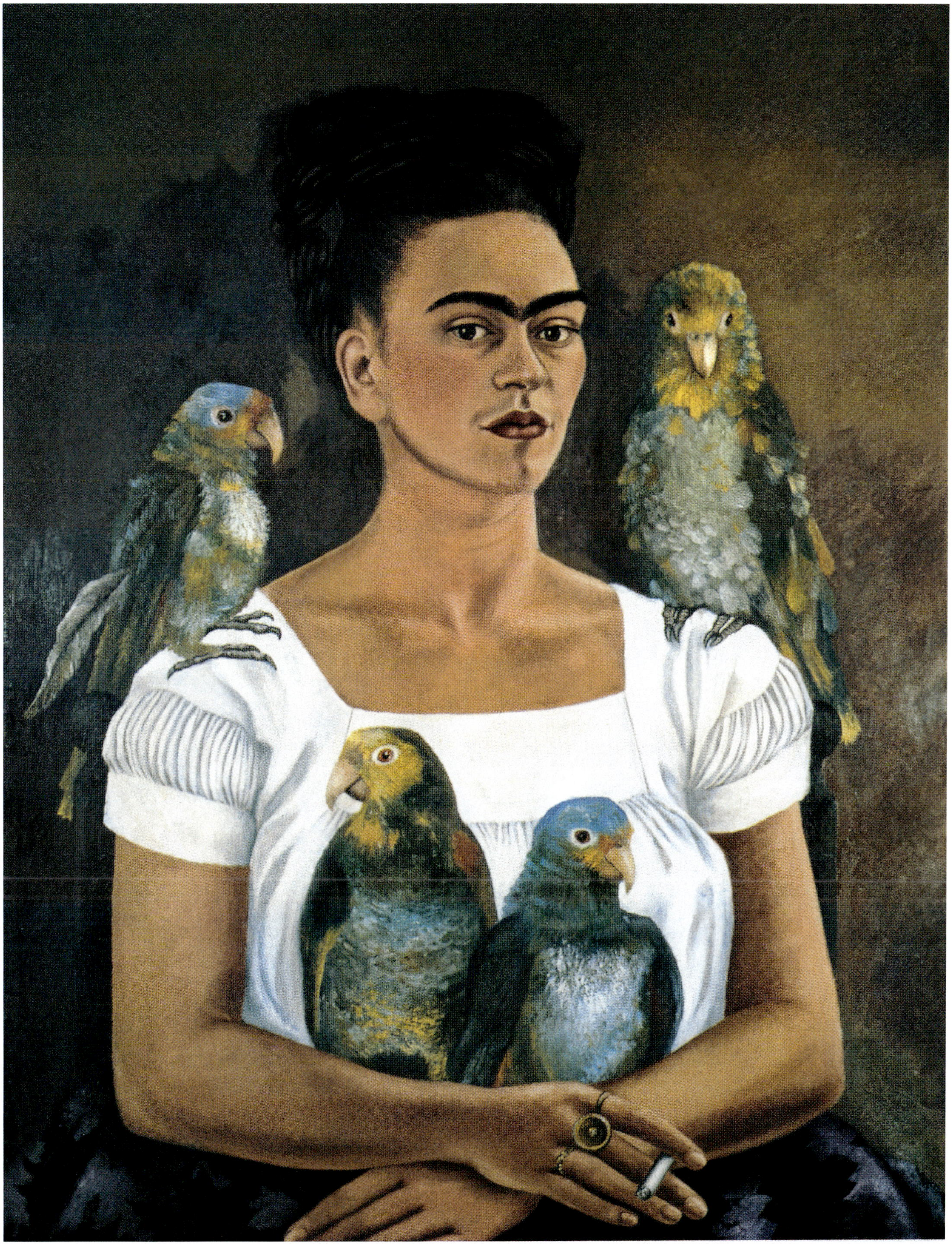

1925 • • • • 1930 • • • • 1935 • • • • 1940 • • • • 1945 • • • • 1950 • • • • 1955 • • • • 1960 • • • • 1965 • • • • 1970 • • •

**Frida Kahlo** **1954**

**.924** André Breton verfasst das »Manifest des Surrealismus«

**1925** Frida wird bei einem Unfall schwer verletzt

**1939–1945** Zweiter Weltkrieg

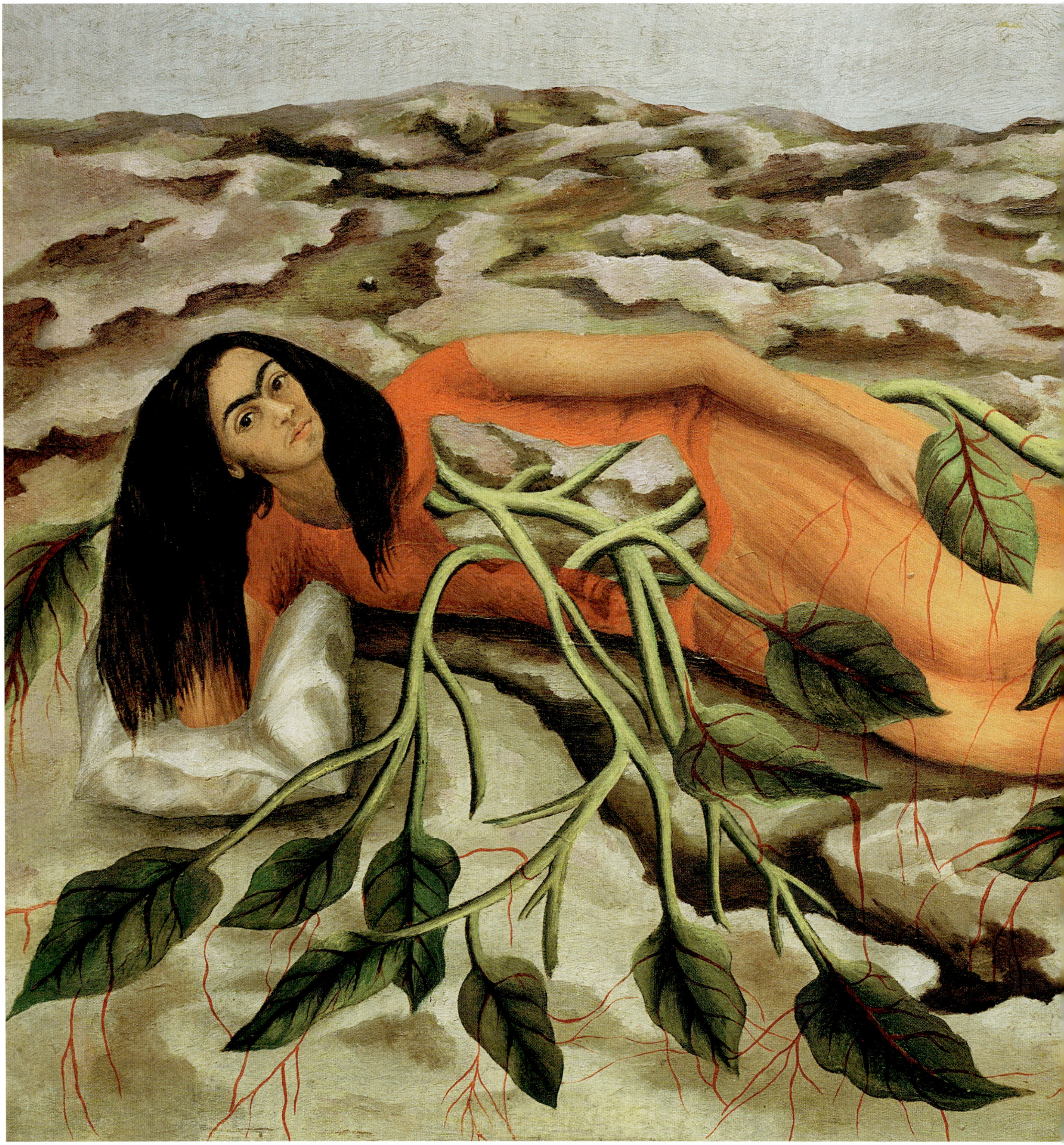

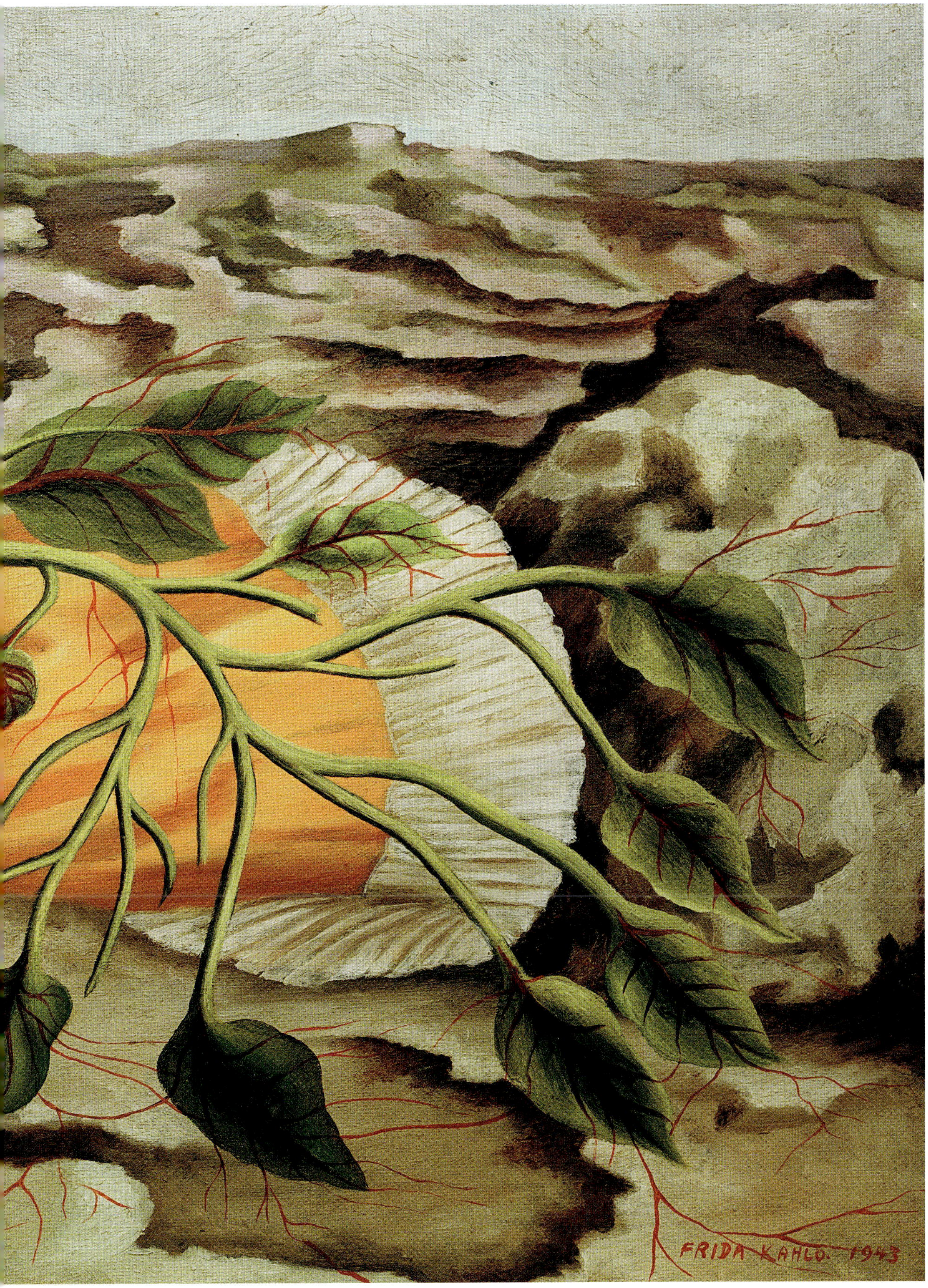


**Wurzeln (Der Pedregal), 1943. Privatsammlung, Houston/Texas.**

Frida trägt ein typisches Kleid der Tehuana, deren Frauen sehr stark waren – so wie Frida auch. Sie liegt auf einem kargen Boden, doch aus ihrem Körper wachsen üppige Pflanzen. Was kann das bedeuten? – Frida fühlte sich ihrem Land, der indigenen Kultur und der Natur eng verbunden.

# Louise Bourgeois

## In ihre Skulpturen flossen oft Menschen und Erinnerungen aus früheren Zeiten ein – und Bourgeois hatte ein langes Leben.

**Louise Bourgeois**

**Geboren:** 25. Dezember 1911 in Paris, Frankreich
**Gestorben:** 31. Mai 2010 in New York City, USA
**Lebte in:** Paris, New York City
**Kunststile:** Surrealismus, Feministische Kunst, Zeitgenössische Kunst

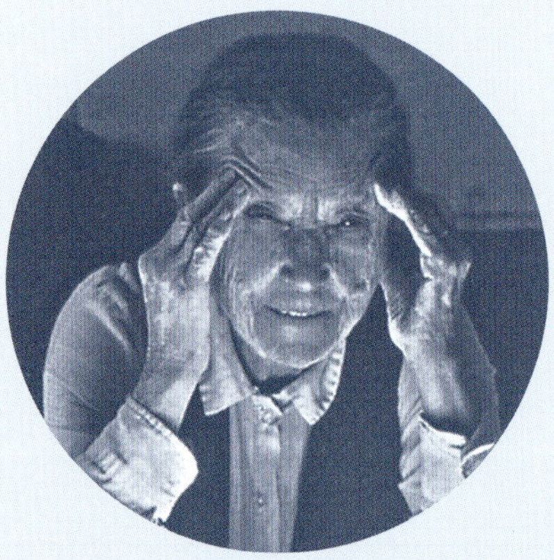

Louise Bourgeois hat ihre Kindheit nie vergessen. Sie wuchs in Frankreich als Tochter von Künstlereltern auf. Sowohl ihre Mutter als auch ihr Vater reparierten alte gewebte Bilder, sogenannte Wandteppiche. Die junge Louise half ihren Eltern bei ihrer Arbeit, aber ihre Kindheit war nicht einfach. Ihr Vater war ihrer Mutter untreu, und es gab immer Spannungen in der Familie.

Louise begann schon in jungen Jahren ihre eigene künstlerische Laufbahn. Sie studierte Zeichnen, Malen und Bildhauerei, aber es sollte noch viele Jahre dauern, bis sie Erfolg hatte. Noch in Paris heiratete sie den Amerikaner Robert Goldwater, einen Lehrer für Kunstgeschichte. Gemeinsam zogen sie nach New York City.

Bourgeois entwickelte allmählich einen ganz eigenen Stil in ihren Skulpturen. Sie verwendete einfache Materialien wie Gummi, Holz, Metall und Stoff, um Bilder mit vielen komplexen Bedeutungen zu schaffen.

Zu ihren berühmtesten Werken gehören riesige spinnenartige Skulpturen namens Maman, von denen viele im Freien stehen. Für Louise repräsentieren sie Eigenschaften, die sie in ihrer Mutter sah. Spinnen weben und flicken Netze, genau wie ihre Mutter Wandteppiche webte und flickte – und versuchte, die Probleme in ihrer Familie zu lösen. Spinnen sind auch zarte Geschöpfe, die zeigen, wie zerbrechlich das Leben sein kann.

Bourgeois lebte ungewöhnlich lange. Sie starb im Alter von 98 Jahren in New York City, ihrer amerikanischen Wahlheimat.

1915 • 1920 • 1925 • 1930 • 1935 • 1940 • 1945 • 1950 • 1955 • 1960

1911 — Louise Bourgeois

**1925** Weltausstellung in Paris
**1939 - 1945** Zweiter Weltkrieg
**1929 - 1941** Wirtschaftskrise in den USA

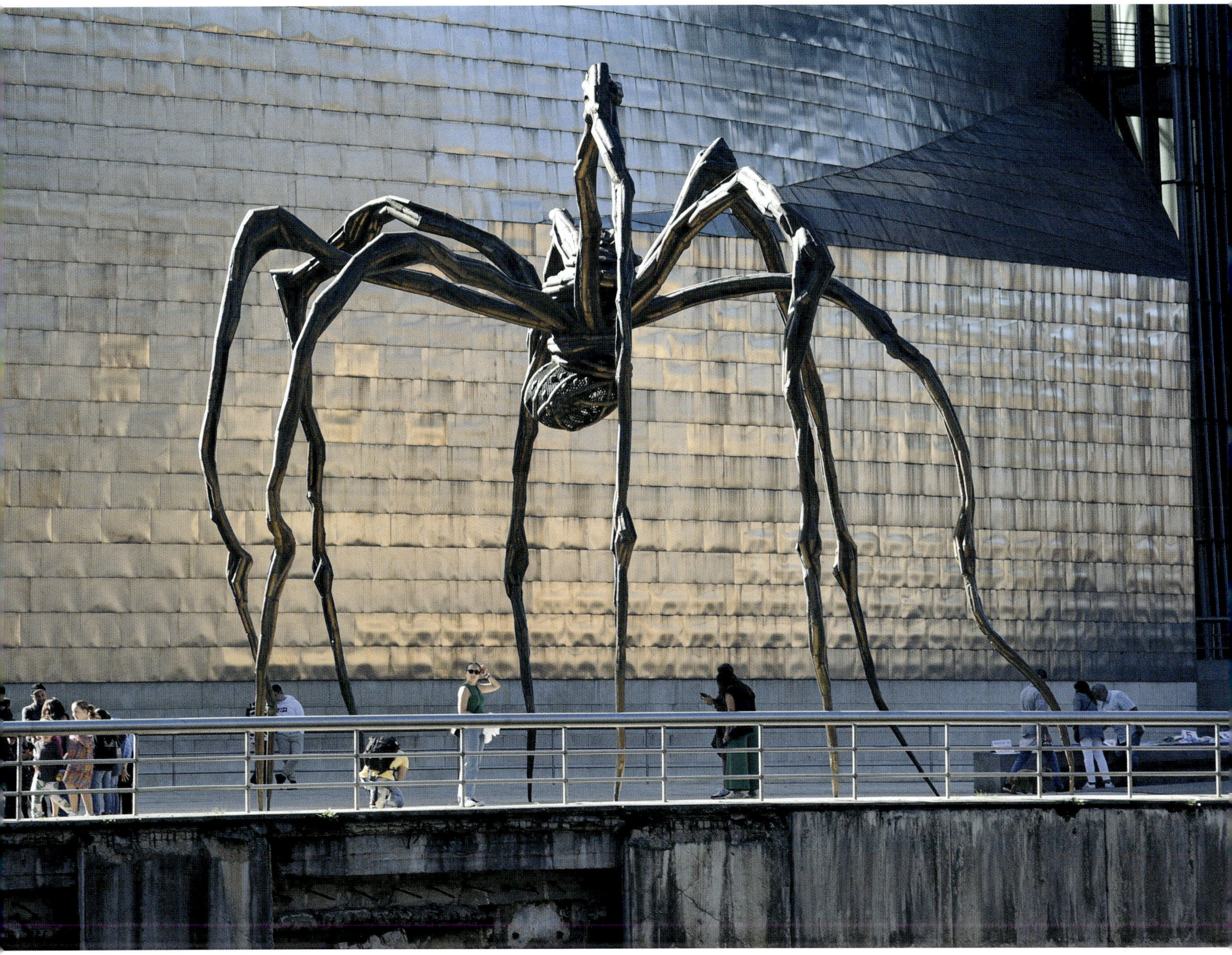

**Maman, 1999. Diese Skulptur steht vor dem Guggenheim-Museum in Bilbao, Spanien.**

Bourgeois' riesige Spinnen-Skulpturen sehen fast wie Dinosaurierskelette aus.
Diese Kreationen aus Stahl und Marmor entstanden, als Louise fast 90 Jahre alt war!

1965 • • • • 1970 • • • • 1975 • • • • 1980 • • • • 1985 • • • • 1990 • • • • 1995 • • • • 2000 • • • • 2005 • • • • 2010 • •

**2010**

**1964–1975** USA im Vietnamkrieg

**1969** Amerikaner landen als erste Menschen auf dem Mond

**2001** Anschlag auf das World Trade Center in New York am 11. September

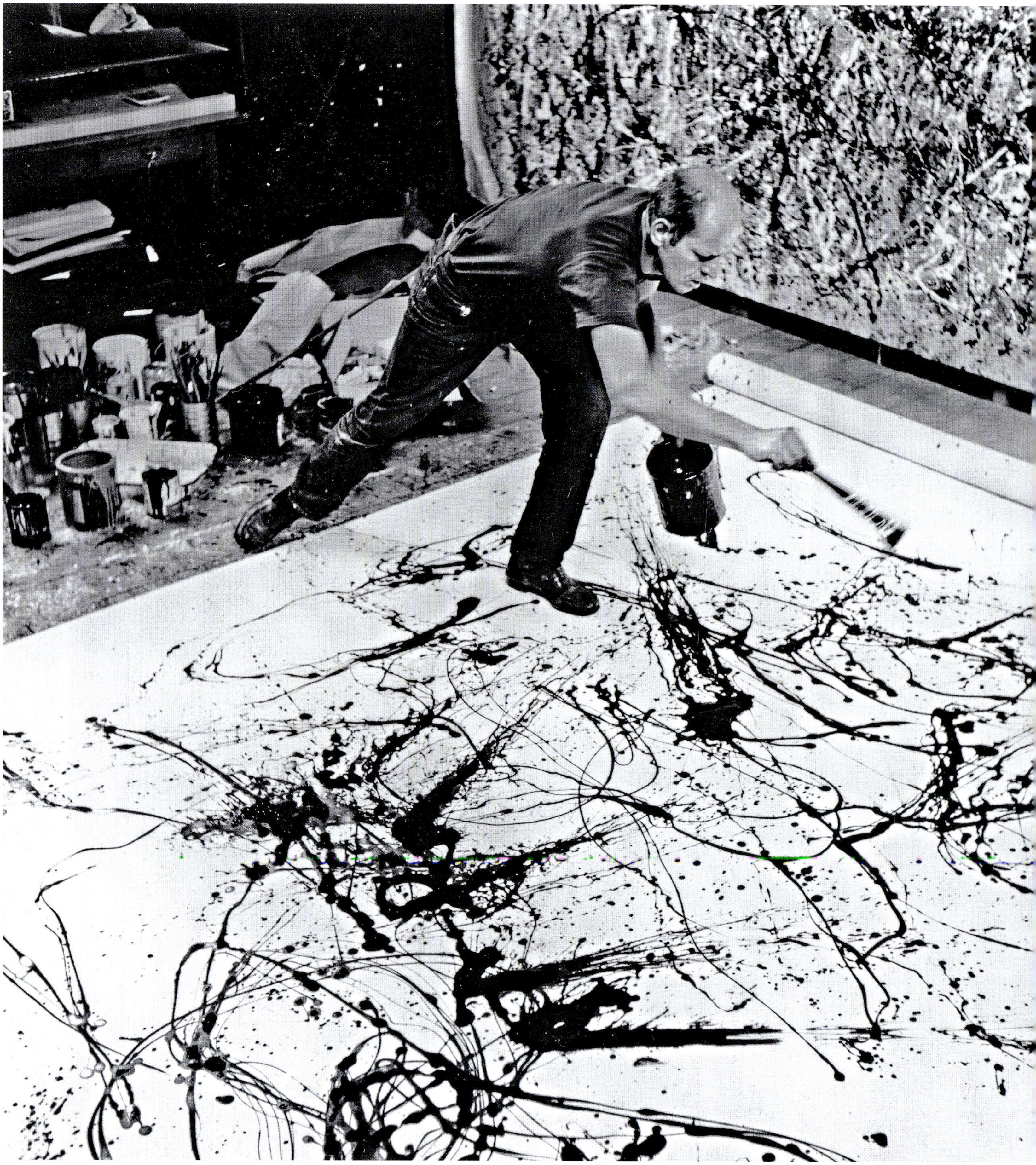

# Jackson Pollock

## Er war der Erfinder des Action Painting und bekam wegen seiner Tropftechnik den Spitznamen »Jack the Dripper«.

Jackson Pollock hielt sich nicht gerne an Regeln. Als Teenager wurde er mehrmals von der Schule geworfen. Als er beschloss, Maler zu werden, versuchte er zunächst, Szenen aus dem amerikanischen Leben zu malen. Aber dieser Stil war nicht das Richtige für ihn. Er mochte auch die Arbeitsweise der meisten Künstler*innen nicht, die in der Regel ruhig vor der Leinwand saßen oder standen. Pollock war ein ruheloser, energiegeladener Mensch, der eine andere Art zu malen finden musste.

In den 1940er Jahren, als Pollock in seinen Dreißigern war, fing er an, auf riesigen Leinwänden zu malen, die flach auf dem Boden lagen. Anstatt gewöhnliche Pinselstriche zu machen, bewegte er sich - fast wie ein Tänzer - über die Leinwand und schwang einen Farbpinsel über der weißen Fläche. Die Farbe tropfte vom Pinsel und fiel in farbigen Linien auf die Leinwand. Die Linien folgten Jacksons eigenen Bewegungen. Oft ließ er die Farbe auch aus einem Loch in einer Farbdose tropfen. Auf diese Weise bedeckte er die Leinwand mit Farbe. Das Ergebnis war eine aufregende Mischung aus Farben und Linien: Bilder, die zeigten, wie viel Energie und Mühe Pollock in seine Arbeit gesteckt hatte.

Pollocks »Drip Paintings« (Tropfbilder) machten ihn bald berühmt. Er wurde Teil einer New Yorker Kunstbewegung, die sich Abstrakter Expressionismus nannte. Die Künstler*innen des Abstrakten Expressionismus verwendeten abstrakte Formen, um ihre Gefühle und Persönlichkeiten auszudrücken. Pollock gewöhnte sich jedoch nie daran, berühmt zu sein. Er starb bei einem Autounfall im jungen Alter von vierundvierzig Jahren.

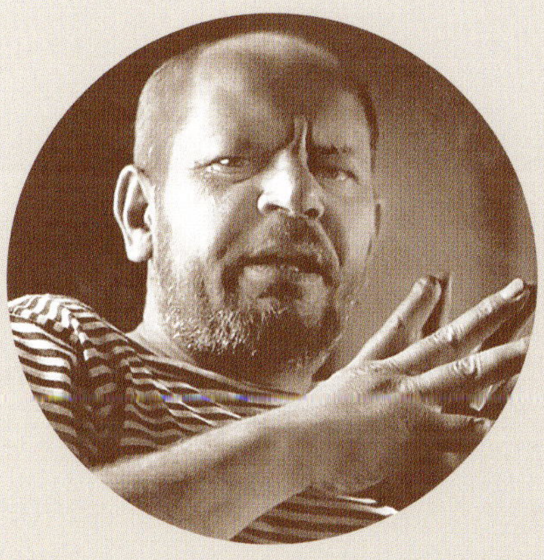

**Jackson Pollock**
**Geboren:** 28. Januar 1912 in Cody, Wyoming, USA
**Gestorben:** 11. August 1956 in East Hampton, New York, USA
**Lebte in:** Chico (CA); New York City; East Hampton
**Kunststil:** Abstrakter Expressionismus

‹ Pollock malte wie ein Sportler! Er tanzte mit seinem Pinsel um die Leinwand und ließ die Farbe auf die Oberfläche tropfen.

1935 • 1940 • 1945 • 1950 • 1955 • 1960 • 1965 • 1970 • 1975 • 1980

1956

**1939–1945** Zweiter Weltkrieg
**1948** Gründung des Staates Israel
**1929–1941** Wirtschaftskrise in den USA
**1950–1953** Die Vereinigten Staaten beteiligen sich am Koreakrieg

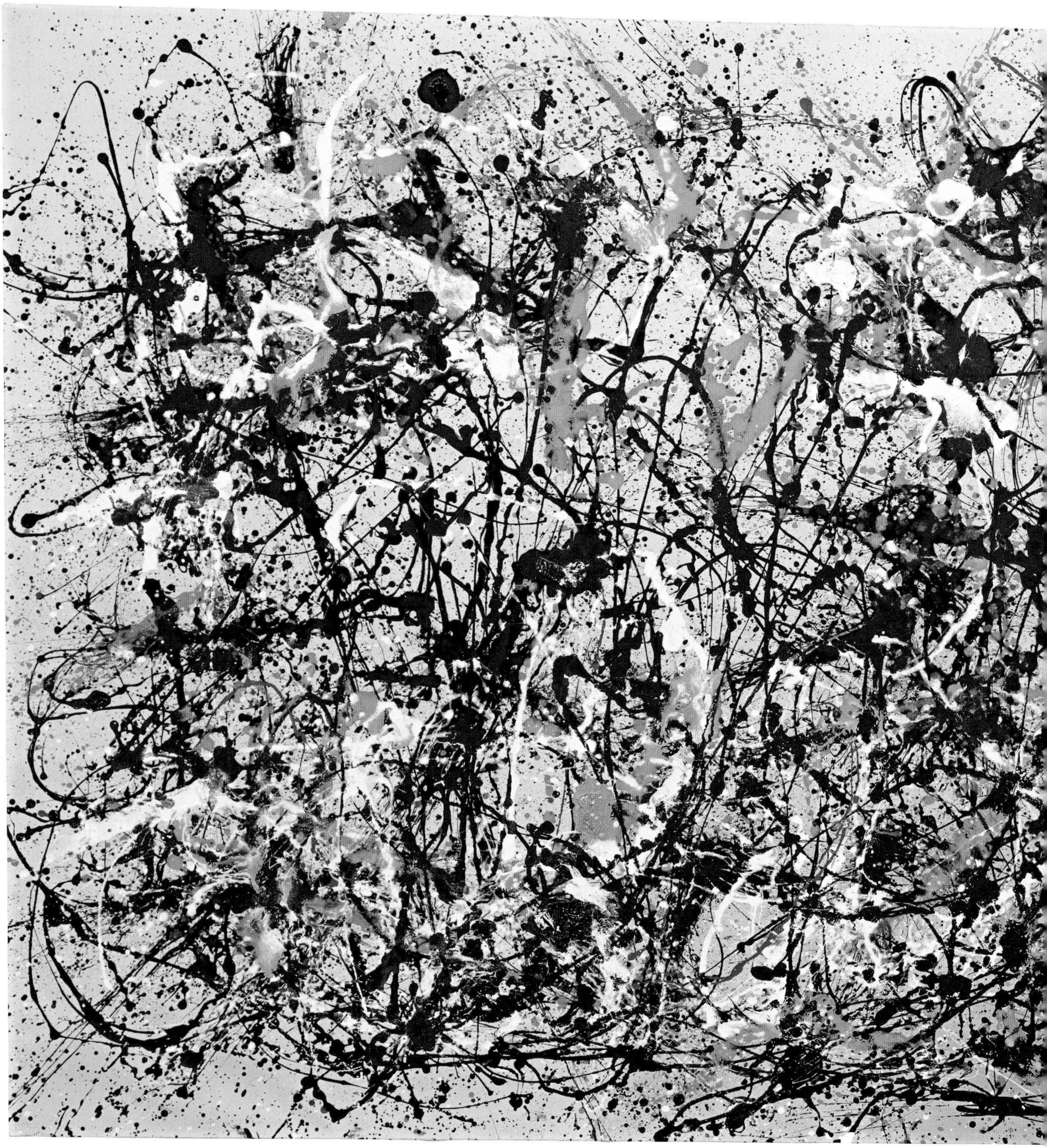

**Herbst Rhythmus Nummer 30, 1950. The Metropolitan Museum of Art, New York.**

Ein »Drip Painting« von Jackson Pollock mag auf den ersten Blick unordentlich erscheinen. Aber wenn du es genauer betrachtest, wirst du feststellen, wie einzelne Linien in verschiedenen Richtungen über die Leinwand wirbeln. Vielleicht findest du sogar versteckte Formen in dem Gemälde. Was siehst du hier?

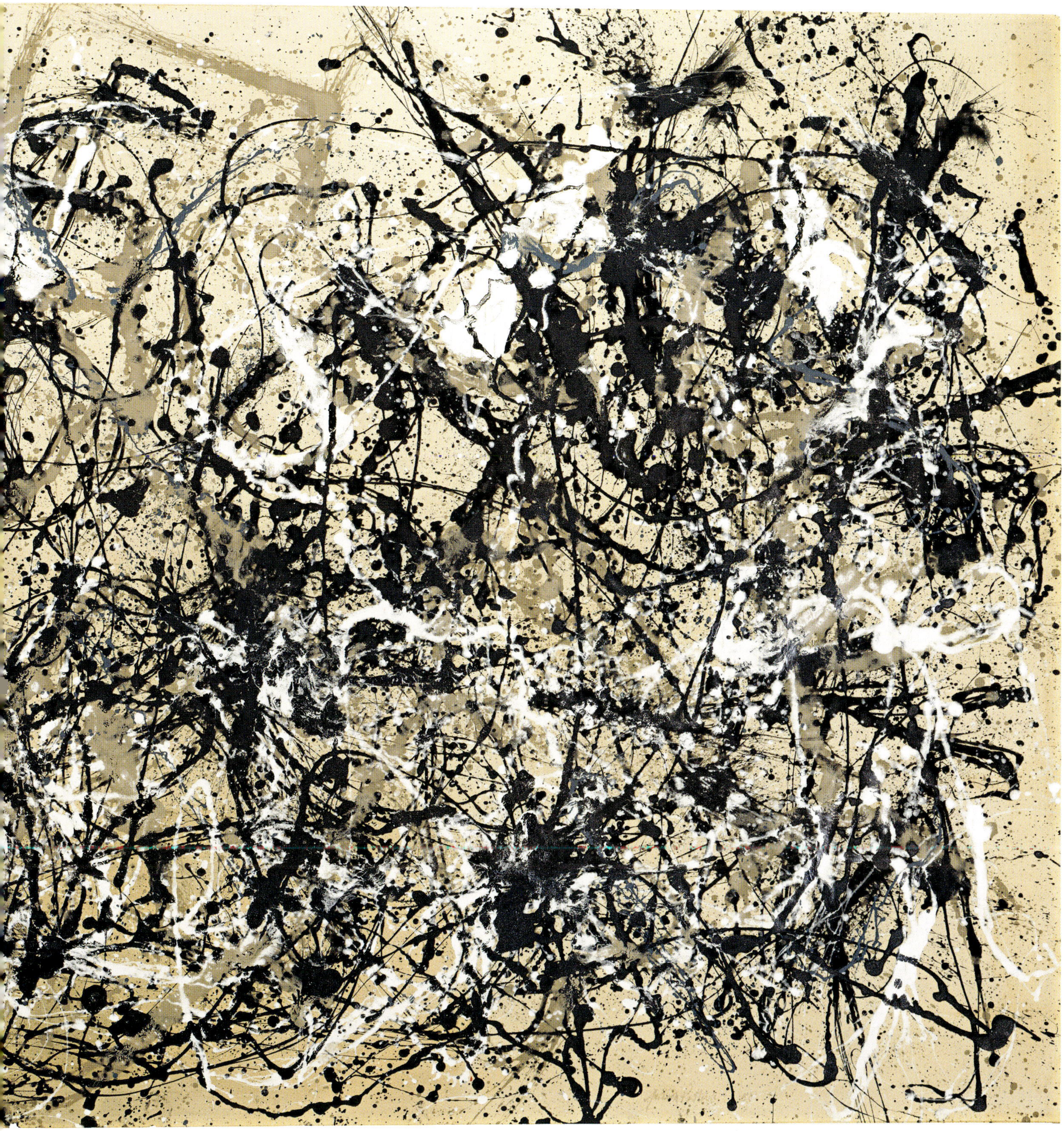

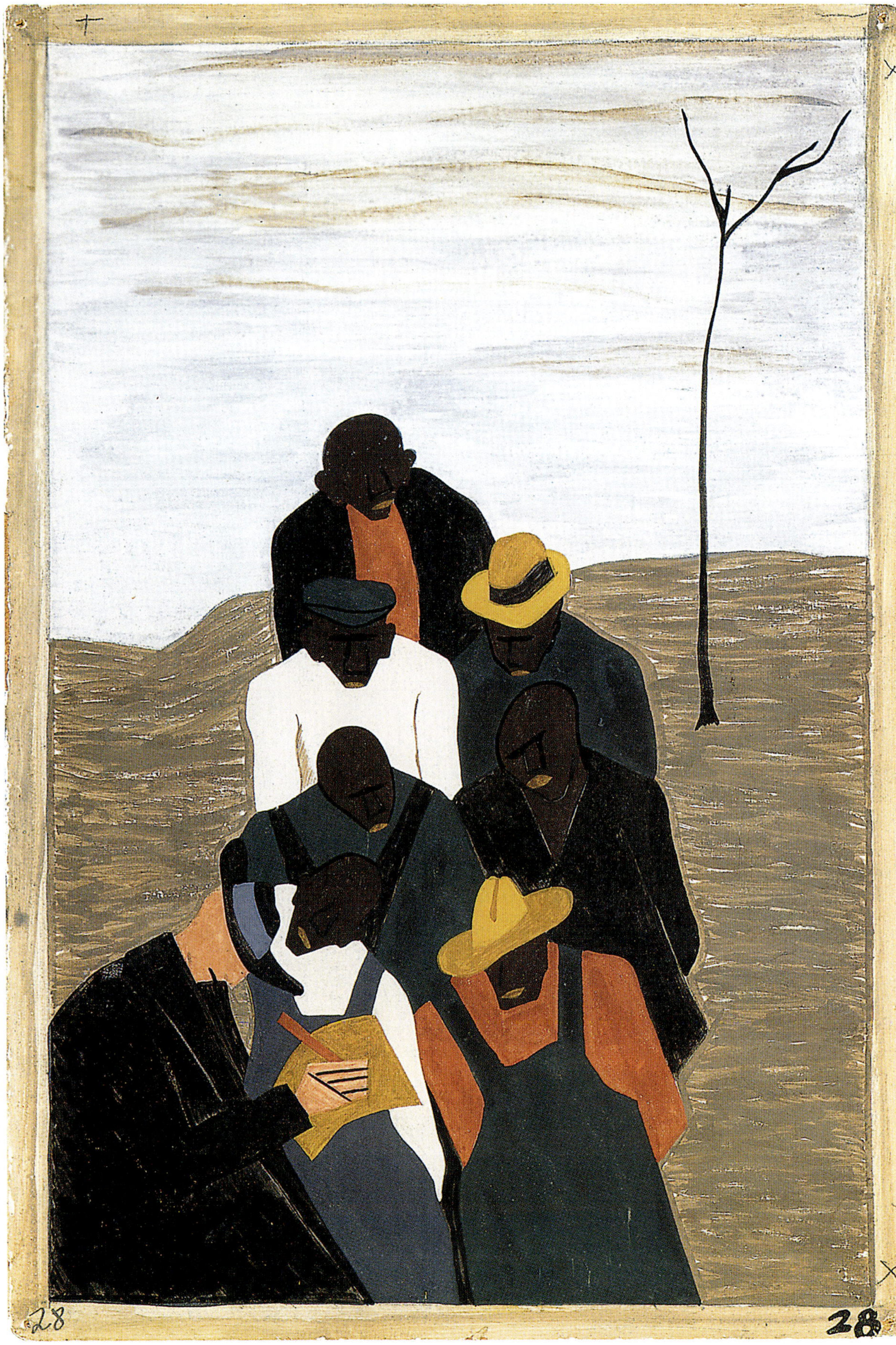


**The Migration Series/28. Der Arbeitsvermittler, der von der nördlichen Industrie in den Süden geschickt wurde, war eine sehr vertraute Person in den Schwarzenbezirken, 1941. The Museum of Modern Art, New York.**

In den frühen 1900er Jahren mussten viele Schwarze Amerikaner weit fahren, um Arbeit zu finden. Sie zogen von Farmen im Süden der Vereinigten Staaten in die Großstadtfabriken im Norden. Lawrences Gemälde zeigen, wie schwierig ihre Reise war. Auf diesem Bild warten sieben Männer in einer Schlange, um zu sehen, ob der Mann mit dem schwarzen Hut Arbeit für sie hat.

1915 · 1920 · 1925 · 1930 · 1935 · 1940 · 1945 · 1950 · 1955 · 196

1917 — Jacob Lawrence

**1910er - 1920er Jahre** Tausende Schwarze ziehen in Städte im Norden der USA, um dort Arbeit zu finden

**1929 - 1941** Wirtschaftskrise in den USA

**1939 - 1945** Zweiter Weltkrieg

**1950er - 1960er Jahre** Die Schwarzen in den USA erlangen Bürgerrechte und dürfen frei wählen, auf welche Schule sie gehen

# Jacob Lawrence

Die Bilder von Jacob Lawrence zeigen Menschen, die hart arbeiten mussten, um zu überleben – so wie er es in seinem eigenen Leben getan hat.

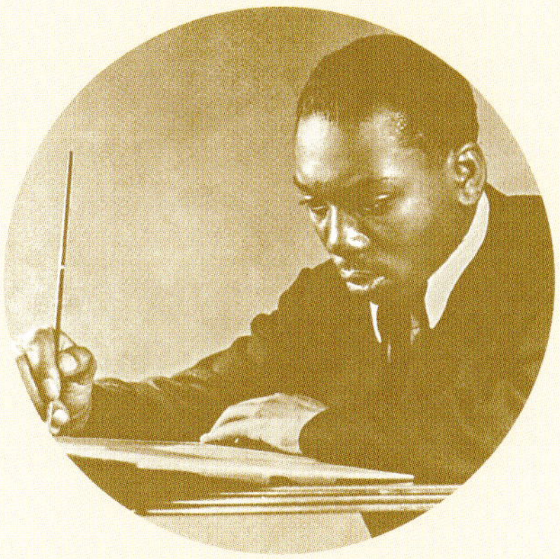

**Jacob Lawrence**

**Geboren:** 7. September 1917 in Atlantic City, New Jersey, USA
**Gestorben:** 9. Juni 2000 in Seattle, Washington, USA
**Lebte in:** Atlantic City, New York City, Seattle
**Kunststile:** Kubismus, Sozialer Realismus

Jacob wuchs an einem aufregenden Ort auf. Seine überwiegend Schwarze Nachbarschaft in Harlem, New York City, war voller interessanter Menschen – Jazz-Musikerinnen, Tänzer, Schauspielerinnen, Schriftsteller und Künstlerinnen. Aber er lebte auch mit Menschen zusammen, die kämpfen mussten, um ihren Lebensunterhalt zu bestreiten. Schwarze Amerikaner*innen litten in den Vereinigten Staaten unter Diskriminierung. Die wenigsten konnten gute Schulen besuchen oder gute Arbeit finden. Erschwerend kam hinzu, dass der junge Jacob während der Großen Depression der 1930er Jahre aufwuchs, als es für alle Amerikaner*innen schwierig war, Arbeit zu finden.

Jacob wusste schon früh, dass er Künstler werden wollte, und er entwickelte schnell seinen eigenen Stil. In seinen Gemälden werden Menschen und Gegenstände in lebhaften Farben und einfachen Formen gezeigt – ähnlich wie der Stil der modernen Künstler*innen des Kubismus. Aber Jacob wollte mit seiner Kunst auch das Leben und die Nöte der Schwarzen in den Vereinigten Staaten zeigen.
Er porträtierte Arbeiter, die ständig auf der Suche nach einem besseren Leben waren. Er stellte auch Menschen dar, die Häuser bauten oder Wäsche reinigten, Menschen, die oft vergessen oder übersehen wurden.
Lawrence wurde schließlich Professor für Kunst in Seattle, Washington. Doch sein ausdrucksstarker, farbenfroher Malstil hat sich nie verändert. Auch verlor er nicht das Interesse für das Leben der Menschen, die sich abmühen.

1965 · 1970 · 1975 · 1980 · 1985 · 1990 · 1995 · 2000 · 2005 · 2010

2000

**1968** Der Bürgerrechtler Martin Luther King Jr. wird ermordet

**2008** Barack Obama wird als erster Schwarzer zum Präsidenten der Vereinigten Staaten gewählt

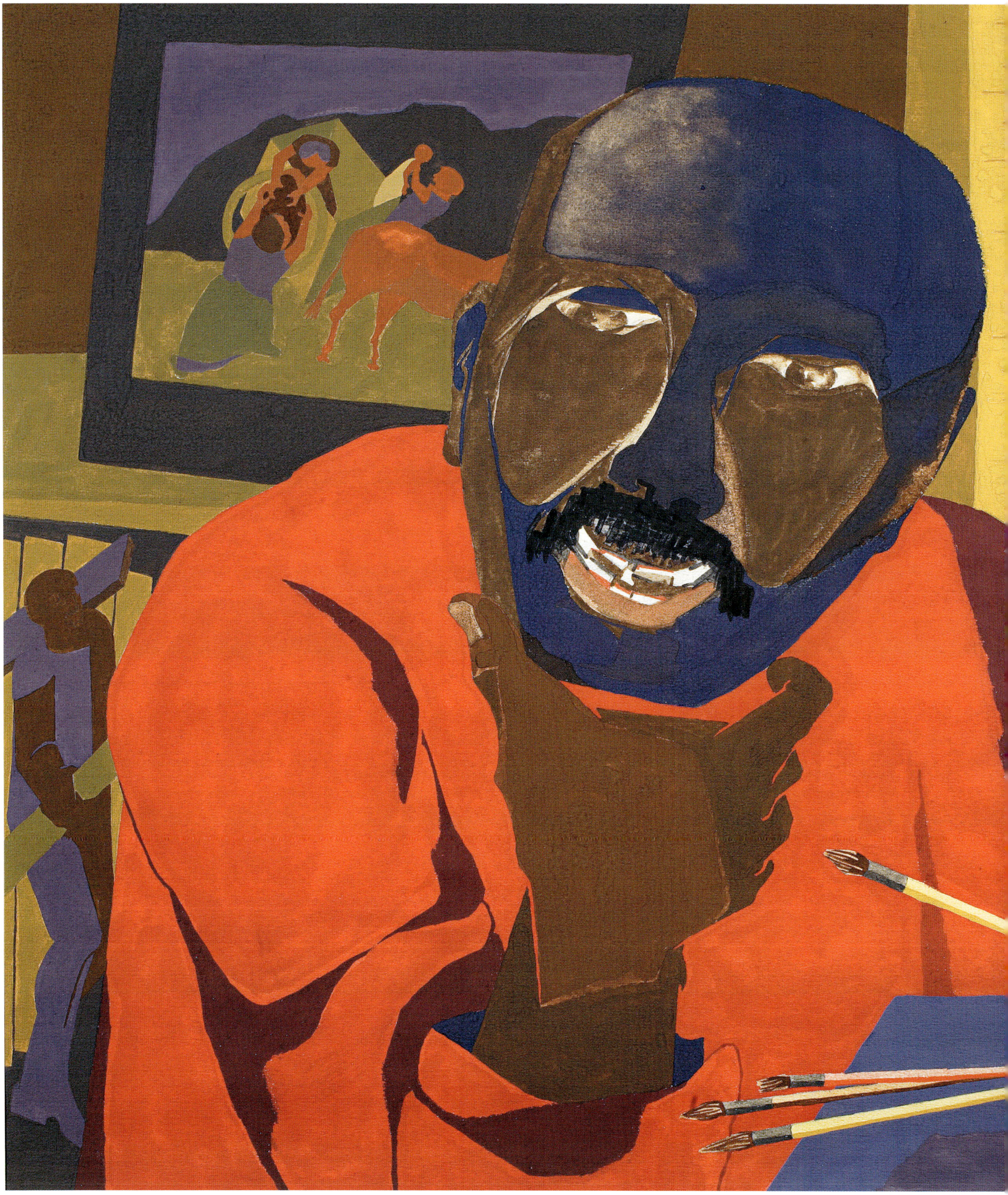

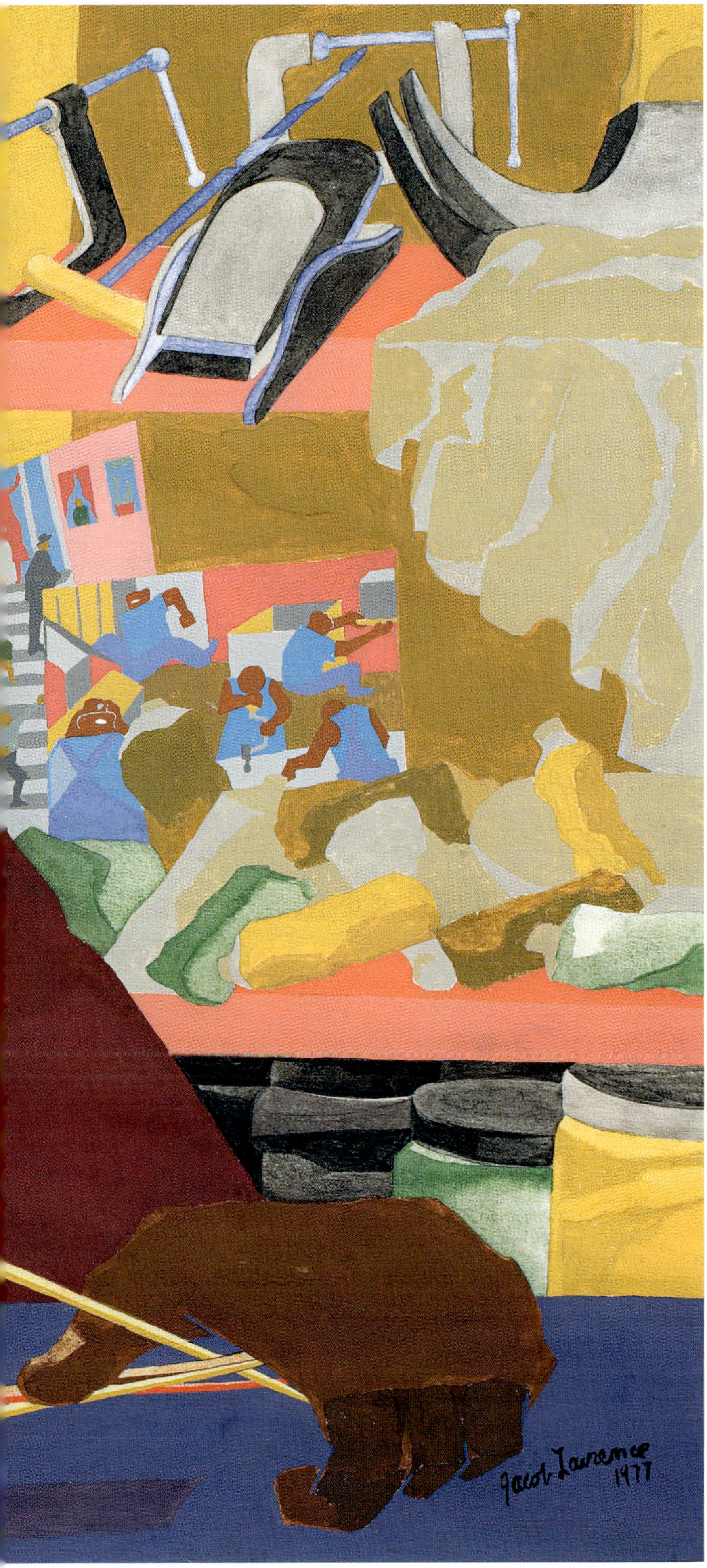


**Selbstbildnis, 1977. National Academy of Design, New York.**

Lawrence verwendete einfache Formen, um die Köpfe und Körper seiner menschlichen Figuren darzustellen. Dieses Bild ist ein glückliches Selbstporträt des Künstlers.

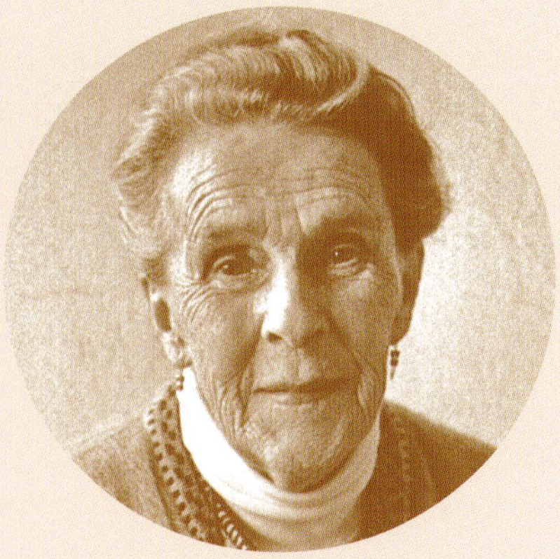

**Leonora Carrington**

**Geboren:** 6. April 1917, Clayton Green, nahe Chorley, Lancashire
**Gestorben:** 25. Mai 2011, Mexiko-Stadt
**Leben:** London, Paris, New York, Mexiko-Stadt
**Stil:** Surrealismus

# Leonora Carrington

## Die surrealistische Künstlerin bietet uns einen wahren Bilderschatz voller Rätsel – und regt dabei unsere Fantasie an.

Leonora stammte aus einer wohlhabenden Familie im englischen Lancashire. Ihre Eltern hatten keinen Sinn für Kunst und sie war zu Hause sehr unglücklich. Als Kunststudentin lernte sie 1937 in Paris den viel älteren surrealistischen Künstler Max Ernst kennen und lebte bis 1940 mit ihm zusammen. Durch ihn kam sie in Kontakt mit weiteren bedeutenden surrealistischen Künstler*innen. Aber ihre künstlerische Selbständigkeit und ihr eigener Stil waren ihr immer sehr wichtig. Später ging sie nach Mexiko-Stadt, wo sie bis zu ihrem Tod lebte. Sie gilt als eine der bedeutendsten surrealistischen Malerinnen.

Ihr Werk ist surreal, voller rätselhafter und manchmal skurriler Figuren und Situationen. Sie erschafft Fantasiewelten, die wie Träume erscheinen. Manches davon glauben wir halb wiederzuerkennen, aber in Kombinationen, die undenkbar scheinen. Sie erscheinen uns wie Illustrationen aus Büchern mit Mythen und Legenden, die wir schon einmal gehört haben, an die wir uns aber nicht genau erinnern können.

Carrington weigerte sich, mehr zu erklären, das Geheimnis aufzudecken und uns zu sagen was sie beim Malen ihrer Bilder im Kopf hatte. »Die sichtbare Welt ist kein intellektuelles Spiel«, sagte sie. Weil sie uns nicht erklärt, was in ihren Bildern vor sich geht, müssen wir uns unsere eigenen Bedeutungen zurechtlegen. Und somit wird auch jeder und jede bei der Betrachtung dieser Bilder etwas anderes denken und sich anders an sie erinnern.

1915 · 1920 · 1925 · 1930 · 1935 · 1940 · 1945 · 1950 · 1955 · 1960

1917

**1914 - 1918** Erster Weltkrieg

**1924** André Breton veröffentlicht das Surrealistische Manifest

**1939 - 1945** Zweiter Weltkrieg

**1939** Tod von Sigmund Freud

**Die Riesin, auch bekannt als Die Hüterin des Eis, um 1947. Privatsammlung.**

Eine riesengroße Frau steht in einer Landschaft, umgeben von winzigen Menschen und seltsamen Kreaturen. Ihr Kopf ragt bis in den Himmel. Ganz vorsichtig hält sie ein Ei, als wolle sie es mit ihren Händen beschützen. Was passiert hier gerade? Wir wissen es nicht – das Bild erscheint wie ein seltsamer Traum, dessen Geschichte uns nicht erzählt wird.

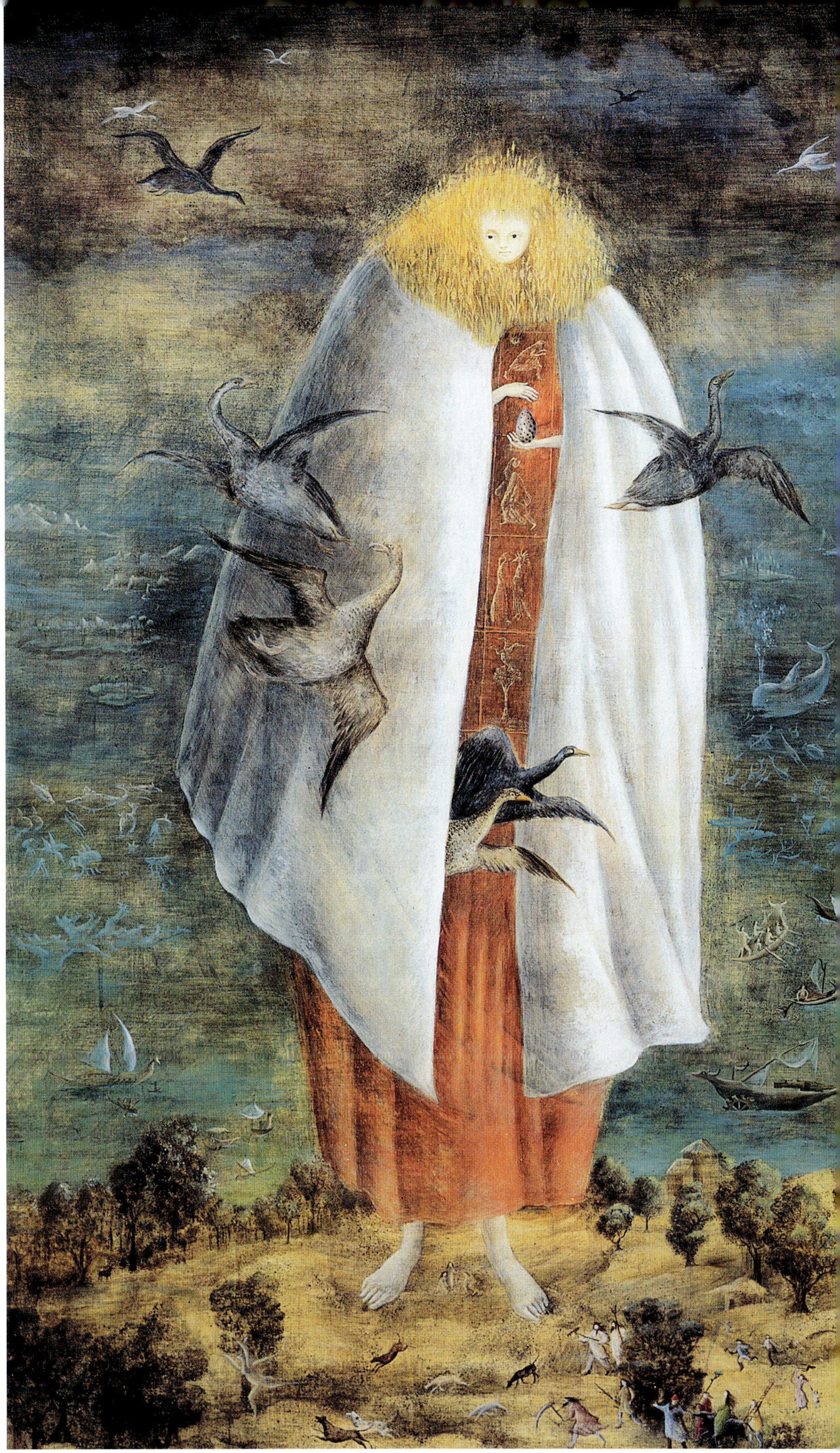

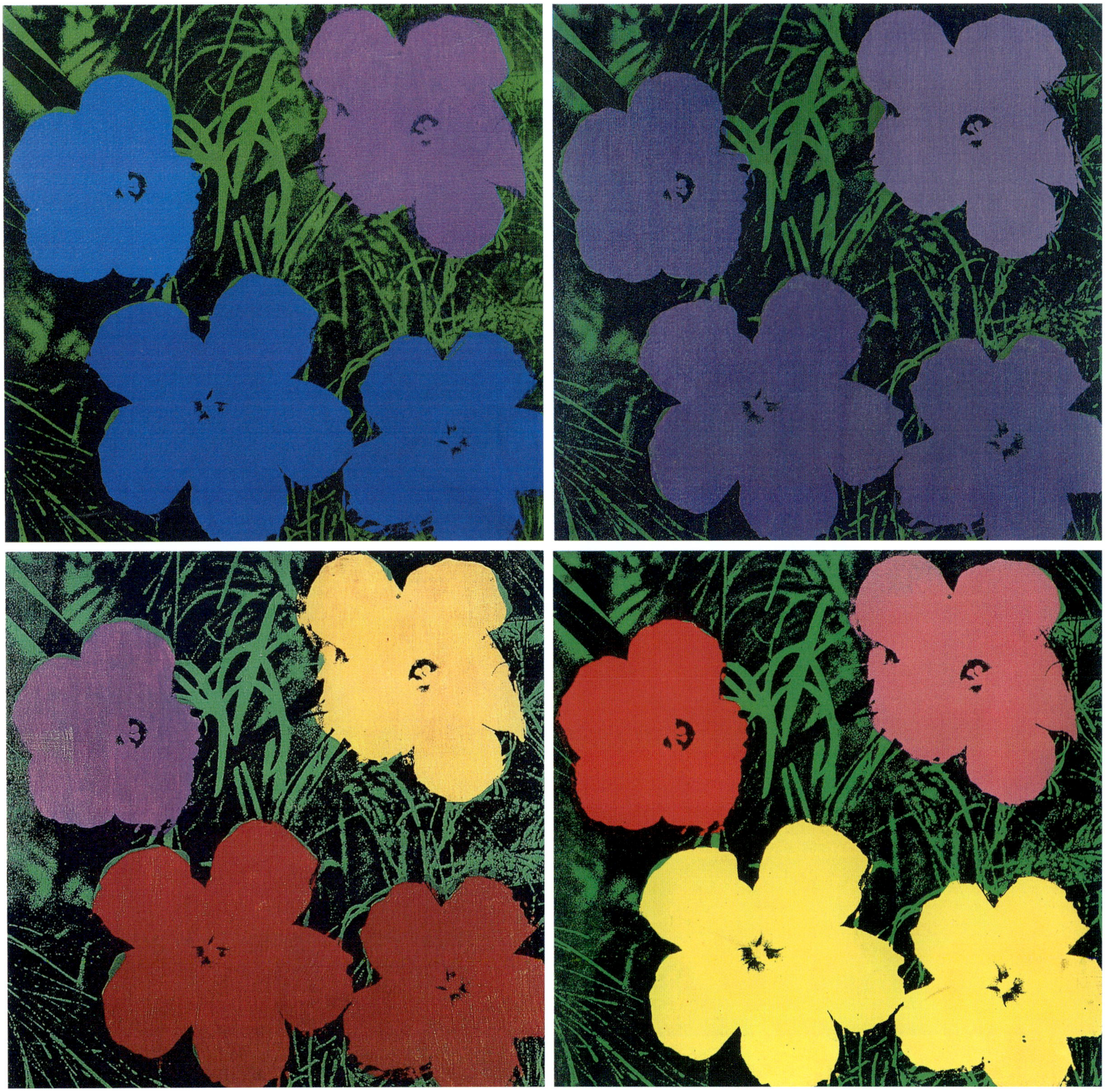

**Blumen, 1964. Privatsammlung.**

Als Vorlage für die Blumen benutzte Warhol ein Foto von Hibiskusblüten aus einer Fotozeitschrift. Es gibt etwa 900 dieser Blumenbilder in vielen poppigen Farben. Manchmal stellte Warhol an einem Tag bis zu 80 Stück davon her. Freunde und Freundinnen halfen ihm dabei.



**1941** Eintritt der USA in den Zweiten Weltkrieg

**1939 – 1945**
Zweiter Weltkrieg

**1945** die USA werfen Atombomben auf die japanischen Städte Hiroshima und Nagasaki

# Andy Warhol

## Er ist einer der bekanntesten amerikanischen Künstler – und genau das wollte er sein!

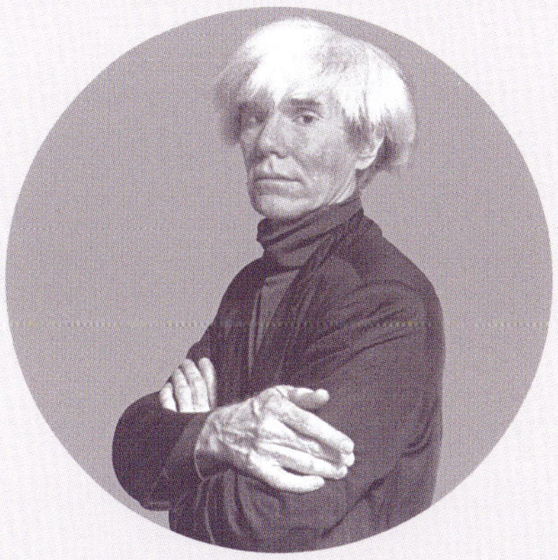

**Andy Warhol**

**Geboren:** 6. August 1928 in Pittsburgh, Pennsylvania, USA
**Gestorben:** 22. Februar 1987 in New York City, USA
**Lebte in:** Pittsburgh, New York City
**Kunststil:** Pop Art

Wärst du gerne berühmt? Andy Warhol sagte einmal: »In Zukunft wird jeder für 15 Minuten weltberühmt sein.« Er sorgte dafür, dass sein eigener Ruhm viel länger anhielt! Als junger Mann machte Andy Warhol Illustrationen für Werbung in Zeitschriften und Zeitungen. Ihm gefielen die glänzenden, bunten Produkte, die es in amerikanischen Geschäften zu kaufen gab. Also beschloss er, diese »populären« Bilder in seine eigenen Gemälde aufzunehmen. Eines seiner frühen Werke zeigte zum Beispiel eine Reihe von Campbell's-Suppendosen. Solche humorvollen Bilder begründeten eine künstlerische Bewegung namens »Pop Art«.

Andy erkannte bald, dass auch Berühmtheiten »Produkte« waren, die vermarktet werden konnten. Der Tod der amerikanischen Schauspielerin Marilyn Monroe im Jahr 1962 inspirierte ihn, ein Porträt von ihr anzufertigen. Er nahm ein altes Foto und reproduzierte es in einer Drucktechnik – dem Siebdruck – viele Male auf eine große Leinwand. Dadurch ähnelte Marilyns Bild einer Suppendose: etwas, das kopiert und verkauft werden kann.

Die Menschen bewunderten Warhols frühe Arbeiten, und Andy wurde so selbst zu einer Berühmtheit. Bald fand er noch andere Möglichkeiten, Kunst und Populärkultur zu verbinden. Er begann, seine eigenen Filme zu drehen, in denen sich die Schauspieler genauso verhalten mussten wie im wirklichen Leben. Diese Filme zeigen, wie ausdrucksstark einfache menschliche Bewegungen sein können.

Warhol förderte auch andere Künstler*innen, darunter den Maler Jean-Michel Basquiat und die Rockband The Velvet Underground. Als Andy Warhol 1987 starb, war der Wunsch nach »fünfzehn Minuten« Ruhm gerade ein wichtiger Teil der amerikanischen Kultur geworden.

1960 · 1965 · 1970 · 1975 · 1980 · 1985 · 1990 · 1995 · 2000 · 2005

Andy Warhol 1987

**1963** Ermordung des amerikanischen Präsidenten John F. Kennedy

**1965–1975** USA im Vietnamkrieg

**1969** Amerikaner landen als erste Menschen auf dem Mond

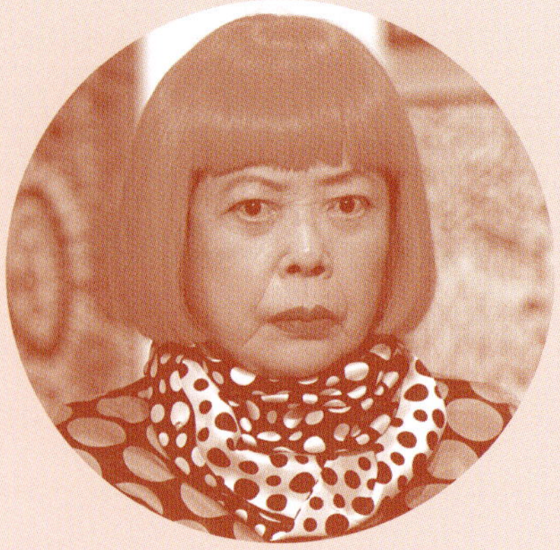

**Yayoi Kusama**

**Geboren:** 22. März 1929 in Matsumoto, Japan
**Lebte in:** Japan und New York.
**Kunststile:** Pop Art, Feministische Kunst, Environment

# Yayoi Kusama

## Die japanische Künstlerin Yayoi Kusama ist bekannt für die vielen Punkte – »Polka Dots« –, die ihre Gemälde, Skulpturen und anderen Kunstwerke bedecken.

Kusama hatte bereits als Kind psychische Probleme und Halluzinationen. Sie versuchte nie, ihre Krankheit zu verheimlichen. Manchmal sah sie überall im Raum Muster aus Punkten und Netzen, und diese Muster und ihre Ängste verarbeitete sie in ihrer Kunst. Sie studierte in Japan Kunst, aber es war für eine Frau dort sehr schwer, damit Erfolg zu haben. Also zog sie nach New York, doch auch hier dauerte es lange, bis sie bekannt wurde. Viel später ging sie wieder zurück nach Japan, um dort freiwillig in einer psychiatrischen Klinik zu leben und zu arbeiten.

Ein besonderes Merkmal von Kusamas Kunst sind Wiederholungen. Sie verwendet oft Muster oder Formen, die immer wieder wiederholt werden. Dadurch entsteht eine Art Rhythmus in ihren Werken. Sie machte Skulpturen aus Stoff, fotografierte und bemalte Menschen mit Punkten. Yayoi Kusama hat auch Installationen geschaffen, Kunstwerke, die den ganzen Raum umfassen. Ein bekanntes Beispiel sind ihre *Infinity Mirror Rooms*. In diesen Räumen gibt es Spiegel an den Wänden und auf dem Boden, und überall sind leuchtende Punkte zu sehen. Wenn man in so einen Raum geht, hat man das Gefühl, in einem unendlichen Universum aus Licht zu sein. Kusama schafft in ihrer Kunst eine Welt, in der alle Menschen in Frieden und Liebe verbunden sind.

1925 · 1930 · 1935 · 1940 · 1945 · 1950 · 1955 · 1960 · 1965 · 1970

**1929**

**1939–1945** Zweiter Weltkrieg

**1945** die USA werfen Atombomben auf die japanischen Städte Hiroshima und Nagasaki

**1957** Kusama geht nach New York

**1965–1975** USA im Vietnamkrieg

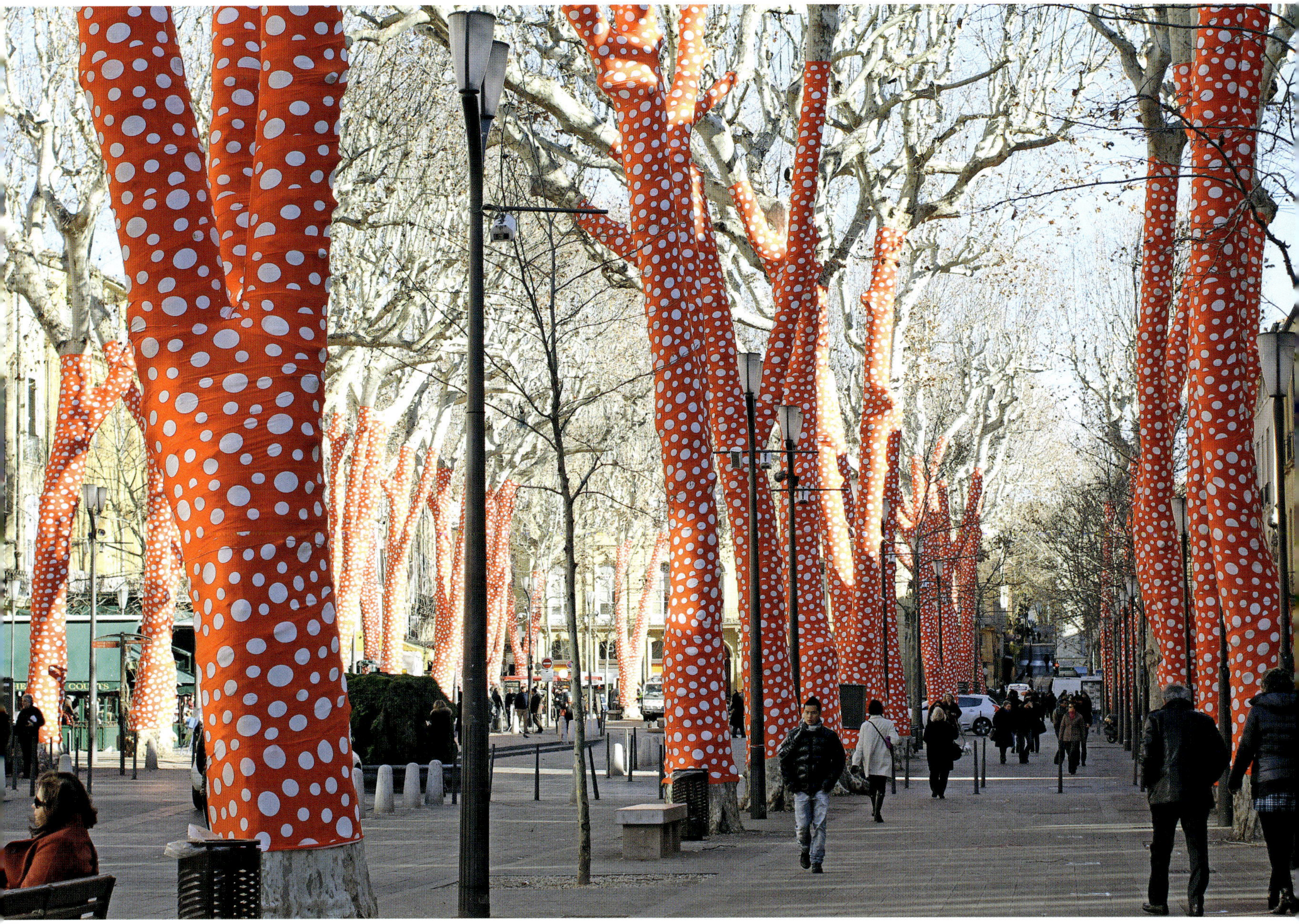

**Anstieg der Polka Dots an den Bäumen.**

Ihr Markenzeichen ist weithin sichtbar: Immer wieder hat Yayoi Kusama Bäume mit rot weiß gepunktetem Polyesterstoff umwickelt, unter anderem in Singapur, im Botanischen Garten in New York, in Mailand oder Berlin.

### Tipp

Seit 2017 gibt es in Tokyo ein eigenes Museum, das Yayoi Kusama gewidmet ist.

1975 • • • • 1980 • • • • 1985 • • • • 1990 • • • • 1995 • • • • 2000 • • • • 2005 • • • • 2010 • • • • 2015 • • • • 2020 • •

Yayoi Kusama

**1977** Kusama geht zurück nach Japan

**2017** Eröffnung von Kusamas Museum in Tokio

# Bridget Riley

Rileys Bilder spielen dir einen Streich. Bei einigen von ihnen scheinen Linien und Formen zu vibrieren. Bei anderen wiederum sieht es so aus, als könntest du deine Hand mitten durch das Bild stecken! Doch das sind alles nur Täuschungen, die deine Augen in die Irre führen sollen.

**Bridget Riley**
**Geboren:**
24. April 1931 in London, Vereinigtes Königreich
**Lebt in:** London, Cornwall, Vaucluse (Südfrankreich)
**Kunststil:** Op-Art

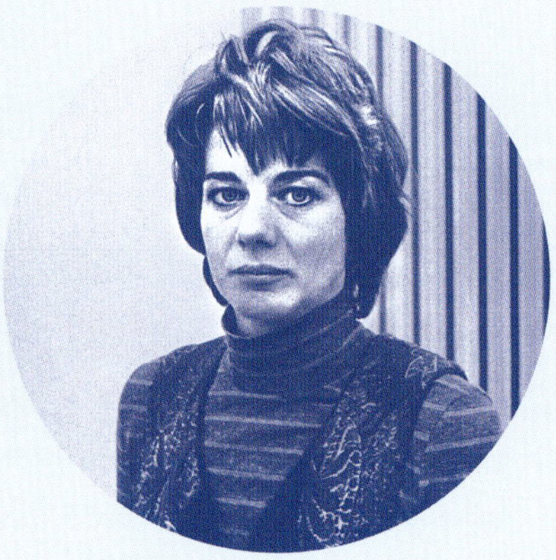

Bridget Riley entwickelte eine besondere Art der optischen Täuschung, die einen etwas sehen lässt, das es im wirklichen Leben gar nicht gibt. Riley verwendet einfache Linien und Formen für ihre optischen Täuschungen. Einige der Formen sind dicker, andere dünner, und die Linien wölben sich genau an der richtigen Stelle. Da sie so präzise malt, scheinen sich ihre Bilder häufig zu bewegen und zu vibrieren, wenn man sie ansieht! Der Kunststil von Bridget Riley und anderen Maler*innen wird Op-Art genannt. »Op« steht für optisch.

Rileys frühe Op-Art-Bilder waren schwarzweiß. Später begann sie, Linien und Formen in vielen verschiedenen Farben zu malen. Diese bunten Bilder scheinen auf der Leinwand zu schimmern und zu flackern.

Solche Augentäuschungen gibt es in der Kunst schon lange. Sieh dir einmal die alten Gemälde in einem Museum an. Sie zeigen Obst, das so aussieht, als ob man es essen könnte, Stoffe, die so weich wirken, dass man sie am liebsten anfassen würde, und Pferde, die in der Ferne zu verschwinden scheinen. Und doch ist keines dieser Bilder Wirklichkeit. Die Künstler*innen verwendeten bestimmte Tricks, um die Bilder täuschend echt aussehen zu lassen.

1925 1930 1935 1940 1945 1950 1955 1960 1965 1970

1931

**1939–1945** Zweiter Weltkrieg
**1940** in der Luftschlacht um Großbritannien schlägt Großbritannien Deutschland
**1953** Elisabeth II. wird zur Königin des Vereinigten Königreichs gekrönt

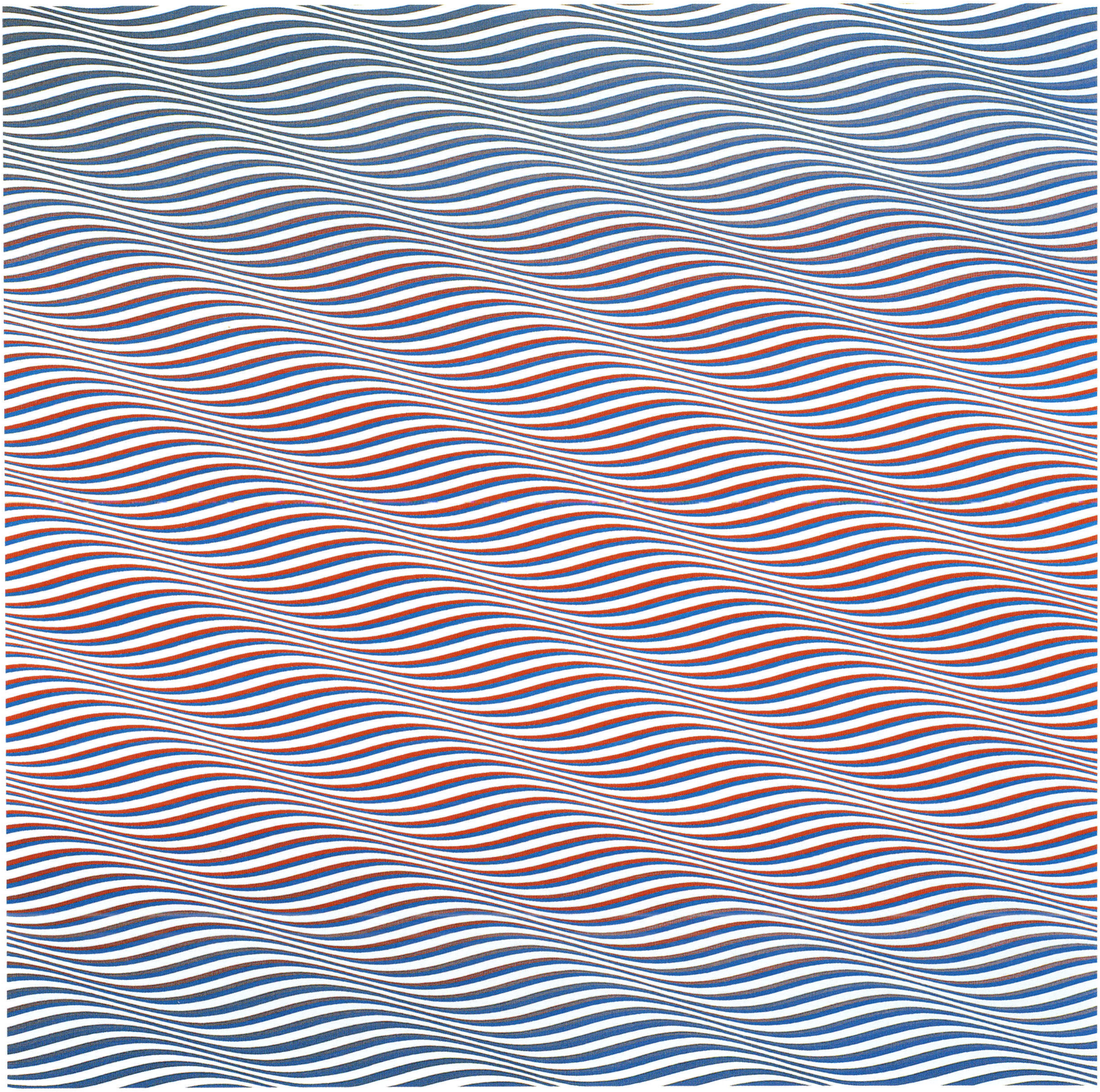

**Cataract 3 (Wasserfall 3), 1967. Sammlung des British Council.**

Wird dir unbehaglich - oder wirst du vielleicht sogar seekrank -, wenn du dieses Bild ansiehst? Die bunten, geschwungenen Linien von Bridget Rileys *Cataract 3* sehen fast aus wie Wellen auf dem Meer. In Wirklichkeit ist das Bild natürlich flach und steht still!

1975 1980 1985 1990 1995 2000 2005 2010 2015 2020

Bridget Riley

**1979** Margaret Thatcher wird die erste Premierministerin Großbritanniens

**1982** Großbritannien kämpft mit Argentinien um die Falklandinseln

**1994** Nelson Mandela wird der erste Schwarze Präsident Afrikas

**2016** Großbritannien stimmt für den Austritt aus der EU

**2022** Queen Elizabeth II. stirbt

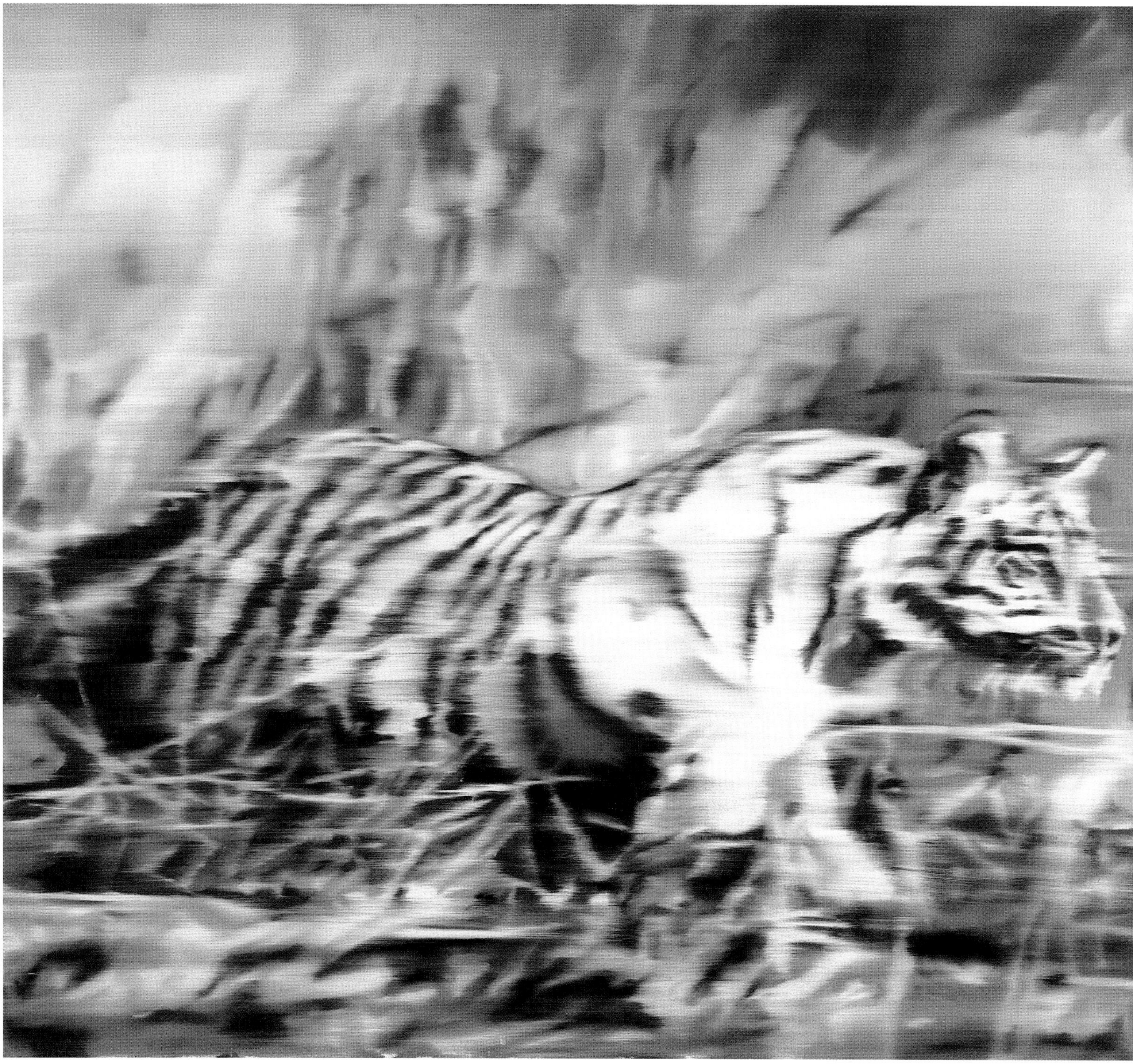

**Tiger, 1965. Museum Morsbroich.**

Diesen Tiger hat Gerhard Richter von einem Foto abgemalt und dabei vergrößert und so verwischt, als würde er sich bewegen.

# Gerhard Richter

Gerhard Richter hat in seinem Leben so viele verschiedene Sachen gemalt, dass es schwer fällt, seine Kunst einzuordnen. Das muss aber eigentlich auch gar nicht sein. Warum sollte ein Maler nicht einfach das machen, zu was er Lust hat? Und Richter hatte zu vielem Lust.

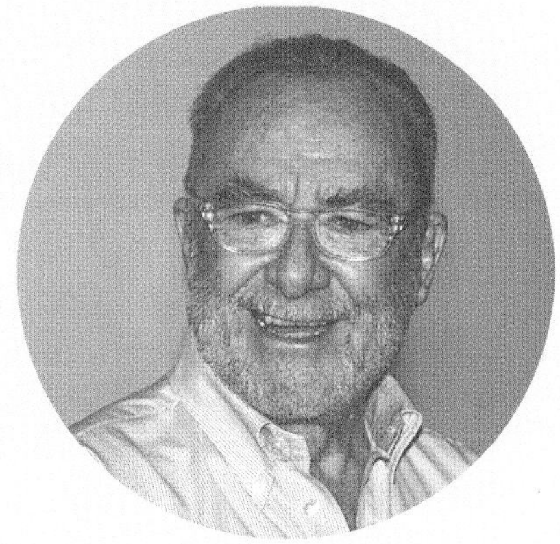

**Gerhard Richter**

**Geboren:** 9. Februar 1932 in Dresden, Deutschland
**Lebt in:**
Wohnt in Köln und vorher hat er in Zittau, Berlin und Düsseldorf gewohnt
**Epoche:**
Zeitgenössische Kunst

Gerhard Richter hat viel mit Fotografien als Vorlage gearbeitet. Ganz oft hat er Bilder aus Zeitungen ausgeschnitten und sie in groß abgemalt. Aber nicht einfach nur abgemalt, sonst hätte er sie einfach so vergrößern können. Durch das Abmalen hat Richter die Bilder verfremdet. Allein die Tatsache, dass ein Bild in einer Zeitung nur ein paar Zentimeter groß ist und als Gemälde dann über ein oder zwei Meter breit ist, verändert es schon. Zusätzlich hat er die Bilder auch so gemalt, als wären sie verwischt oder unscharf. Das gibt den Gemälden eine ganz besondere Stimmung, die ein normal vergrößertes Foto nicht hätte. Das würde viel zu glatt aussehen. So wie der Tiger hier gemalt ist, könnte man meinen, er läuft gerade durch das Bild.

Die Motive, die Gerhard Richter nach Fotografien gemalt hat, sind gut erkennbar. Gar nichts mehr kann man auf seinen abstrakten Gemälden erkennen. Das ist das Besondere an der abstrakten Kunst. Sie besteht nur aus Farben, Formen und Linien und so können sich die Betrachter*innen dabei denken, was sie möchten. Meistens haben abstrakte Gemälde auch keine Bildtitel, die dir sagen könnten, was sich der Maler oder die Malerin bei diesem oder jenem Bild gedacht haben könnte. Aber manchmal kann man eine Stimmung erkennen

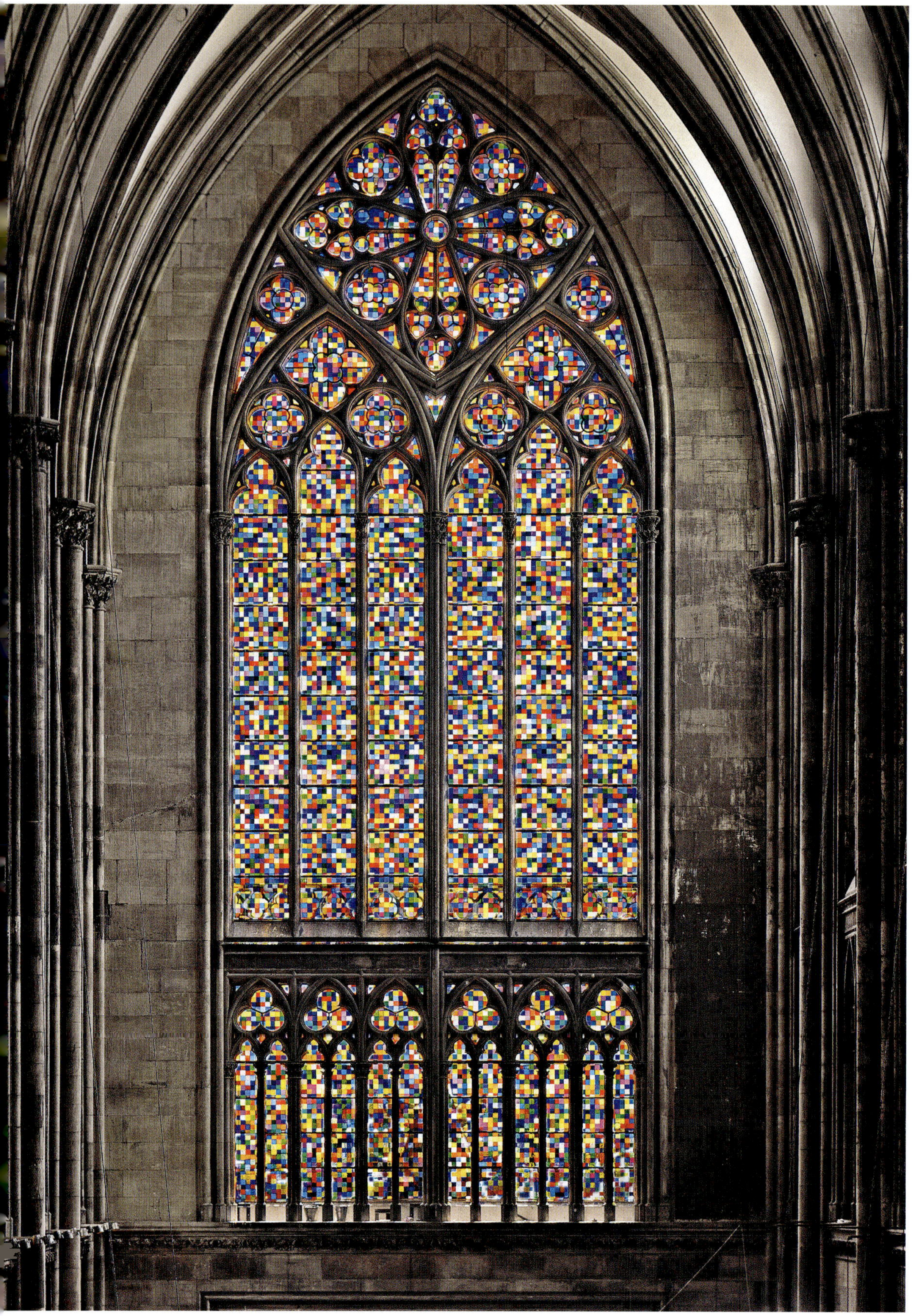

Richter-Fenster, 2007. Kölner Dom.

Gerhard Richter hat für das Glasfenster 72 verschiedene Farben verwendet.

oder nachvollziehen, je nachdem, ob die Farben auf einem Bild fröhlich oder eher düster und die Formen weich oder eckig sind.

2006 bekam Richter den Auftrag, ein Kirchenfenster des Kölner Doms neu zu gestalten. Vielleicht kennst du ja alte Kirchenfenster und ihre bunten Scheiben. Normalerweise sind dort immer Bilder von Heiligen zu sehen, die in der Sonne schön leuchten. Richter dachte sich, da lasse ich die Geschichte einfach weg und nehme nur bunte Scheiben. Und genau das hat er getan. Er nahm kleine Glasscheiben und passte sie in das Domfenster ein. Jetzt fällt das bunte Licht durch die vielen kleinen Scheiben und zaubert eine wunderbare Stimmung in den Dom.

› Abstraktes Bild Nr. 489, 1982. Neue Galerie, Kassel.

Seit Mitte der 1970er Jahre malt Gerhard Richter auch viele abstrakte Bilder, so wie dieses hier. Das Gemälde besteht aus vielen verschiedenen Farbschichten, die er mit Pinsel und Spachtel übereinander schichtet.

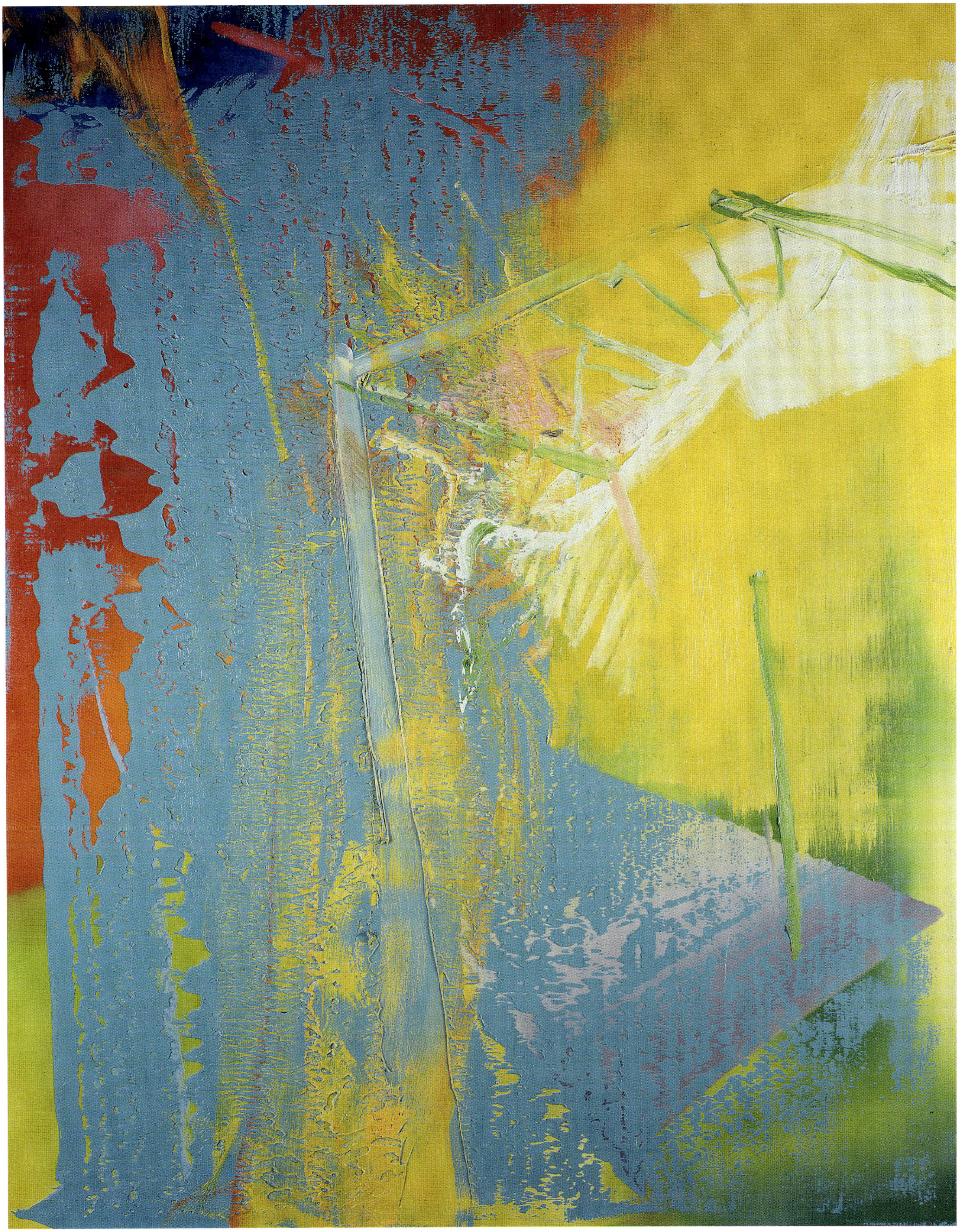

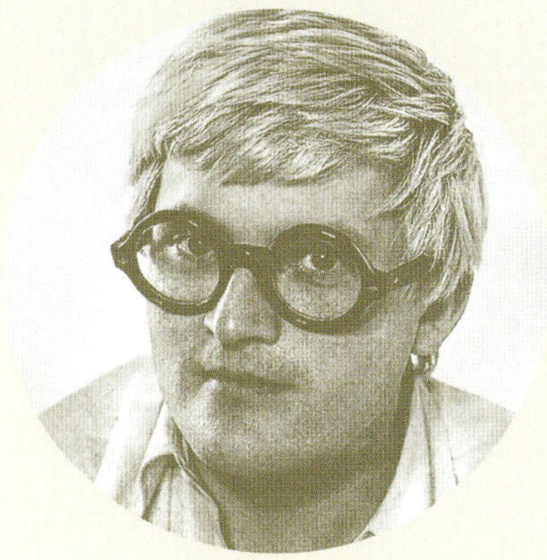

**David Hockney**

**Geboren:** 9. Juli 1937 in Bradford, England
**Lebt in:**
London, Los Angeles, Bridlington (England)
**Kunststil:** Pop Art, Zeitgenössische Kunst

# David Hockney

Hockney liebt sonnige Orte und seine Bilder zeigen oft leuchtend blaue Swimmingpools und reiche Leute, die in warmen Regionen leben.

David Hockney ist schon immer gerne gereist. Geboren wurde er im kalten, regnerischen England, aber einen großen Teil seines Lebens hat er im sonnigen Kalifornien verbracht.

Einige seiner bekanntesten Gemälde stammen aus den 1960er Jahren, damals begann seine Karriere als bedeutender Künstler. Diese Bilder zeigen riesige kalifornische Swimmingpools neben Häusern mit großen Fenstern. Hockney benutzte die damals noch relativ neuen Acrylfarben, um die leuchtenden Farben der hellen Sonnentage in Kalifornien wiederzugeben. Manchmal zeigen seine Bilder lustige Dinge wie zum Beispiel einen mysteriösen Platscher im Pool. Andere Gemälde zeigen die reichen Leute, die in solchen kalifornischen Häusern lebten, die Hockney berühmt gemacht haben.

Hockney interessiert sich auch für Fotografie und wurde für Fotocollagen bekannt. Dafür macht er viele unterschiedliche Fotos von einem Ort oder Gegenstand. Dann setzt er die Fotos so zusammen, dass der Ort oder Gegenstand ganz ungewöhnlich erscheint. In einer seiner Fotocollagen sieht es so aus, als hätte ein Erdbeben eine Straße in einer Stadt zerstört. Alle Gebäude und Autos sehen aus, als wären sie zerbrochen!

1925 1930 1935 1940 1945 1950 1955 1960 1965 1970

1937 David Hockney

**1939–1945** Zweiter Weltkrieg

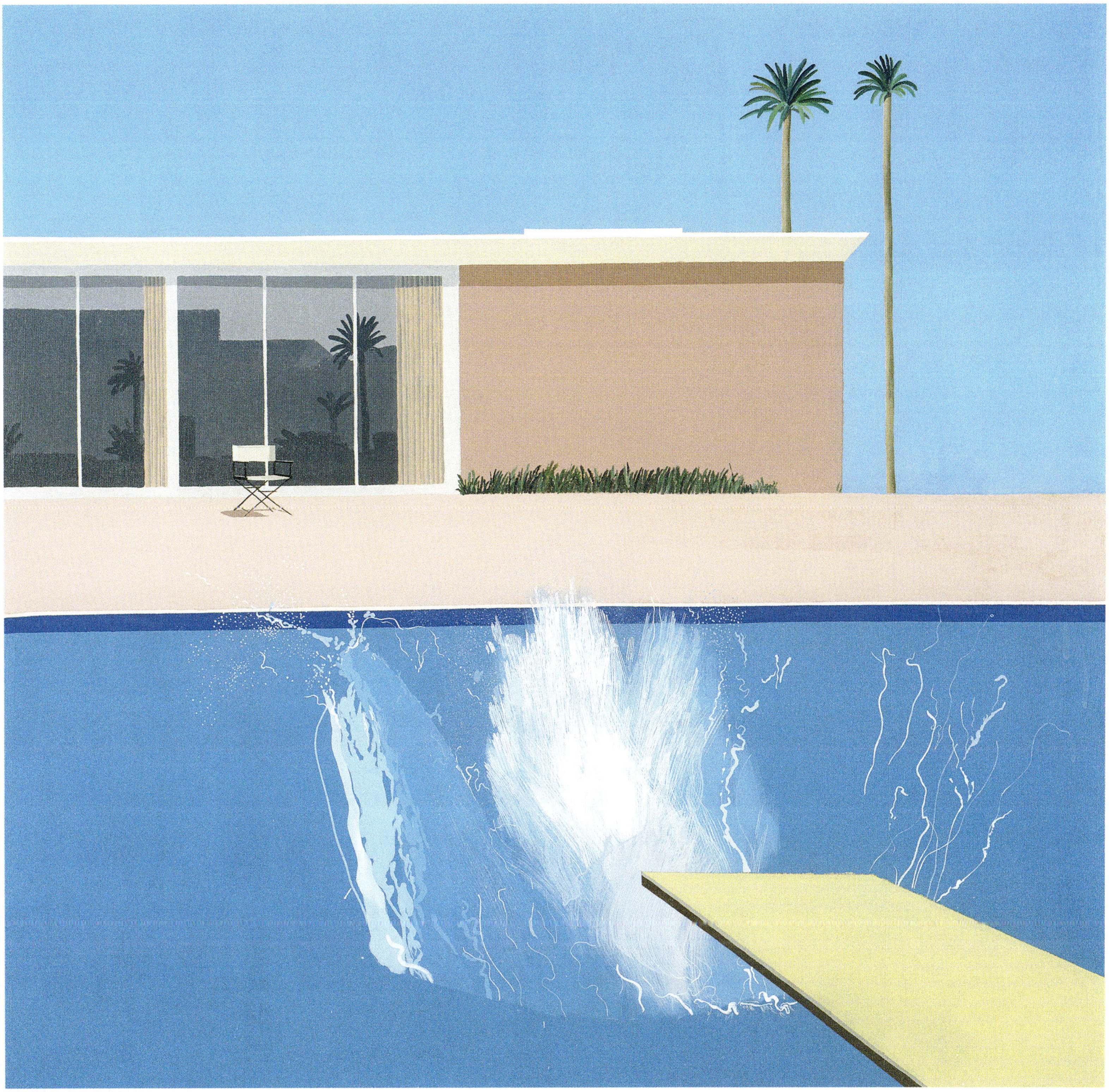

**A Bigger Splash (Ein größerer Spritzer), 1967. Tate Britain, London.**

Jemand ist gerade in einen leeren Swimmingpool gesprungen, und der Spritzer sieht aus wie eine gewaltige Explosion! Aber Hockney zeigt uns nicht, wer da gerade ins Wasser gesprungen ist. Die Person ist jetzt unter Wasser.

1975 · 1980 · 1985 · 1990 · 1995 · 2000 · 2005 · 2010 · 2015 · 2020

**1984** Olympische Spiele in Los Angeles

**2001** Anschlag auf das World Trade Center in New York am 11. September

**2009** Barack Obama wird als erster Schwarzer zum Präsidenten der Vereinigten Staaten gewählt

**2016** Großbritannien stimmt für den Austritt aus der EU

**2022** Queen Elizabeth II. stirbt

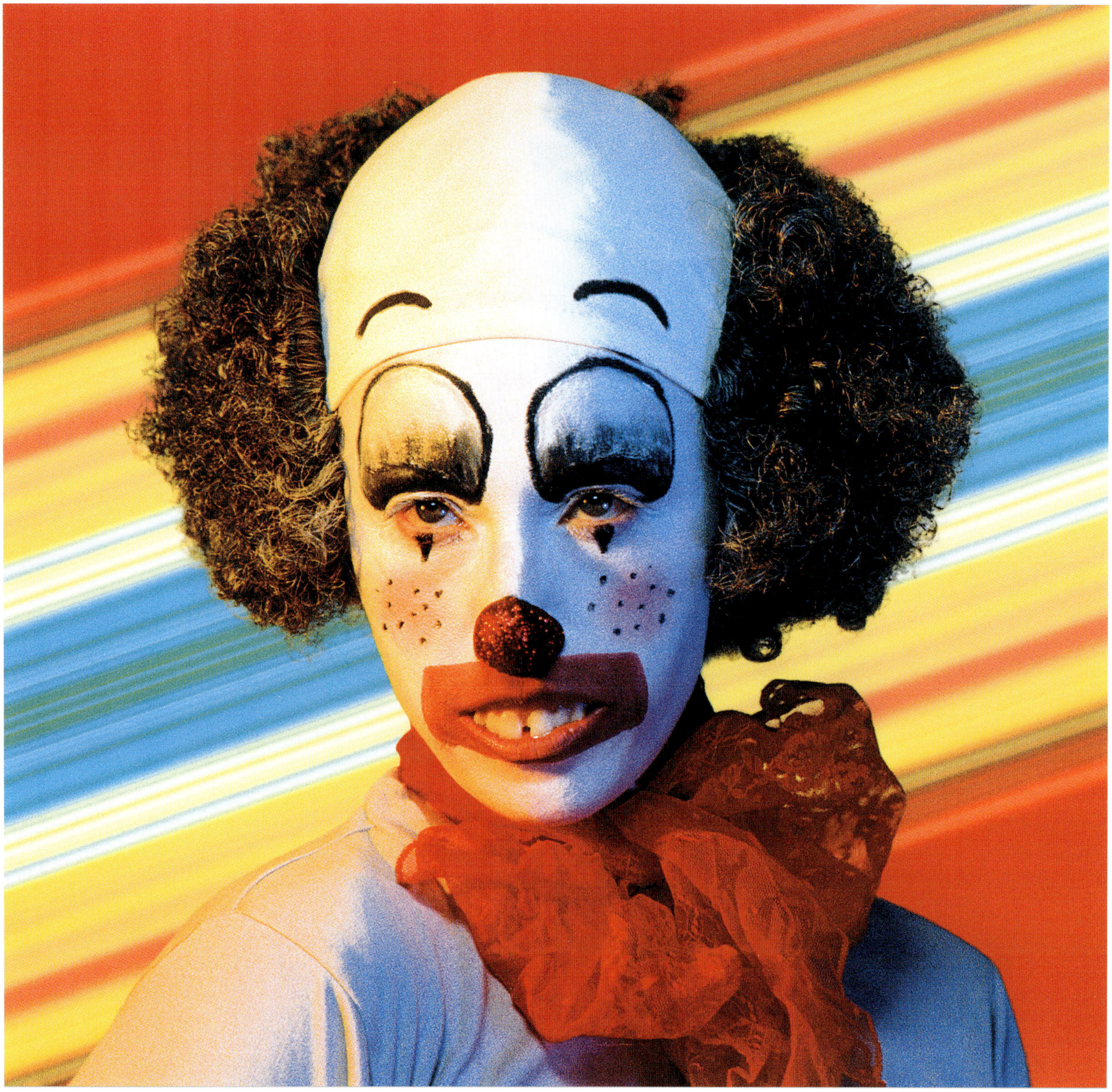

**Untitled #424.**

Cindy macht meistens eine ganze Serie zu einem bestimmten Thema. Auch von den Clowns gibt es eine ganze Reihe. Wie ist wohl der Mensch unter dieser Clownsmaske? Das wollte Cindy hier erforschen.



1954

**1960** John F. Kennedy wird Präsident der US

**1954** Aufhebung der Rassentrennung an den Schulen der USA

# Cindy Sherman

## Voller Lust schockiert sie mit grotesker Hässlichkeit und hält den Menschen einen Spiegel vor.

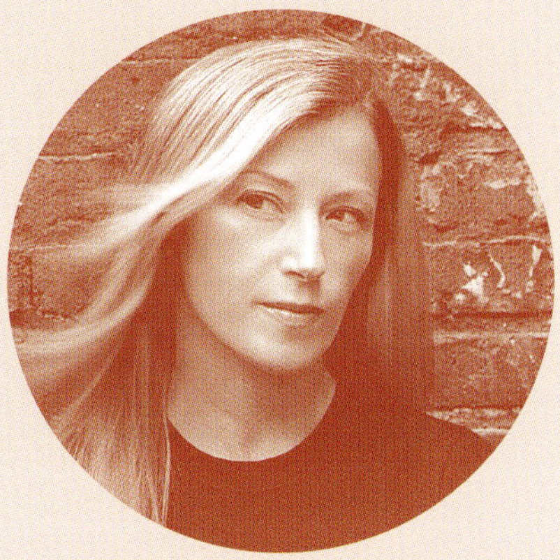

**Cindy Sherman**

**Geboren:** 19. Januar 1954 in Glen Ridge/New Jersey, USA
**Lebt in:** überwiegend in New York; ihre »Historischen Porträts« entstanden in Rom
**Kunststil:** Inszenierte Fotografie, Feministische Kunst

Ihre Kunst macht Cindy Sherman einen Riesenspaß: Sich verkleiden, um zu schockieren – das hat sie als Kind schon gern gemacht! Perücken, Schminke, Kleider, Tücher, Stoffe, Schmuck und Schuhe, immer wieder riesige Plastikbrüste – das ist ihr Material. Mit dem Fotoapparat hält sie die Ergebnisse ihrer Verwandlungsarbeit fest.

Ganze Szenarien – ins unbewegte Bild gebannt – lichtet sie ab: Cindy Sherman als Filmstar, als Hausfrau, als Teenager, als Jungfrau Maria, am Waschbecken vorm Spiegel, auf karierten Fußbodenfliesen, vor einer Blümchentapete – schier überzusprudeln scheint ihre Fantasie!

Doch halt: Ist immer wieder Cindy Sherman zu sehen? Mitnichten! Wer abgebildet wird, das sind wir alle. Denn tagtäglich spielen wir alle brav die Rollen, die von uns erwartet werden. So wünschen sich manche große Brüste oder dürfen nicht weinen. Doch was hat das mit uns zu tun? Indem Cindy Sherman die Rollenmerkmale übertreibt, führt sie uns vor, wie hässlich, falsch und künstlich sie uns machen.



Amerikaner landen als erste Menschen auf dem Mond

**2001** Anschlag auf das World Trade Center in New York am 11. September

**2001–2009** George W. Bush ist Präsident der USA

**2009** Barack Obama wird als erster Schwarzer zum Präsidenten der Vereinigten Staaten gewählt

# Jean-Michel Basquiat

Basquiat war ein Shooting-Star und wurde sehr schnell sehr berühmt. Er war der erste Schwarze, dessen Bilder zu Höchstpreisen verkauft wurden.

Bisher waren die meisten Bilder in diesem Buch ziemlich ordentlich gemalt. Man sieht, wie viel Mühe sich die Künstler*innen gegeben haben, ihre Bilder schön und ordentlich zu machen. Das scheint Jean-Michel Basquiat gar nicht interessiert zu haben. Seine Bilder sind ganz wild gemalt. Da tropft die Farbe runter, es sind ganz viele seltsame Zeichen und Symbole scheinbar durcheinander gekritzelt. Ist es auch Kunst, wenn's so unordentlich gemalt ist? Klar, denn es geht ja heute in der Kunst nicht mehr nur darum, alles ganz ordentlich zu malen. Es geht den Künstler*innen darum, auszudrücken, wie es ihnen geht oder auch mit was sie unzufrieden sind. Basquiat hat sich sehr viel Mühe gegeben mit seinen Bildern und sich auch viel gedacht dabei. Nur seine Weise, sich auszudrücken, ist eben eine ganz andere als zum Beispiel die von Gustav Klimt oder Caspar David Friedrich. Das ist ein wenig so wie der Unterschied zwischen klassischer Musik und Rock-Musik. Beides kann ganz toll sein, obwohl die Art der Musik so unterschiedlich ist.

Basquiat kommt aus der New Yorker Street-Art Szene. Er hat Graffiti an Hauswände gesprüht und andere wilde Sachen gemacht. Seine Freundin hat gesagt: »Basquiat bemalte alles, was ihm in die Hände fiel: Kühlschränke, Laborkittel, Pappkartons und Türen.« Er hat selbstbemalte Postkarten und T-Shirts verkauft und bald hat man erkannt, dass dieser junge Mann mehr konnte, als Hauswände vollkritzeln. Basquiat bekam die Möglichkeit, seine Bilder in Ausstellungen zu zeigen und wurde schnell sehr erfolgreich. Allerdings hatte er auch ein schweres Drogenproblem, an dem er mit nur 27 Jahren starb.

**Jean-Michel Basquiat**

**Geboren:** 22. Dezember 1960 in New York, USA
**Gestorben:** 12. August 1988 in New York, USA
**Kunststil:** Art Brut

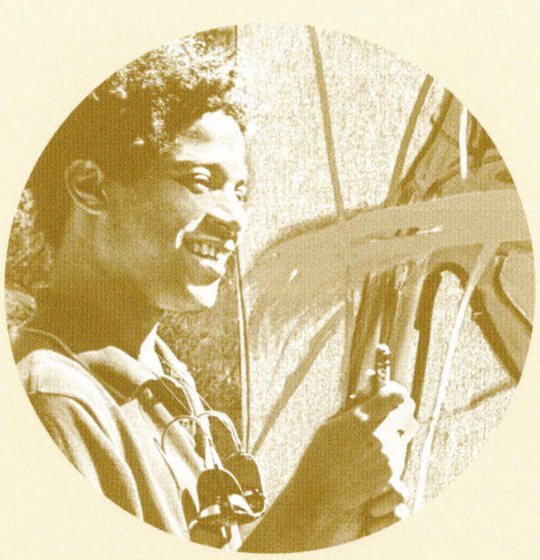

1925 · 1930 · 1935 · 1940 · 1945 · 1950 · 1955 · 1960 · 1965 · 197

**1939 - 1945** Zweiter Weltkrieg

1960

**1961** Bau der Berliner Mauer

**1953** Königin Elisabeth II. wird zur englischen Königin gekrönt.

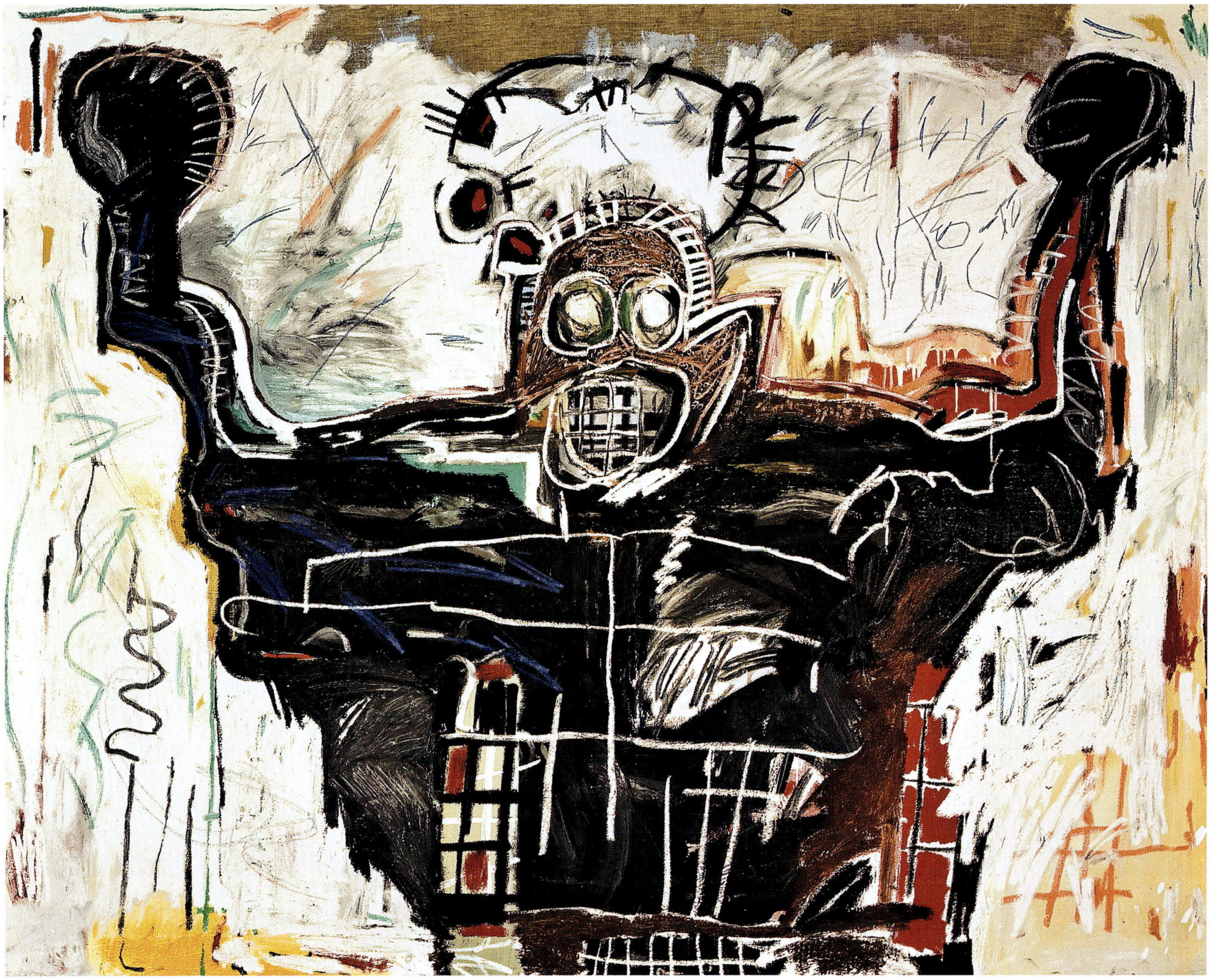

**Der Boxer, 1982. Privatsammlung.**

Der Schlagzeuger von Metallica, Lars Ulrich, hat dieses Bild 2008 für 13,5 Millionen Dollar verkauft.

Seine Bilder sind energiegeladen und intensiv. Auf riesigen Leinwänden sind seltsame Figuren, Wörter und Symbole zu sehen. Besonders angetan haben es ihm Schwarze Musiker und Sportler, die immer wieder in seinen Gemälden vorkommen. Mit seinen Bildern wollte er auf die Probleme der Schwarzen in den USA hinweisen.

## Wissenswertes

**Basquiat war auch Musiker und hatte eine Band, mit der er in New Yorker Clubs spielte. 1980 hatte Basquiat die Hauptrolle in dem Film *Downtown 81*, in dem er sich selbst spielt.**

1975 · 1980 · 1985 · 1990 · 1995 · 2000 · 2005 · 2010 · 2015 · 2020

Jean-Michel Basquiat 1988

**1991** Ende der Sowjetunion

**1994** Nelson Mandela wird der erste Schwarze Präsident Afrikas

**2001** Anschlag auf das World Trade Center in New York am 11. September

**2008** Barack Obama wird als erster Schwarzer zum Präsidenten der Vereinigten Staaten gewählt

**Banksy**

**Geboren:**
vermutlich 1973 oder 1974 in Bristol, England
Da Banksy anonym ist, wissen wir sehr wenig über sein Leben
**Kunststil:** Street Art

# Banksy

## Banksy ist ein geheimnisvoller Künstler, dessen wahre Identität bis heute unbekannt ist.

Man weiß nicht genau, wer hinter dem Namen Banksy steckt. Er wurde in den 1970er Jahren in England geboren und ist dafür bekannt, politische Botschaften und gesellschaftliche Kritik in seinen Kunstwerken auszudrücken. Er agiert im Verborgenen und bleibt anonym.

Banksy ist besonders bekannt für seine Street Art. In Bristol und London tauchten zuerst seine typischen Graffiti auf. Später erschienen seine Werke auch in anderen Ländern und machten ihn weltweit bekannt. Oft verwendet er Schablonen, um seine Werke schnell und unauffällig zu erstellen. Es gibt sogar Geschichten von Menschen, die Banksy bei der Arbeit beobachtet haben, ohne zu wissen, wer er ist! Manchmal hängte er auch heimlich seine eigenen Bilder in Museen auf. Sehr witzig war zum Beispiel eine scheinbare Höhlenmalerei, die er ins British Museum schmuggelte: Sie zeigte einen Jäger mit Einkaufswagen – den es natürlich zur Zeit der Höhlenmalerei noch lange nicht gab.

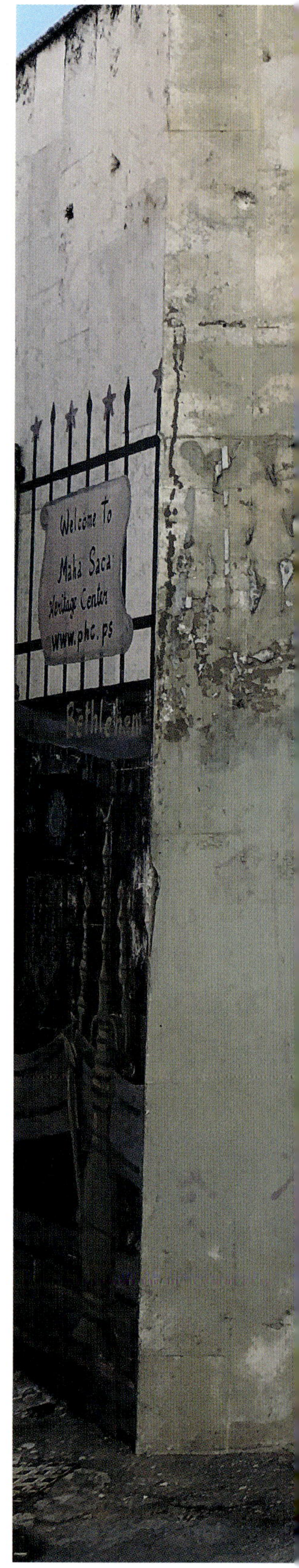

**› Friedenstaube, 2007. Bethlehem.**

Banksys Bild einer Friedenstaube mit Panzerweste tauchte eines Tages an einer Hausmauer mit Einschusslöchern in Bethlehem auf. Die Taube blickt auf einen Grenzturm der Grenzmauer zwischen Israel und Palästina. Auf ironische Weise kritisiert Banksy damit die politische Lage und setzt sich gegen den Krieg und für den Frieden ein.

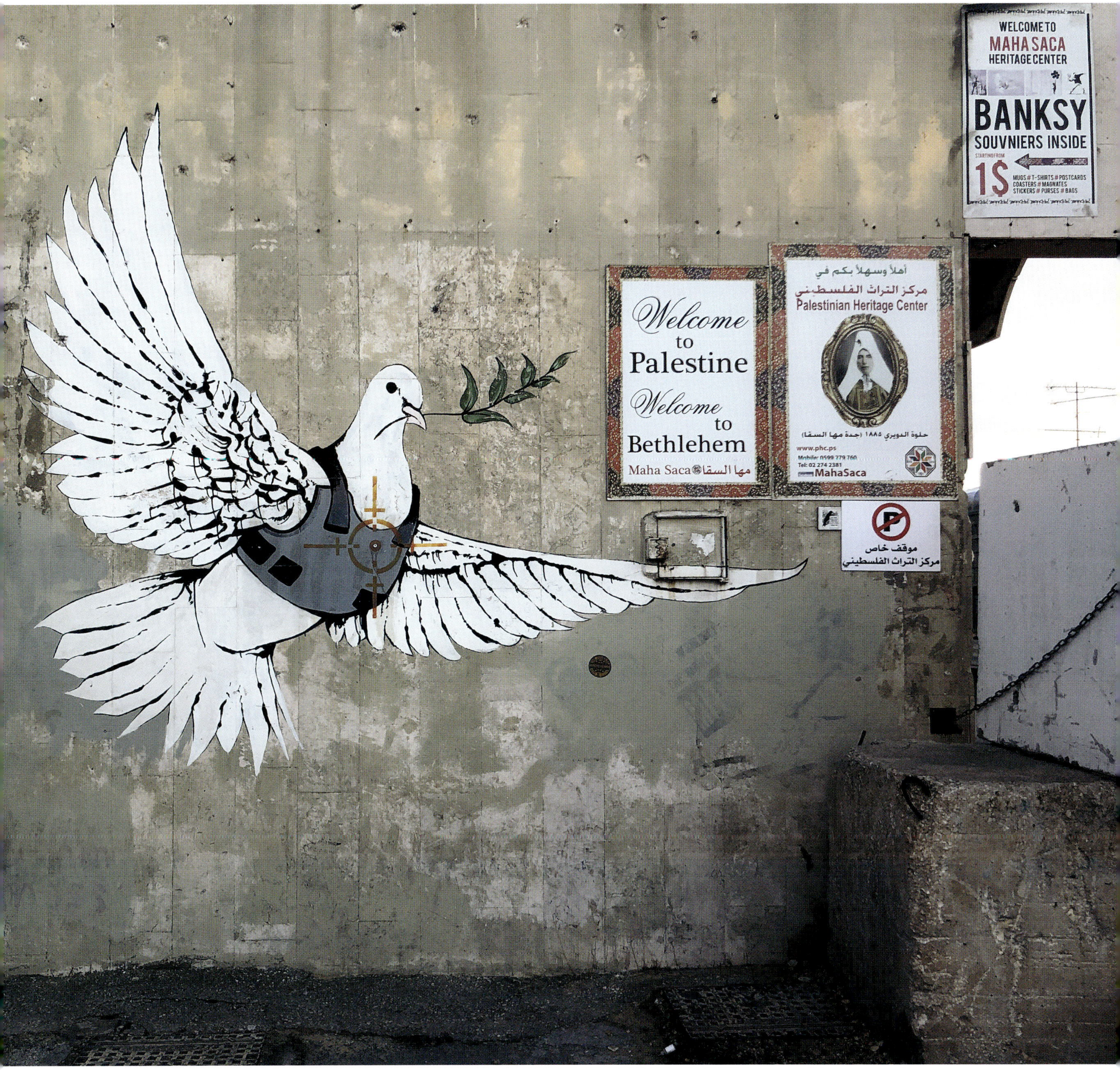


975 · 1980 · 1985 · 1990 · 1995 · 2000 · 2005 · 2010 · 2015 · 2020

974 **Banksy**

Nahostkonflikt

**2001** Anschlag auf das World Trade Center in New York am 11.September

**2017** Banksy eröffnet ein Hotel in Bethlehem

**2023** der Krieg Israels gegen die Hamas beginnt

Flüchtlingskrisen: Zahlreiche geflüchtete Menschen suchen in Europa Schutz

Seine Kunstwerke sind viel mehr als nur einfache Bilder. Sie sind kritisch, witzig und poetisch, erzählen Geschichten und sprechen die Menschen an. Viele seiner Werke sind politisch und befassen sich mit Themen wie Krieg, Umweltverschmutzung und sozialer Ungerechtigkeit. Was Banksy einzigartig macht, ist seine Fähigkeit, mit Kunst die Leute zum Nachdenken anzuregen. Er fordert uns auf, unsere Umwelt, unsere Gesellschaft und unsere Entscheidungen zu hinterfragen. Seine Kunst ermutigt uns, unsere Stimme zu erheben und für das einzustehen, woran wir glauben.

Banksys Kunstwerke sind nicht nur auf den Straßen zu finden, sondern wurden auch in Galerien und Museen ausgestellt. Seine Bilder werden von Menschen auf der ganzen Welt bewundert. Und manche zahlen inzwischen astronomische Preise für seine Kunstwerke.

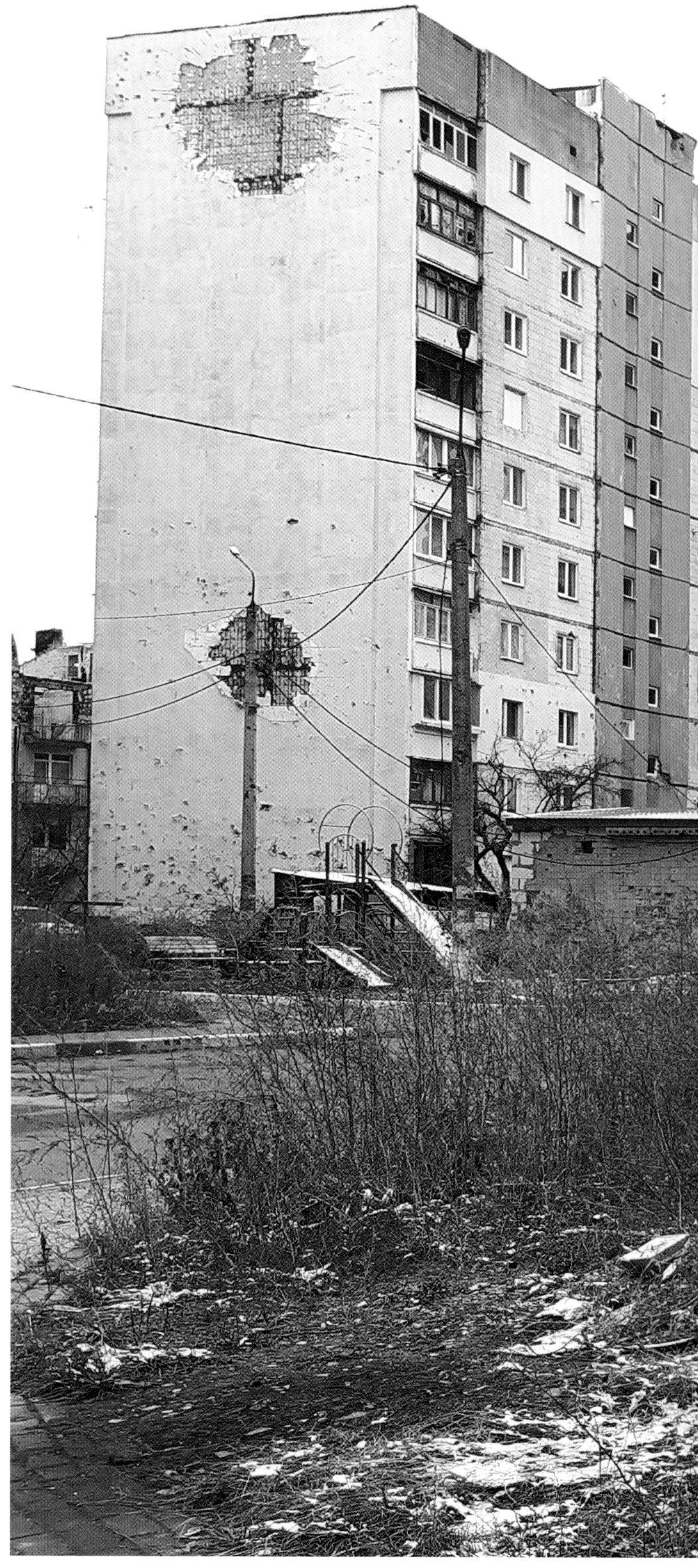

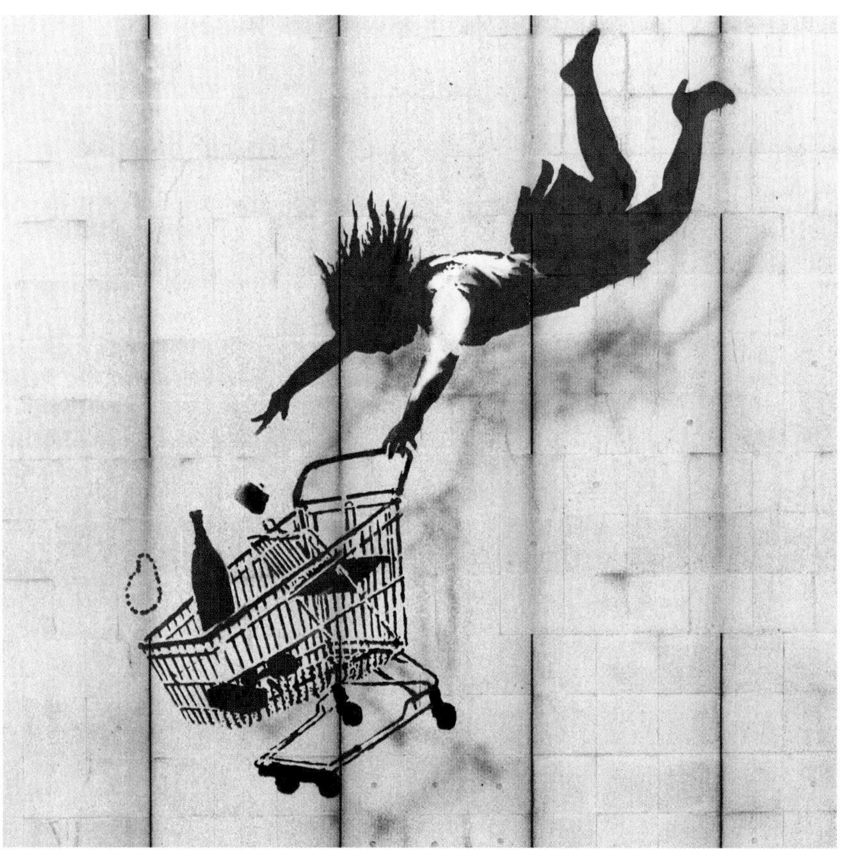

**‹ Einkaufen bis zum Umfallen, 2011. Mayfair, London.**

Mithilfe einer Schablone hat Banksy das Bild einer fallenden Frau mit Einkaufswagen in Höhe des zweiten Stocks an die Wand eines Hochhauses gesprayt. Mit diesem Wandbild in einer teuren Gegend nimmt Banksy den Konsum kritisch unter die Lupe.

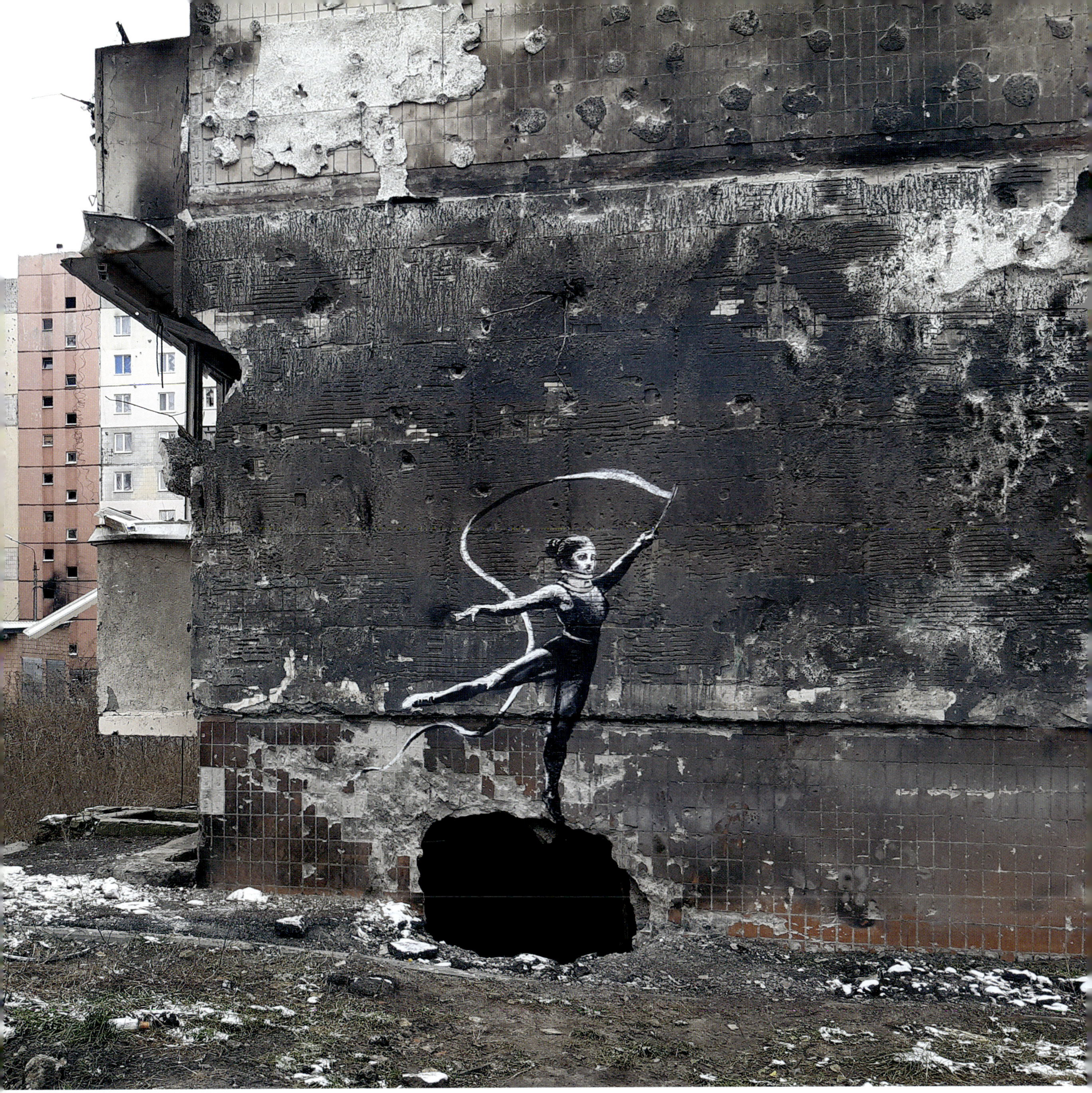

**Turnerin, 2022. Irpin, Ukraine.**

Rund um die Stadt Kiew hat Banksy mehrere Bilder an die Wände zerstörter Häuser gesprüht. So macht er auf die Zerstörungen durch den Krieg aufmerksam und setzt ein Zeichen für den Widerstand.

# Worterklärungen

### Acrylmalerei
Acrylfarben basieren auf Wasser, können direkt aus der Tube verwendet werden und lassen sich leicht mischen. Nach dem Trocknen sind sie sehr stabil. Wegen ihrer unkomplizierten Verwendung sind sie heute viel beliebter als zum Beispiel Ölfarben und werden von den meisten Malern verwendet.

### Aquarell
Hierbei wird mit durchscheinenden Wasserfarben auf Papier gemalt. Da die Farben schnell trocknen, muss man relativ schnell malen. Es entstehen zarte, leichte Kunstwerke mit interessanten Farbverläufen.

### Druckgrafik
nennt man alle Bilder, die gedruckt werden. Der Vorteil ist, dass man in der Regel von diesen Bildern mehrere Drucke herstellen kann. ▶ Holzschnitt ▶ Kupferstich ▶ Lithografie ▶ Farbholzschnitt ▶ Siebdruck

### Farbholzschnitt
Mehrfarbiger ▶ Holzschnitt. Für jede Farbe wird ein eigener Holzstock angefertigt, diese werden übereinander gedruckt, sodass ein mehrfarbiges Bild entsteht. Die tollsten Farbholzschnitte entstanden in Japan seit dem späten 18. Jahrhundert.

### Firnis
Eine transparente Schutzschicht, die ganz am Schluss auf ein Gemälde aufgetragen wird, um es vor Schmutz und Licht zu schützen. Mit der Zeit kann der Firnis sich verfärben, dann erscheinen die Farben des Gemäldes verfälscht.

### Holzschnitt
Hierfür wird das Bild aus einer Holzplatte herausgeschnitzt, d.h. alle Teile, die nicht im Druck erscheinen, werden weggeschnitten. Auf den Holzstock wird dann Farbe aufgetragen und damit wird das Bild quasi auf das Papier gestempelt. Diese Technik nennt man Hochdrucktechnik. (Ähnlich funktioniert auch der Linolschnitt.)

### Komplementärfarben
Aus den drei Grundfarben Gelb, Rot und Blau können alle Farben gemischt werden. Die Komplementärfarben dieser Farben sind jeweils die Mischung aus den beiden anderen: Die Komplementärfarbe zu Gelb ist Violett, gemischt aus Rot und Blau, zu Blau ist es Orange (Rot und Gelb) und zu Rot ist es Grün (Blau und Gelb). Komplementärfarben bilden Farbkontraste und bringen sich gegenseitig besonders zum Leuchten.

### Kupferstich
Beim Kupferstich werden die Linien der Zeichnung in eine Kupferplatte eingraviert. Die Farbe wird auf der fertigen Druckplatte verrieben und dann wieder abgewischt, sodass sie nur noch in den eingravierten Stellen verbleibt und sich von dort auf das Papier abdruckt. Dies ist eine Tiefdrucktechnik, da die vertieften Linien abgedruckt werden. (Ähnlich funktioniert die sogenannte Radierung.)

### Lithografie
Die Lithografie ist ein sogenanntes Flachdruckverfahren und basiert auf der gegenseitigen Abstoßung von Wasser und Fett. Dabei wird das zu druckende Bild seitenverkehrt mit sehr fetthaltigen Stiften oder Kreiden auf eine besondere, sehr glatt geschliffene Steinplatte gezeichnet. Die Platte wird anschließend mit einer ätzenden Flüssigkeit behandelt, die an den fettfreien Stellen in den Stein eindringt, und diese können dann Wasser aufnehmen. Die fettige Druckerfarbe wird auf den feuchten Stein aufgetragen. Sie bleibt nur an den gezeichneten fettigen Linien haften und wird von den geätzten, nassen Stellen abgestoßen.

### Ölmalerei
Bei der Ölmalerei dient anders als bei der ▶ Temperamalerei Öl (z.B. Leinöl) als Bindemittel. Sie wurde wahrscheinlich in den Niederlanden erfunden und wurde seit dem 15. Jahrhundert in der europäischen Malerei immer gebräuchlicher. Ihr Vorteil ist, dass sie langsamer trocknet, sich gut mischen und auf unterschiedliche Art verarbeiten lässt, geschmeidig und lange haltbar ist.

### Pastellkreiden
Diese Künstlerkreiden sind weich und pudrig. Sie lassen sich gut vermischen und können auf verschiedene Oberflächen gemalt werden. Da sie leicht verschmieren, muss das fertige Bild mit einem speziellen Mittel fixiert werden.

### Pigmente
Pigmente sind eine Art Farbstaub oder auch Farbpaste aus fein gemahlenen Erden, Steinen, Mineralen, Pflanzen oder auch aus synthetischer Herstellung. Sie werden mit Bindemitteln gemischt, um Farben herzustellen. Pigmente geben den verschiedenen Farben ihre Farbe und können auch giftig sein.

### Ready-made
Wenn ein bereits vorhandener Gegenstand zum Kunstwerk erklärt wird, so wie es Marcel Duchamp z.B. mit dem *Fahrrad-Rad* getan hat, wird dies Ready-made genannt.

### Siebdruck
Ein feinmaschiges Sieb wird mit einer lichtempfindlichen Fotoemulsion beschichtet. Dann wird eine Schablone mit dem gewünschten Bild auf das Sieb gelegt. Wenn das Sieb belichtet wird, härten die belichteten Stellen aus. Die Stellen, wo das schwarze Bild kein Licht durchlässt, bleiben weich und können anschließend ausgewaschen werden. Nur an diesen Stellen lässt das Sieb beim Druck die Farbe durch.

### Temperamalerei
bei dieser Maltechnik werden die Farbpigmente (▶ Pigmente) mit Wasser sowie einem Bindemittel - oft Eiweiß - vermischt. Dieses sorgt dafür, dass die Farben auf dem Grund haften. Die Farben trocknen schnell, können gut übereinander aufgetragen werden und sind lange haltbar. Diese Maltechnik war während des gesamten Mittelalters im Gebrauch, dann wurde sie zunehmend von der ▶ Ölmalerei abgelöst.

### Votivkunst
Volkstümliche Kunst, die oft als Dankesgaben in Kirchen zu finden ist, wie einfache bäuerliche Gemälde oder Hinterglasgemälde, Skulpturen, Kerzen, verzierte Reliquien o.ä.

### Wandmalerei
Wenn Bilder direkt auf die Wände gemalt sind, spricht man von Wandmalerei. Die frühesten bekannten Wandgemälde sind Höhlenmalereien (die ältesten sind etwa 45500 Jahre alt). Wände können in unterschiedlichen Techniken bemalt werden. Bei der Seccomalerei (secco = trocken) werden die Farben auf den trockenen Putz aufgetragen, bei der Freskomalerei (fresco = frisch) wird sie auf den frischen Putz aufgetragen und ist dadurch besonders lange haltbar.

### Zeichnung
Es gibt die unterschiedlichsten Zeichenwerkzeuge: Bleistifte, Buntstifte, Tusche, Kreiden und vieles mehr. Zeichnungen werden meist auf Papier oder Karton angefertigt. Sie dienen als Vorzeichnungen der Vorbereitung von Gemälden oder sind eigenständige Kunstwerke.

# Epochen und Stile der Kunst

Einige der wichtigsten Epochen und Stile der Kunst, die auch in diesem Buch durch Künstlerinnen und Künstler vertreten sind, werden hier in Kürze in zeitlicher Reihenfolge erklärt. Künstler*innen lassen sich aber nicht immer eindeutigen Epochen oder Stilen zuordnen – manchmal, weil sie ganz eigenwillige Kunst machten, oder aber, weil sie sich im Laufe ihres Lebens immer weiter entwickelten.

## Mittelalter

In der europäischen Kunst wird die christlich geprägte Zeit, etwa ab 600 nach Christus bis zum Beginn der sogenannten Neuzeit (▸ Renaissance) um 1450/1500, Mittelalter genannt. Harte Arbeit und tiefe Frömmigkeit bestimmten das Leben der Menschen, die Kirche stand über allem. Die Romanik (um 1000 bis ca. 1200) und die daran anschließende Gotik sind bedeutende Kunststile des Mittelalters. Die Namen der Künstler aus jener Zeit kennen wir fast nie. Kunst war ein Handwerk und diente der Frömmigkeit.

## Altniederländische Malerei

Gegen Ende des ▸ Mittelalters und zu Beginn der ▸ Renaissance entwickelten sich im 15. Jahrhundert die Niederlande zum bedeutenden Zentrum der Kunst. Die Gemälde jener Zeit geben die Oberflächen der Gegenstände besonders genau wieder, z.B. malten die Künstler*innen gerne kostbare Stoffe, denen anzusehen ist, wie sie sich anfühlen, oder Gesichter, die lebendig erscheinen. Und auch Landschaften und Alltagsszenen nahmen in den Bildern immer mehr Raum ein.

→ Hieronymus Bosch S. 8

## Renaissance

Mit der Renaissance endete das ▸ Mittelalter und die Neuzeit in der europäischen Kunst begann. Die Menschen belebten Kunst und Literatur der Antike wieder und begannen, die Welt wissenschaftlich zu erforschen und das Universum zu entdecken. Eine neue Kunst entwickelte sich zuerst in Italien und kam später auch nach Frankreich und Deutschland. Künstler wie Leonardo da Vinci oder Albrecht Dürer schufen berühmte Kunstwerke und signierten sie erstmals mit ihrem Namen. Porträts, antike Gottheiten oder Erzählungen und andere weltliche Themen wurden in der Kunst wichtig. In dieser Zeit wurde u.a. der Buchdruck erfunden und die Reformation spaltete das Christentum.

→ Hieronymus Bosch S. 8
→ Leonardo da Vinci S. 12
→ Albrecht Dürer S. 16
→ Tizian S. 20
→ Sofonisba Anguissola S. 24

## Barock

Im 17. Jahrhundert wurde die Kunst immer üppiger und prunkvoller, es entstanden prächtige Kirchen, Schlösser, Theater und Gärten. Die Barockkunst wird oft als überladen und kitschig empfunden. Die Gemälde verherrlichten oft die Herrscher und das luxuriöse Leben des Adels oder die Kirche, die nach der Reformation (▸ Renaissance) in der sogenannten Gegenreformation ihre Macht zurückzubekommen suchte. Oft wurde der reiche Lebensstil aber auch angeprangert und die Menschen daran erinnert, dass das Leben endlich ist. Barocke Bilder wie die von Rembrandt haben oft dramatische Hell-Dunkel-Kontraste.

→ Rembrandt S. 26
→ Jan Vermeer S. 28
→ Maria Sibylla Merian S. 30

## Rokoko

Im 18. Jahrhundert wurde dann die Kunst immer leichter, verspielter, zarter und eleganter. Pastellfarben und flache Ornamente prägen die Kunst. Der Name Rokoko kommt von der »Rocaille«, einer asymmetrischen c-förmigen Muschelform, die fast überall zu finden ist. Maler*innen wie Gainsborough und Goya zeigten das höfische Leben und in katholischen Gegenden entstanden Kirchen und Schlösser mit Deckengemälden, in denen sich der Himmel zu öffnen scheint.

→ Thomas Gainsborough S. 34
→ Francisco de Goya S. 36

## Romantik

Die Romantik war eine Epoche der Gefühle. Künstler*innen und Dichter*innen vom Ende des 18. bis zur Mitte des 19. Jahrhunderts flüchteten vor der modernen Industrialisierung ins Märchenhafte, betonten Gefühle und verklärten die Vergangenheit und die Natur. Der wichtigste Künstler der Romantik in Deutschland war C.D. Friedrich.

→ Thomas Gainsborough S. 34
→ Francisco de Goya S. 36
→ Caspar David Friedrich S. 42
→ J.M.W. Turner S. 44

## Ukiyo-e

Der Künstler Hokusai war der bekannteste Vertreter der japanischen Kunst des Ukiyo-e, was etwa »Bilder der fließenden Welt« bedeutet. Vor allem entstanden in jener Zeit japanische ▸ Farbholzschnitte mit Darstellungen vom Alltagsleben, von Festen, Theater, Tempeln und Landschaften.

→ Katsushika Hokusai S. 40

## Naive Malerei

Vereinzelte Künstler*innen wie Henri Rousseau malten fast kindlich anmutende einfache Bilder mit oft träumerischen Themen. In der Regel hatten sie keine künstlerische Ausbildung, deshalb galten sie als »ungebildet«. Doch ihre Kunst wird oft hochgeschätzt.

→ Henri Rousseau S. 58

## Impressionismus

Eindrücke – Impressionen – von Licht und Farbe wollten die impressionistischen Künstler*innen seit dem späten 19. Jahrhundert in ihren Bildern festhalten. Nachdem die Farbtube erfunden war, malten sie oft im Freien. Sie verzichteten auf kunstvolle Kompositionen zugunsten zufälliger Bildausschnitte und schufen Atmosphäre durch nebeneinandergesetzte Pinselstriche und Tupfen in hellen Farben ohne klare Umrisse der Gegenstände. Claude Monet war einer der wichtigsten Vertreter dieser Kunst, die in Frankreich geboren wurde.

→ Edgar Degas S. 48
→ Paul Cezanne S. 52
→ Claude Monet S. 54
→ Mary Cassatt S. 60
→ Vincent van Gogh S. 62
→ John Singer Sargent S. 66

## Moderne Kunst

Damit ist in der Regel die Kunst gemeint, die im Laufe des späten 19. und 20. Jahrhunderts entstanden ist. Hier folgen die Epochen und Stile nicht mehr wie früher nacheinander, sondern eine breite Palette von künstlerischen Bewegungen, Strömungen und Ausdrucksformen wie ▸ Kubismus, ▸ Expressionismus, ▸ Fauvismus, ▸ Surrealismus und viele andere entfalteten sich nebeneinander.

## Expressionismus

Ihre Gefühle drückten auch die expressionistischen Künstler*innen in ihrer Kunst aus, aber nicht so schwärmerisch wie die Romantiker. Vielmehr sind die Themen dieser Kunst, die sich in den ersten Jahrzehnten des 20. Jahrhunderts entwickelte, innere Konflikte, unruhige, moderne Zeiten oder Krieg. Die Bilder haben ausdrucksstarke Formen und kräftige, lebendige Farben.

→ Vincent van Gogh S. 62
→ Wassily Kandinsky S. 80

## Jugendstil

Ende des 19./Anfang des 20. Jahrhunderts wollten Künstler*innen in verschiedenen Ländern als Gegenbewegung zum pompösen Stil, den die Akademien lehrten, die Kunst erneuern. Pflanzenmotive, dekorative Muster, organische Formen und geschwungene Linien sind typisch für den Jugendstil, der je nach Region sehr unterschiedlich aussieht und nicht nur die Malerei, sondern auch Architektur, Design und Mode einschloss. Ein Zentrum war Wien, wo Gustav Klimt einer der bedeutendsten Vertreter war.

→ Gustav Klimt S. 68

## Fauvismus

Henri Matisse und seine Zeitgenoss*innen wurden zu Beginn des 20. Jahrhunderts wegen ihrer wilden Malerei in kräftigen Farben und wilden Formen in Frankreich als »fauves« - »Wilde« - bezeichnet. Davon leitet sich der Stilbegriff Fauvismus ab.

→ Henri Matisse S. 72

## Kubismus

Die Künstler Picasso und Braque wollten im frühen 20. Jahrhundert die Gegenstände in ihren Bildern von allen Seiten gleichzeitig zeigen. Ihr kubistischer Stil zerlegt die Dinge in zersplitterte geometrische Formen und ignoriert dabei Raum und Perspektive.

→ Pablo Picasso S. 74
→ Jacob Lawrence S. 106

## Abstrakte Kunst

Mehr und mehr entfernten sich die Künstler*innen im 20. Jahrhundert von der Abbildung der realen Welt. Farben, Formen und Linien verselbständigten sich. Die Bilder wurden immer abstrakter, d.h. es sind immer weniger Gegenstände zu erkennen. Als wichtiger Wegbereiter der abstrakten Kunst gilt neben anderen Wassily Kandinsky.

→ Wassily Kandinsky S. 80

## Dadaismus

Gegen die etablierte Kunst rebellierten in den 10er Jahren des 20. Jahrhunderts die Dadaist*innen mit absurden, zufälligen und oft provokanten Ideen. Dichter*innen machten lautmalerische Gedichte ohne Reim und Inhalt und Duchamp stellte die Kunst infrage, als er zum Beispiel einfach eine Toilette zum Kunstwerk erklärte.

→ Marcel Duchamp S. 84

## Surrealismus

Träume und das Unbewusste wollten die Surrealist*innen seit den 20er Jahren des 20. Jahrhunderts erforschen. Ihre geheimnisvollen Bilder haben mit der Realität nichts mehr zu tun. Sie sind fantastisch und irrational, oft wie Traumbilder. Salvador Dalí, Frida Kahlo und Leonora Carrington sind bekannte Vertreter*innen dieser Kunstrichtung.

→ Marcel Duchamp S. 84
→ Salvador Dalí S. 92
→ Frida Kahlo S. 96
→ Louise Bourgeois S. 100
→ Leonora Carrington S. 110

## Amerikanische Moderne

Zahlreiche teilweise sehr unterschiedliche und vielfältige Kunststile und Strömungen entwickelten sich in den USA seit Beginn des 20. Jahrhunderts, als New York zunehmend zu einem bedeutenden Zentrum der internationalen Kunst aufstieg. Der ▸ abstrakte Expressionismus gehört ebenso dazu wie die ▸ Pop Art.

→ Georgia O'Keeffe S. 86

## Amerikanischer Realismus

Realistische Kunst möchte die Wirklichkeit wiedergeben, oft ist damit auch Kritik an sozialen Umständen verbunden. In Europa gab es Mitte des 19. Jahrhunderts eine realistische Kunstströmung, die sich gegen ▸ Romantik und ▸ Surrealismus wandte. Der Amerikanische Realismus entwickelte sich zu Beginn des 20. Jahrhunderts in den USA. Er gilt als erster eigener nationaler Kunststil in den Vereinigten Staaten und kritisiert häufig die soziale Wirklichkeit des typisch amerikanischen Lebens.

→ Edward Hopper S. 76

## Abstrakter Expressionismus

Diese Kunstbewegung entstand vor allem in den 1940er und 1950er Jahren in den USA. Jackson Pollock experimentierte mit zufälligen Farbtropfen (▸ Action Painting), Mark Rothko ließ leuchtende Farbfelder scheinbar schweben und viele Künstler experimentierten mit spontanen Pinselstrichen auf großen Leinwänden.

→ Mark Rothko S. 90
→ Jackson Pollock S. 102

## Action Painting

Action Painting gilt als wichtige Strömung im ▸ Abstrakten Expressionismus. Künstler wie Jackson Pollock, ein Hauptvertreter des Action Painting, schufen ihre Kunstwerke mithilfe von Zufall, Gesten, Bewegungen oder ähnlichem. Pollock ließ Farbe aus Dosen auf die Leinwand am Boden tropfen, um so völlig ungeplante abstrakte Bilder zu schaffen.

## Pop Art

In den 1950er und 1960er Jahren griffen Künstler in Großbritannien und den USA die Sprache der Massenkultur und Konsumgesellschaft auf. Sie waren inspiriert von Werbung, Comics, Verpackungen und Alltagsgegenständen und schufen oft ganze Bilderserien. Andy Warhol gehört zu den wichtigsten Vertretern, von ihm stammen u.a. Bilderserien von Suppendosen, Kühen, Blumen, Mao Tse-tung oder Marilyn Monroe.

→ Andy Warhol S. 112
→ David Hockney S. 122

## Op-Art

In den 1960er Jahren entstand eine Bewegung, die sich mit optischer Kunst und visuellen Effekten befasst. Optische Illusionen sollen unsere Augen täuschen, beispielsweise scheinen die Bilder von Bridget Riley sich zu bewegen.

→ Bridget Riley S. 116

## Zeitgenössische Kunst

Dieser Begriff bezieht sich auf Kunst, die in der Gegenwart entsteht. Da diese immer weiter fortschreitet und sich Kultur und Gesellschaft, Politik und technologische Entwicklungen immer verändern, ist auch die zeitgenössische Kunst ständig in Bewegung.

→ Louise Bourgeois S. 100
→ Gerhard Richter S. 118
→ David Hockney S. 122

## Feministische Kunst

Seit den 1960er Jahren wurden die Benachteiligung von Frauen in Kunst und Gesellschaft und alte patriarchalische, von Männern dominierte Strukturen wichtige Themen der Kunst. Vor allem Künstlerinnen setzten und setzen sich für feministische Ideen und Anliegen ein und befassen sich mit Geschlechterrollen, Missständen und Ungerechtigkeiten, Körperbildern und der Rolle von Frauen in Kunst und Gesellschaft.

→ Louise Bourgeois S. 100
→ Yayoi Kusama S. 114
→ Cindy Sherman S. 124

### Sozialer Realismus

Hier werden Politik, Gesellschaft oder soziale Realität zum Thema: Künstler wie Jacob Lawrence zeigen in ihrer Kunst Armut, soziale Ungerechtigkeit, schlechte Arbeitsbedingungen und andere Probleme auf.

→ Jacob Lawrence S. 106

### Environment

Wenn Künstler*innen einen ganzen Raum – oder auch Außenraum – künstlerisch gestalten, nennt man das »Environment«.

→ Yayoi Kusama S. 114

### Fotografie

Etwa ab 1945 entstand neben der angewandten Fotografie die künstlerische Fotografie, die nicht mehr nur einen Moment festhielt, sondern ähnlich wie Gemälde inszeniert wird. So setzt sich Cindy Sherman mit ihren Selbstbildnissen in Verkleidungen beispielsweise mit verschiedenen Rollenbildern auseinander.

→ Cindy Sherman S. 124

### Art Brut

Übersetzt heißt das »hässliche Kunst«, es bezeichnet Kunst von Autodidakt*innen, die keine oder nur wenig künstlerische Ausbildung erhalten haben, und wird auch »Outsider Art« genannt. Werke wie die von Basquiat erscheinen roh und ungeschliffen, aber dadurch besonders authentisch. Sie bewegen sich an der Grenze zwischen Kunst und Nicht-Kunst und sind gerade deshalb oft besonders geschätzt.

→ Jean-Michel Basquiat S. 126

### Street Art

Graffiti, Stencils und ähnliche Werke im öffentlichen Raum sind eine zeitgenössische Kunstform, die erst seit einigen Jahren geschätzt wird. Der wahrscheinlich bekannteste Street-Art-Künstler Banksy mit seinen sozialkritischen und politisch engagierten Arbeiten voller Spott und Humor ist international anerkannt, seine Werke werden für sehr viel Geld verkauft, er selbst bleibt aber anonym.

→ Banksy S. 128

# Künstler*innenregister

## Impressum


ein Unternehmen der Penguin Random House Verlagsgruppe GmbH
Neumarkter Straße 28 • 81673 München


Auf dem Cover: Ausschnitte aus: Wassily Kandinsky, *Komposition VIII*, 1923 (wie Seite 83, Ausschnitt). Henri Rousseau, *Exotische Landschaft*, 1910. The Norton Simon Foundation, Pasadena, CA, USA.
Frontispiz: Claude Monet, *Mohnfeld bei Argentueil*, 1873. Musée d'Orsay, Paris.

Die Autor*innen:
Alison Baverstock (Turner, Carrington)
Brad Finger (Picasso, Hopper, Duchamp, Rothko, Bourgeois, Pollock, Lawrence, Warhol, Riley, Hockney)
Florian Heine (Bosch, Tizian, Rembrandt, Gainsborough, Goya, Friedrich, Degas, Cézanne, Cassatt, Singer Sargent, Klimt, Dalí, Richter, Basquiat)
Doris Kutschbach (Dürer, Hokusai, Kandinsky, Kusama, Banksy, Anhang)
Bettina Schümann (Anguissola, Merian, Kahlo, Sherman, O'Keeffe)
Angela Wenzel (Leonardo, Vermeer, Rousseau, van Gogh, Matisse, Monet)

Übersetzungen: Jane Michaels, Bea Reiter
Projektleitung: Doris Kutschbach
Mitarbeit: Fatima Grieser
Gestaltung: Sofarobotnik
Herstellung: Susanne Hermann
Satz: Meike Sellier
Lithografie: Reproline Mediateam, München
Druck und Bindung: TBB, a.s., Banská Bystrica

MIX
Papier | Fördert gute Waldnutzung
FSC® C022120

Penguin Random House Verlagsgruppe FSC® N001967

ISBN 978-3-7913-7571-7
www.prestel-junior.de